Bevegelser i betong

Concrete in transition

Arkitekten Erling Viksjø og kunstnerne

The architect Erling Viksjø and his artist collaborators

Na m

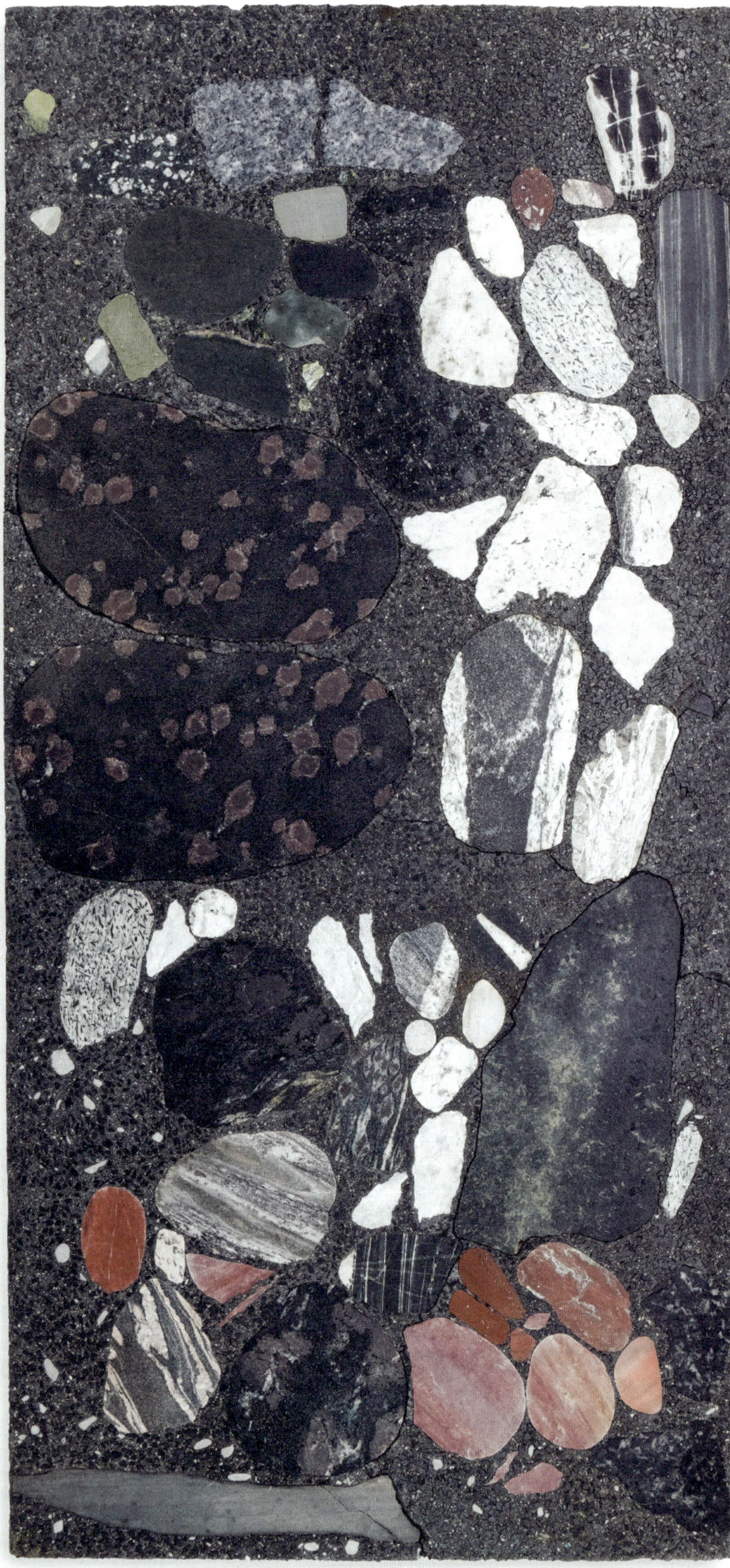

Erling Viksjø / Odd Tandberg / Carl Nesjar: *Congloplate*, 1960.
Naturstein, betong, stål, 191 × 92 × 5 cm. Nasjonalmuseet
NMK.2020.0448. Foto: Annar Bjørgli, Nasjonalmuseet

Innhold

Contents

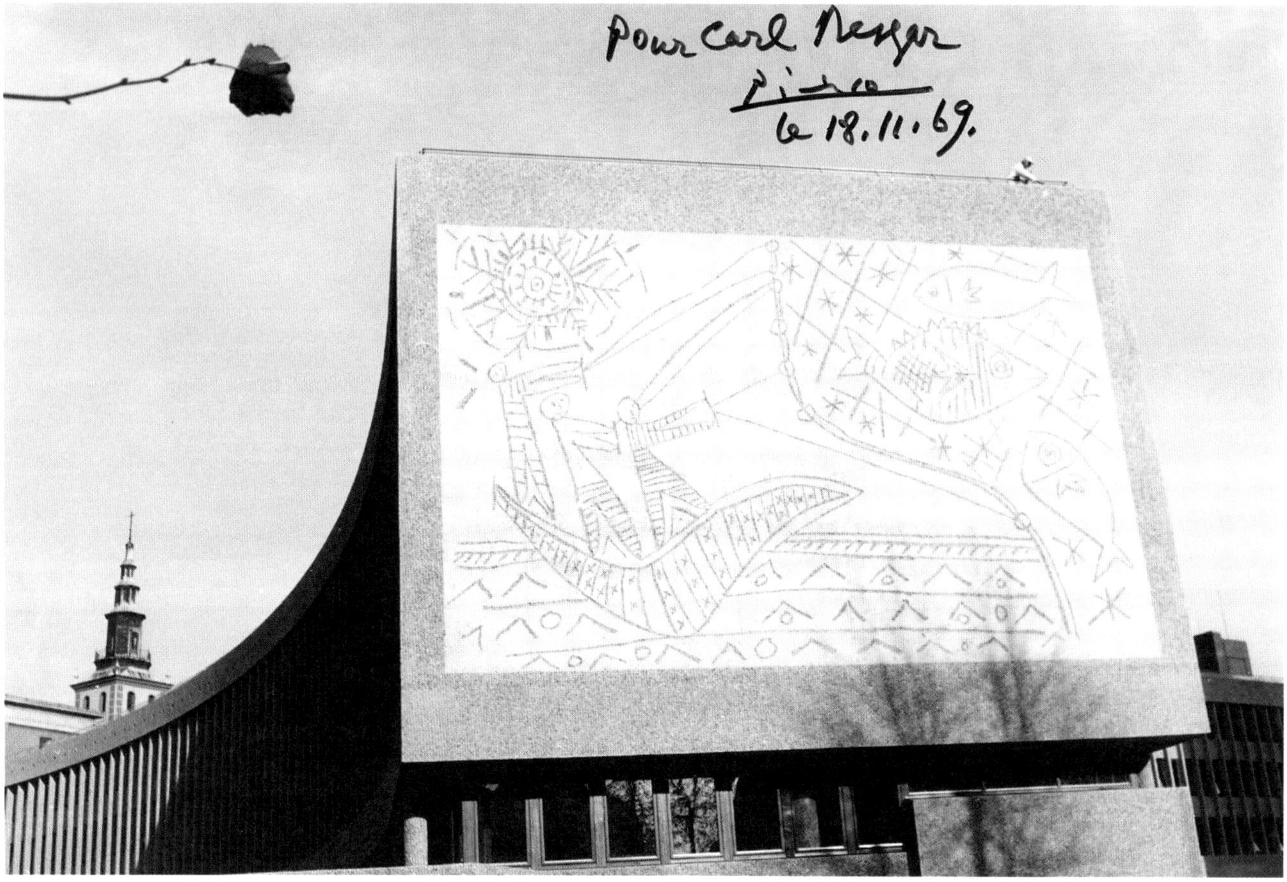

Fiskerne på *Y-blokka* med Picassos signatur / *The Fishermen* on the *Y-blokka* with Picasso's signature. Foto: Carl Nesjar, 1969. Nasjonalmuseet NMK.2020.0432

Forord

Som med ethvert kunstverk, er det viktigste ved et hus ikke at det er «pent», men at det har karakter.

Dette påpekte Erling Viksjø i artikkelen «Fasadebetong?» fra 1951 (*Byggekunst*, nr. 3-1951, 58). Siden har hans kontorbygg og høyhus skapt debatt og utfordret våre forestillinger om stygt og pent i arkitektur og urbane bymiljøer. Til gjengjeld har bygningene til Viksjø mye av nettopp *karakter*. Det handler om en egen formsans, en indre logikk og en vilje til konsekvens som gjør at byggverkene estetisk sett vokser over tid. Den utstrakte bruken av betong, moduler og repeterende former i stor skala, gjør at Viksjø ofte omtales som brutalismens fremste arkitekt i Norge. Og ja, bygningene hans kan unektelig framstå som rå og brutale, men de er samtidig raffinerte og innbydende. Dette virker det som om stadig flere oppdager! Det er også andre interessante sider ved Viksjøs virksomhet. Blant mye annet var han den arkitekten i Norge som gjennom 1900-tallet gikk lengst i å samarbeide med billedkunstnere. Først Kai Fjell og Hannah Ryggen. Dernest flere unge, kontroversielle modernister som arbeidet abstrakt: Odd Tandberg, Carl Nesjar, Inger Sitter, Tore Haaland og Jakob Weidemann. Og så mot slutten Ramon Isern og Synnøve Anker Aurdal. Fra det internasjonale kunstlivet ble det Pablo Picasso som han kom til å samarbeide med. Og for noen prosjekter det ble!

Utstillingen og publikasjonen *Bevegelser i betong. Arkitekten Erling Viksjø og kunstnerne* tar for seg disse samarbeidene, et emne som tidligere ikke har blitt studert inngående. Det er nærliggende å ta for seg dette temaet nå, ikke minst fordi diskusjonen omkring rivning eller bevaring av Viksjøs sene hovedverk, *Y-blokka* i

Foreword

As with any artwork, the most important thing is not for a building to be "attractive", but for it to have character.

Erling Viksjø made this observation in 1951 in a journal article titled "Fasadebetong?" (literally "Façade concrete?") (*Byggekunst*, no. 3-1951, 58). Ever since, his office blocks and high-rise buildings have generated debate and challenged our notions about ugliness and beauty in architecture and the urban environment. On the other hand, Viksjø's buildings certainly have a lot of *character*: his buildings represent a particular flair for design, an inner logic, and a desire for consistency that has caused them to mature aesthetically over time. Viksjø's extensive, large-scale use of concrete, modules and repetitive shapes has caused him often to be described as Norway's foremost Brutalist architect. And yes, his buildings can undeniably appear raw and austere, but they are simultaneously refined and inviting. And it seems that this is being discovered ever more widely!

There are also other interesting aspects to Viksjø's practice. Among other things, in the 20th century he was the Norwegian architect who went furthest in collaborations with visual artists. First with Kai Fjell and Hannah Ryggen. Then with several young, controversial Modernists, all exponents of abstraction: Odd Tandberg, Carl Nesjar, Inger Sitter, Tore Haaland and Jakob Weidemann. And later, towards the end of his career, with Ramon Isern and Synnøve Anker Aurdal. From international artistic circles, Pablo Picasso was the artist with whom Viksjø came to collaborate. And what incredible projects resulted!

The exhibition and accompanying publication, both titled *Concrete in transition. The architect Erling Viksjø and his artist collaborators*, examine

Regjeringskvartalet i Oslo, har aktualisert betydningen av denne typen bygninger og slike former for samarbeid. En av grunnene til at rivingen av *Y-blokka* har skapt så stor motstand og sorg de siste årene, har vært at kunsten her framsto både som så tydelig artikulert og som uvanlig godt integrert i selve bygningskroppen.

Viksjøs samarbeid med kunstnerne rommer imidlertid langt mer materiale enn *Y-blokka* og prosjektene som han utviklet med Picasso og Nesjar. Generelt virker det som om han gjerne oppsøkte dialog med aktører i arkitekturfeltets grenseområder: ingeniører, designere, landskapsarkitekter og billedkunstnere. Han så åpenbart verdien av å samarbeide. Det er noe mange kan la seg inspirere av.

Møtet mellom kunst og arkitektur var et stort tema i etterkrigstiden generelt og for Erling Viksjø spesielt. Mer enn noen annen tok nemlig Viksjø fatt i ambisjonen om å føre kunstartene sammen i en syntese. Hvordan skape kunst i arkitektur på en gjensidig utbytterik måte? Hvordan oppnå en helhetlig utforming der kunsten ikke lenger er et tillegg til, eller konkurrerer med, arkitekturen? Temaet trekker opp i seg et annet emne som var svært aktuelt i tiden Viksjø modnet som arkitekt: Hvordan skape en ny monumental arkitektur etter andre verdenskrig? Prosjektet viser at Viksjøs samarbeid med kunstnere ikke bare kom som et resultat av en personlig interesse for kunst og et ønske om å bygge bro mellom kunstartene, men at det også handlet om et behov for å skape en mykere eller mer menneskelig modernistisk arkitektur.

Med terrorhandlingen 22. juli 2011 ble Viksjøs hovedverk, Regjeringskvartalet i Oslo, for alltid innskrevet i en helt ny og ekstraordinær sammenheng. Ganske snart oppsto spørsmålet om hva man skulle gjøre med anlegget. Var det best å ivareta og utbedre skadene eller rive og bygge nytt? Etter en lengre prosess ble det besluttet å ta ned *Y-blokka*, Viksjøs sene hovedverk. *Høyblokka* ble besluttet ivaretatt, og vi får et nytt anlegg oppført i forlengelse av den. Saken har imidlertid skapt et behov for å løfte fram og se nærmere på Viksjøs samarbeid med kunstnere.

Siden eksperimentering og samarbeid står så sentralt i Viksjøs virksomhet, ønsket vi tidlig i dette prosjektet å innføre eksperimentering og samarbeid som premisser også i gjennomføringen av utstillingen. I den forbindelse ble Erik Langdalen arkitektkontor engasjert som utstillingsarkitekt. Bruken av nye materialer, et ønske om gjenbruk og utforskning av nye måter å vise bilder på vil inngå i resultatet. Vi inviterte også inn billedkunstner Eline Mugaas

these collaborations – a topic which has not been studied in depth previously. Now is an obvious time to address this topic, not least because the debate about demolishing or preserving Viksjø's late masterpiece, *Y-blokka* in the Government Quarter in Oslo, has given currency to the importance of this type of building and such forms of collaboration. One of the reasons why the demolition of *Y-blokka* has generated such great opposition and anguish over recent years is that the site-specific art was both so clearly articulated and unusually well integrated into the actual structure of the building.

Viksjø's collaborations with artists were much broader, however, than *Y-blokka* and the projects that he developed with Picasso and Nesjar. In general, it seems as though he was eager to engage in dialogues with people involved in fields bordering on architecture: engineers, designers, landscape architects and visual artists. He clearly appreciated the value of collaboration. Many can take inspiration from this attitude.

The intersection between art and architecture was a major topic in the post-war era generally, and for Erling Viksjø in particular. More than any other Norwegian architect, Viksjø was driven by an ambition to synthesize the different branches of the arts. How could one create art within architecture to achieve a mutually beneficial relationship? How could one attain a unified design where art was no longer an addition to, or in competition with, the architecture? This topic encompassed another that was very relevant during Viksjø's mature years as an architect. How could one create a new kind of monumental architecture after the great catastrophe of World War 2? This project shows that Viksjø's collaboration with artists was not only the result of a personal interest in art and a desire to build bridges between the branches of the arts, but also driven by a need to create a less severe and more humane style of Modernist architecture.

The terrorist attack of 22 July 2011 imposed a completely new and extraordinary context onto Viksjø's greatest masterpiece, the Government Quarter in Oslo. Relatively soon, the question arose what should be done with the complex. Was it best to preserve the buildings and repair the damage, or to demolish them and build something new? After a lengthy process, it was decided to demolish *Y-blokka*, Viksjø's late masterpiece, but to preserve *Høyblokka*, with a new complex to be built alongside it. The affair has made it necessary to draw attention to and examine more closely Viksjø's collaborations with artists.

Since experimentation and collaboration were

til å respondere på materialet og til å bidra med egne arbeider. Vi var nysgjerrige på hvordan hun kunne utfylle prosjektet, på bakgrunn av at hun i sine bilder og prosjekter har vært interessert i arkitektur og sosiale byrom, men også fordi hun har arbeidet tett sammen med andre kunstnere. I nær dialog med museets prosjektgruppe, og spesielt i samarbeidet med Erik Langdalen og Sindre Grønli, har hun bidratt til utstillingens visuelle utforming.

Utstillingen er basert på verk fra Nasjonalmuseets egen samling. Men for å oppnå en god presentasjon, har vi vært avhengige av enkelte innlån. I den forbindelse er vi meget takknemlige overfor Den norske regjering, Nordenfjeldske Kunstindustrimuseum i Trondheim og Oslo kommunes kunstsamling for lån av stor betydning. I tillegg har en positiv innstilling fra flere private långivere gjort det mulig å vise Viksjøs virksomhet som maler. En stor takk til dem alle.

Vi har søkt å få fram nye sider ved Viksjøs virksomhet. Professor Espen Johnsens årelange forskning på Erling Viksjøs arkitektur har fungert som den kunstfaglige grunnmuren for det hele. Johnsen har vært sentral både i den tidlige konseptutviklingen og som kunstfaglig rådgiver underveis i utformingen. Nasjonalmuseets prosjektgruppe har bestått av Maria Csaszni Rygh (prosjektleder), Karianne Ommundsen (kurator, formidling) og Øystein Ustvedt (kurator, utstilling). I tillegg har museets forsknings- og utviklingsansvarlige Talette Rørvik Simonsen deltatt som medkurator. Johnsen, Simonsen og Ustvedt har bidratt med innsiktsfulle tekster til denne katalogen, sammen med professor Øivind Storm Bjerke. I redaksjon med Beate Marie Bang (billedred.), Simonsen og Ustvedt, har Marianne Yvenes fungert som publikasjonens redaktør.

Til sammen håper vi at dette prosjektet vil gi et godt innblikk i, og en større forståelse av, et av etterkrigstidens mest bemerkelsesverdige kulturfenomener i Norge.

Karin Hindsbo
Direktør

so central to Viksjø's career, we decided early on in this project to introduce experimentation and collaboration into the principles underlying the execution of this exhibition. In this connection, the Erik Langdalen architecture practice was engaged as exhibition architect. The result will reflect a desire to use new materials, recycle, and research into new ways of displaying images. We also invited the visual artist Eline Mugaas to respond to the material and to contribute her own works. We were intrigued to see how she would approach the project, given the role in her images and projects of architecture and the social aspects of urban environments, as well as her close collaborations with other artists. In close dialogue with the Museum's project group, and particularly in collaboration with Erik Langdalen and Sindre Grønli, she has contributed to the exhibition's visual design.

The exhibition is based on works from the National Museum's own collection. But to achieve a successful presentation, we have also relied on loans of certain works. In this connection we are very grateful to the Norwegian government, the Nordenfjeldske Kunstindustrimuseum in Trondheim and the City of Oslo's Art Collection for very important loans. In addition, the enthusiasm of several private lenders has made it possible to show Viksjø's activities as a painter. We are very grateful to them all.

We have attempted to bring out new aspects of Viksjø's practice. Professor Espen Johnsen's long-standing research into Viksjø's architecture has functioned as the scholarly basis for the entire project. Johnsen has been central both to the project's early conceptual development and as art-historical adviser for the exhibition. The members of the National Museum's project group were Maria Csaszni Rygh (Project Manager), Karianne Ommundsen (Curator, Learning) and Øystein Ustvedt (Curator, Exhibitions and Collections). In addition, the Museum's Head of Research and Development, Talette Rørvik Simonsen, participated as co-curator. Johnsen, Simonsen and Ustvedt have each contributed insightful texts to this catalogue, as has Professor Øivind Storm Bjerke. The catalogue has been edited by Beate Marie Bang (picture ed.), Simonsen and Ustvedt, with Marianne Yvenes serving as publications editor.

We all hope that this project will provide increased insight into, and greater understanding of, one of post-war Norway's most remarkable cultural phenomena.

Karin Hindsbo
Director

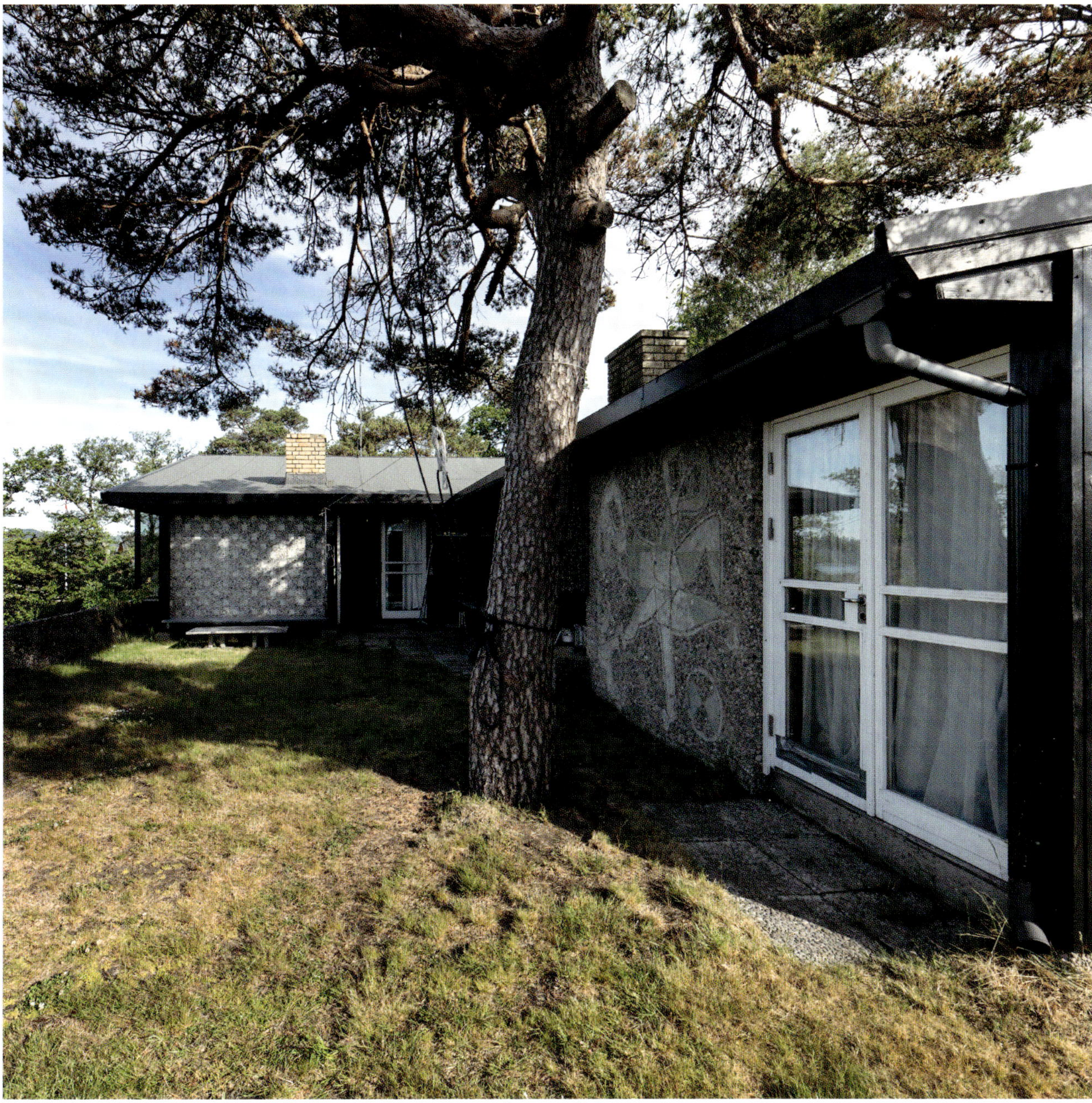

Ill. 1
Erling Viksjøs *Sommerhus i Larvik* / Erling Viksjø's *Summer house at Larvik*, 1957. Foto: Annar Bjørgli, Nasjonalmuseet, 2020

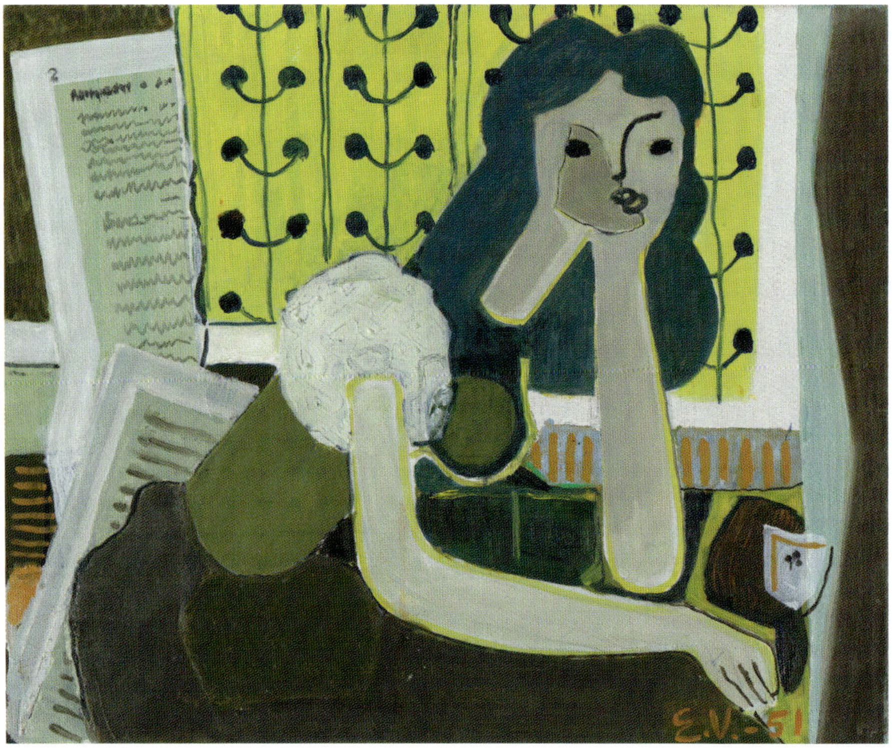

Ill. 2
Erling Viksjø: *Studie av kvinne (gul versjon) / Study of a Woman (yellow version)*, 1951, olje på lerret, 48 × 57 cm. Privat eie. Foto: Børre Høstland, Nasjonalmuseet

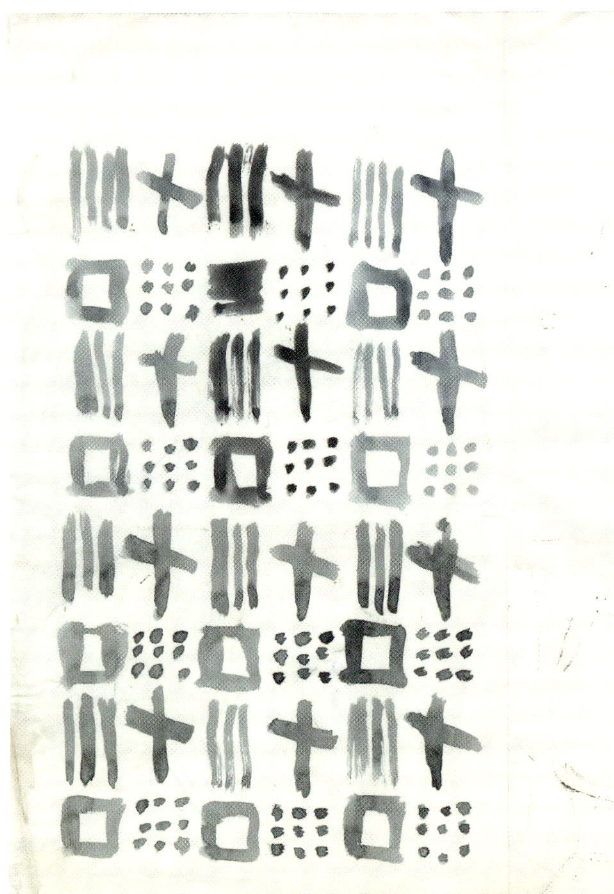

Ill. 3
Erling Viksjø: *Studie / Study*, 1950-årene, akvarell på papir, 29,7 × 21 cm. Nasjonalmuseet NAMT.evi175. Foto: Børre Høstland, Nasjonalmuseet

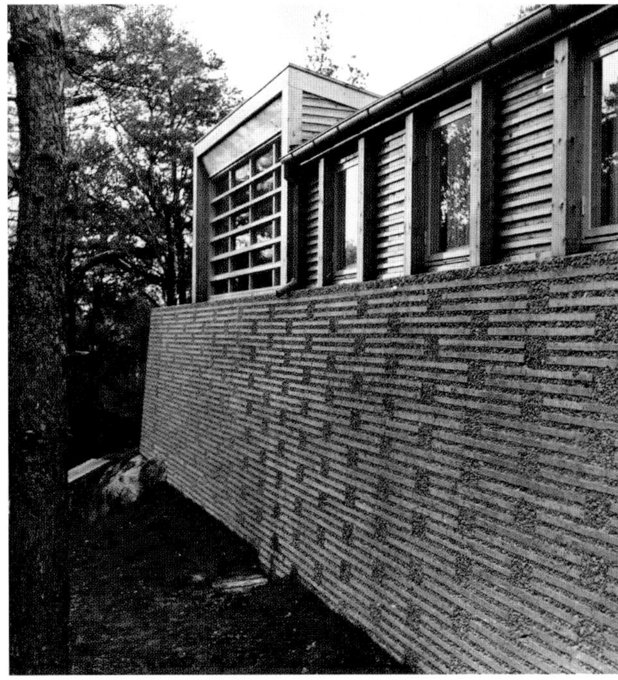

Ill. 5
Erling Viksjøs *Sommerhus i Larvik* / Erling Viksjø's *Summer house at Larvik*, 1957. Fotograf ukjent. Nasjonalmuseet NAMF.02285.002

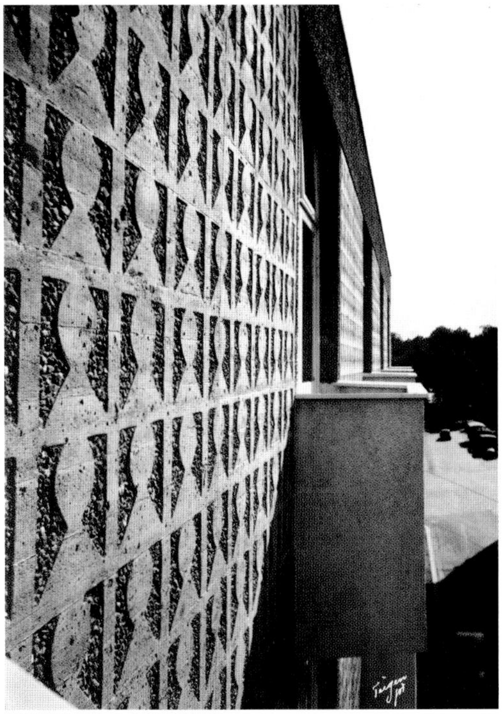

Ill. 4
Erling Viksjø: *Hybelhus for Stortingsmenn* / *Block of bedsits for members of the Storting*, 1950–54. Foto: Teigens fotoatelier, 1954. Nasjonalmuseet NAMF.01868.003

Ill. 6
Fra Erling Viksjøs *Sommerhus i Larvik*, under oppføring / Erling Viksjø's *Summer house at Larvik*, during construction, 1957. Foto: Erling Viksjø, 1957. Nasjonalmuseet NAMF.02285.015

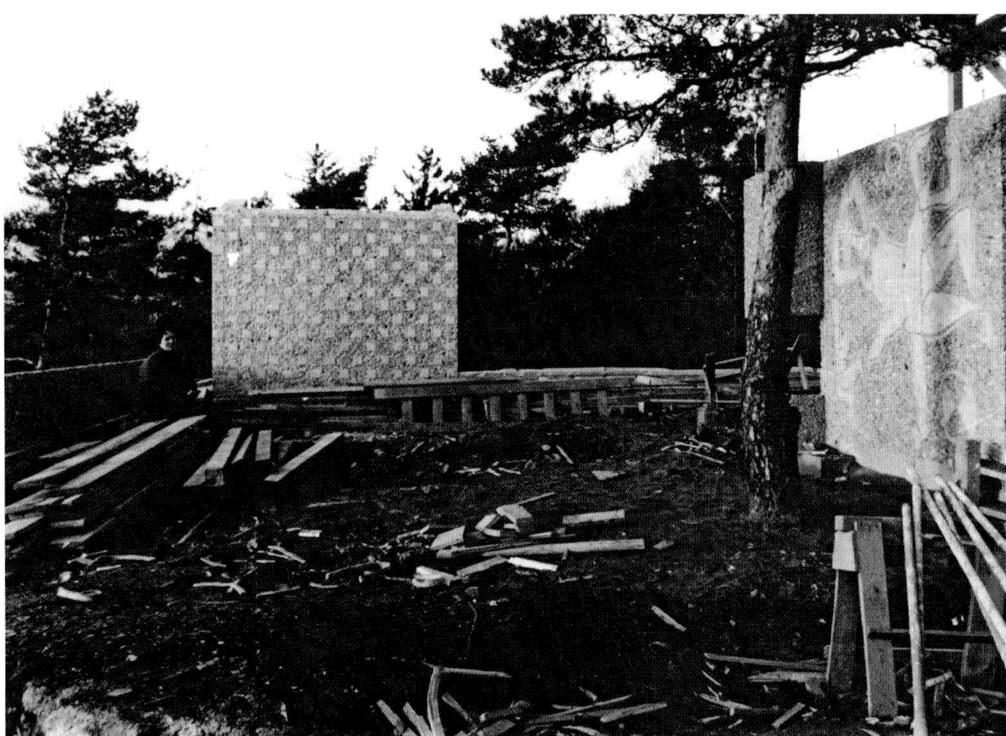

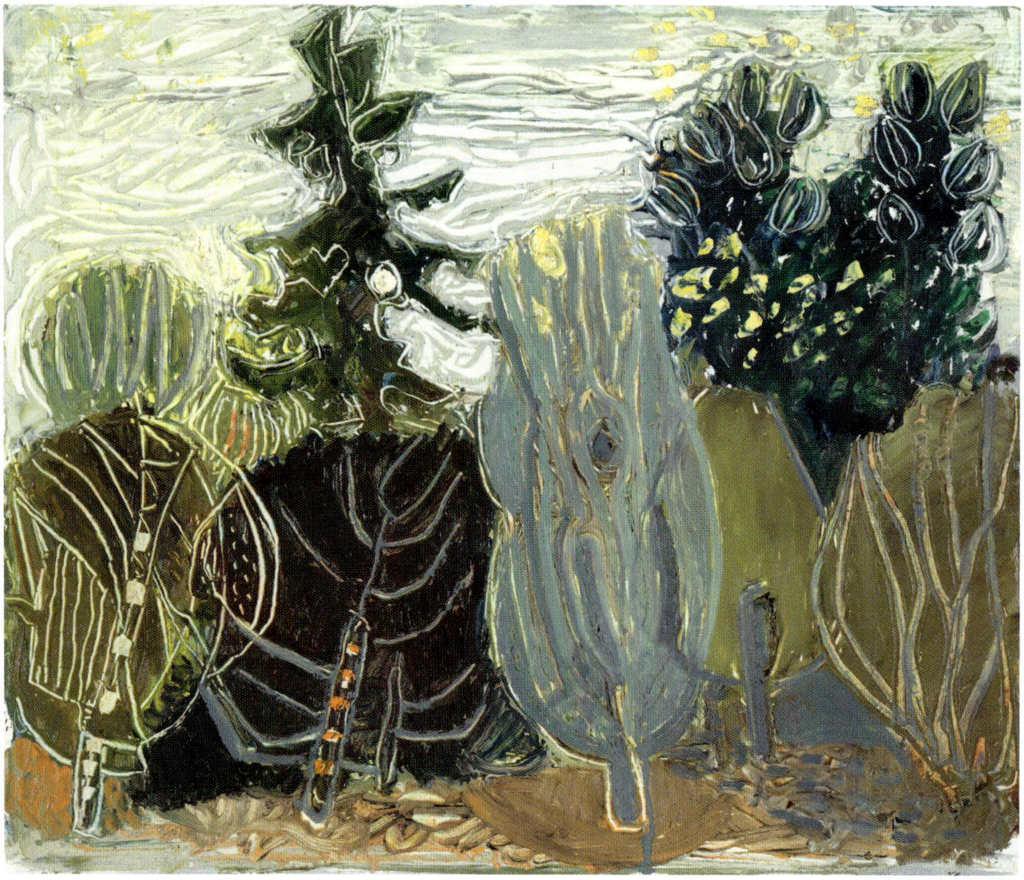

Ill. 7
Erling Viksjø: *Skogsmotiv / Forest Motif*, 1950-årene, olje på plate, 46,5 × 51 cm. Privat eie. Foto: Børre Høstland, Nasjonalmuseet

Ill. 8
Erling Viksjø: *Utkast til nytt Regjeringskvartal i risseteknikk / Sketch for a new Government Quarter in scratch technique*, 1949, akryl på kartong, 47,6 × 67,8 cm. NAMT.evi002.002. Foto: Børre Høstland, Nasjonalmuseet

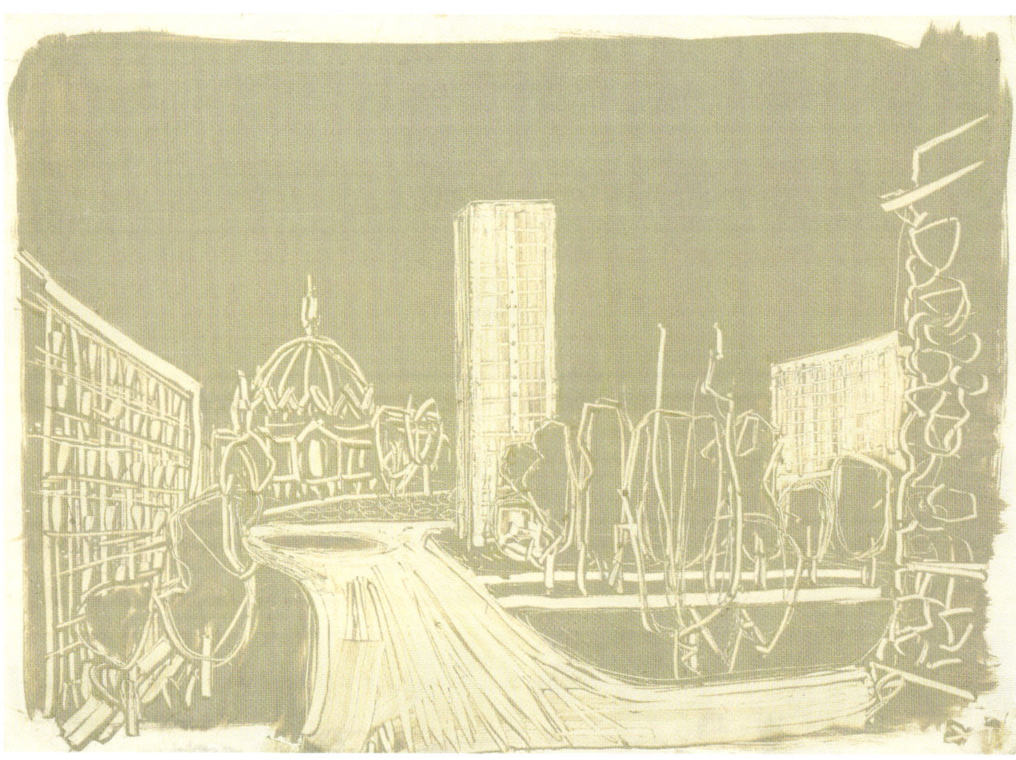

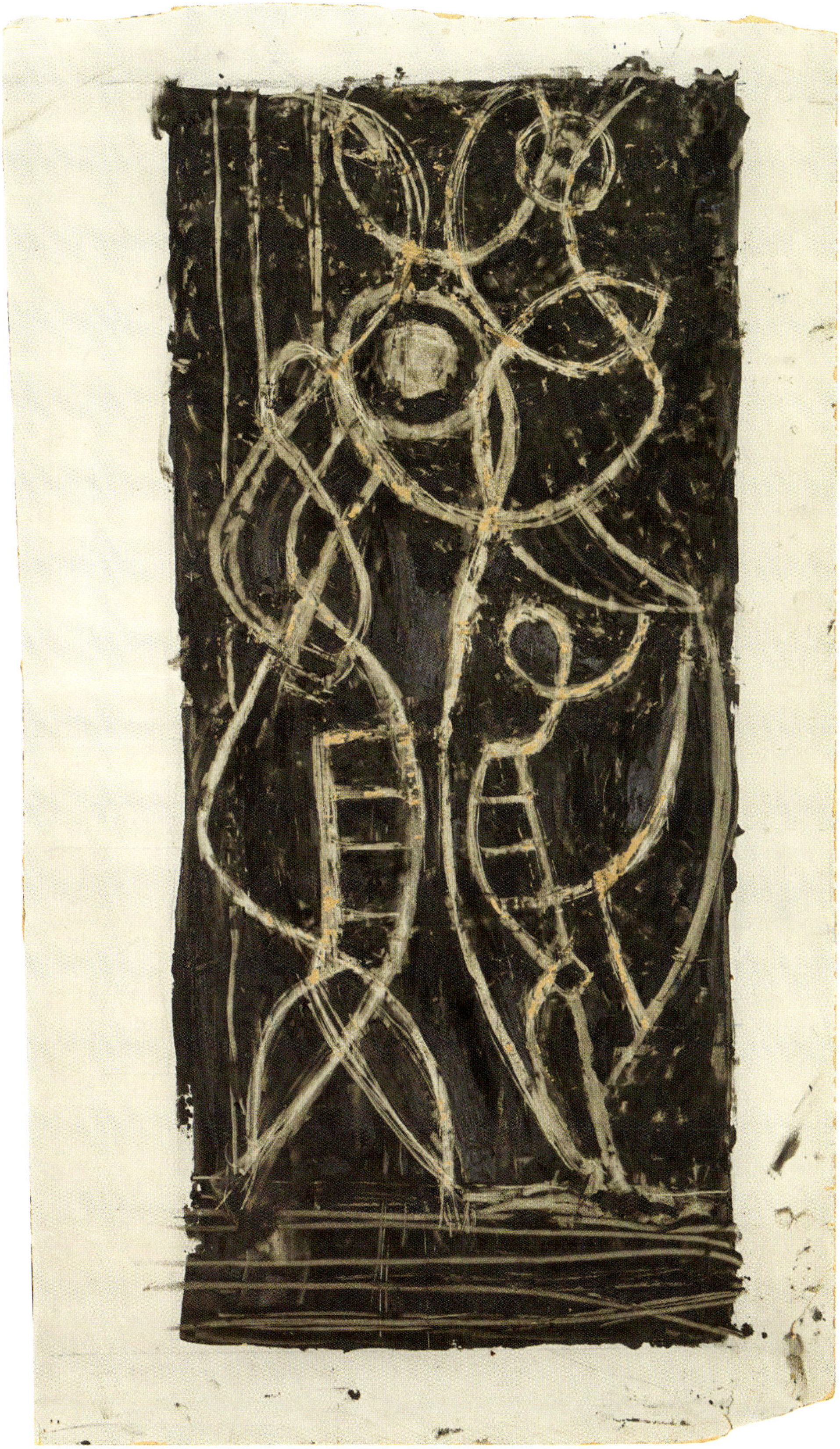

Ill. 9
Erling Viksjø: *Mørkt rissemaleri / Dark scratch painting*, ca. 1950, olje på plate, 84,2 × 50 cm. Privat eie.
Foto: Børre Høstland, Nasjonalmuseet

Ill. 10 (neste oppslag / next spread)
Hybelhus for Stortingsmenn / Block of bedsits for members of the Storting, 1950–54. Foto: Teigens fotoatelier, 1954.
Nasjonalmuseet NAMF.01868.002

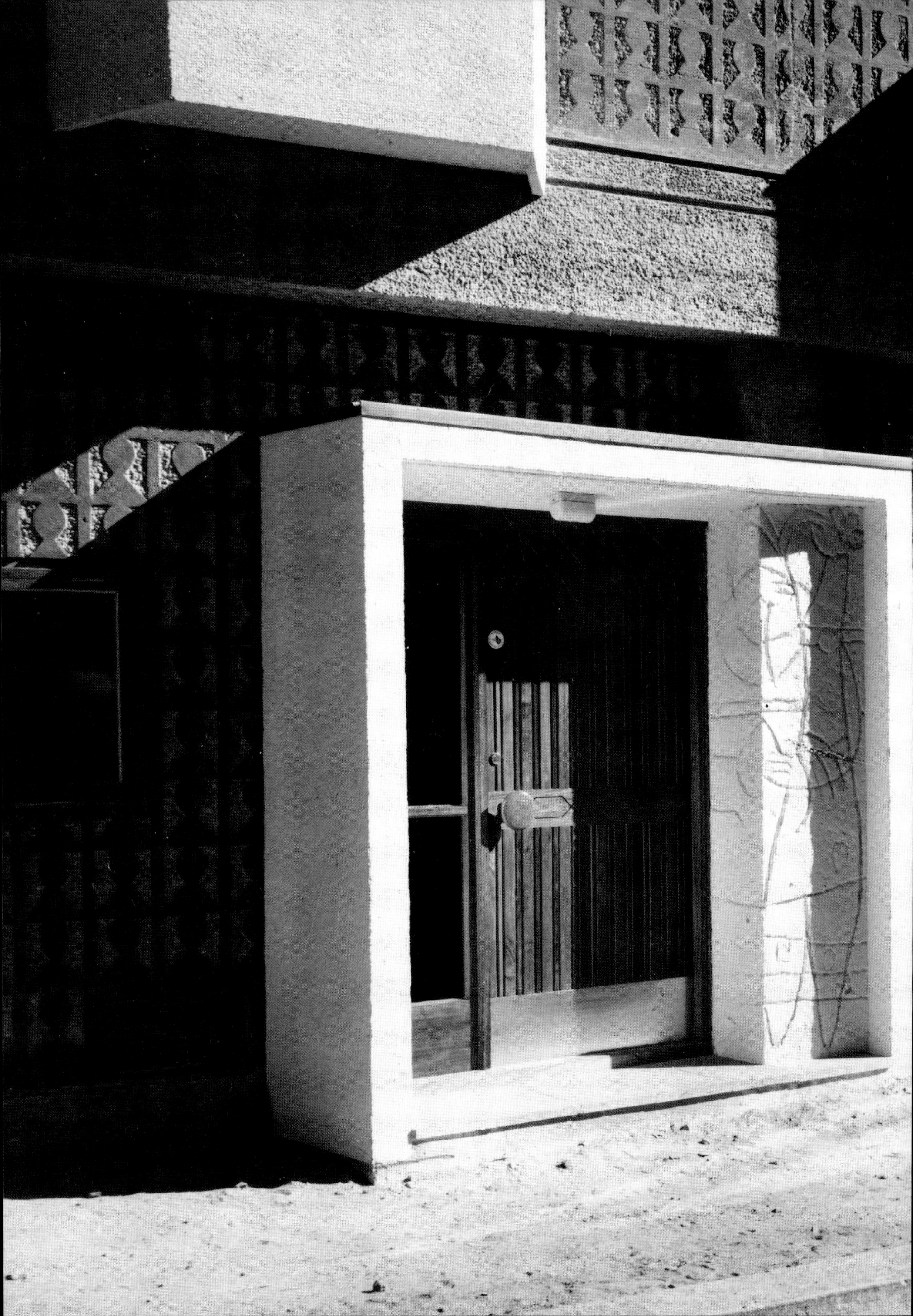

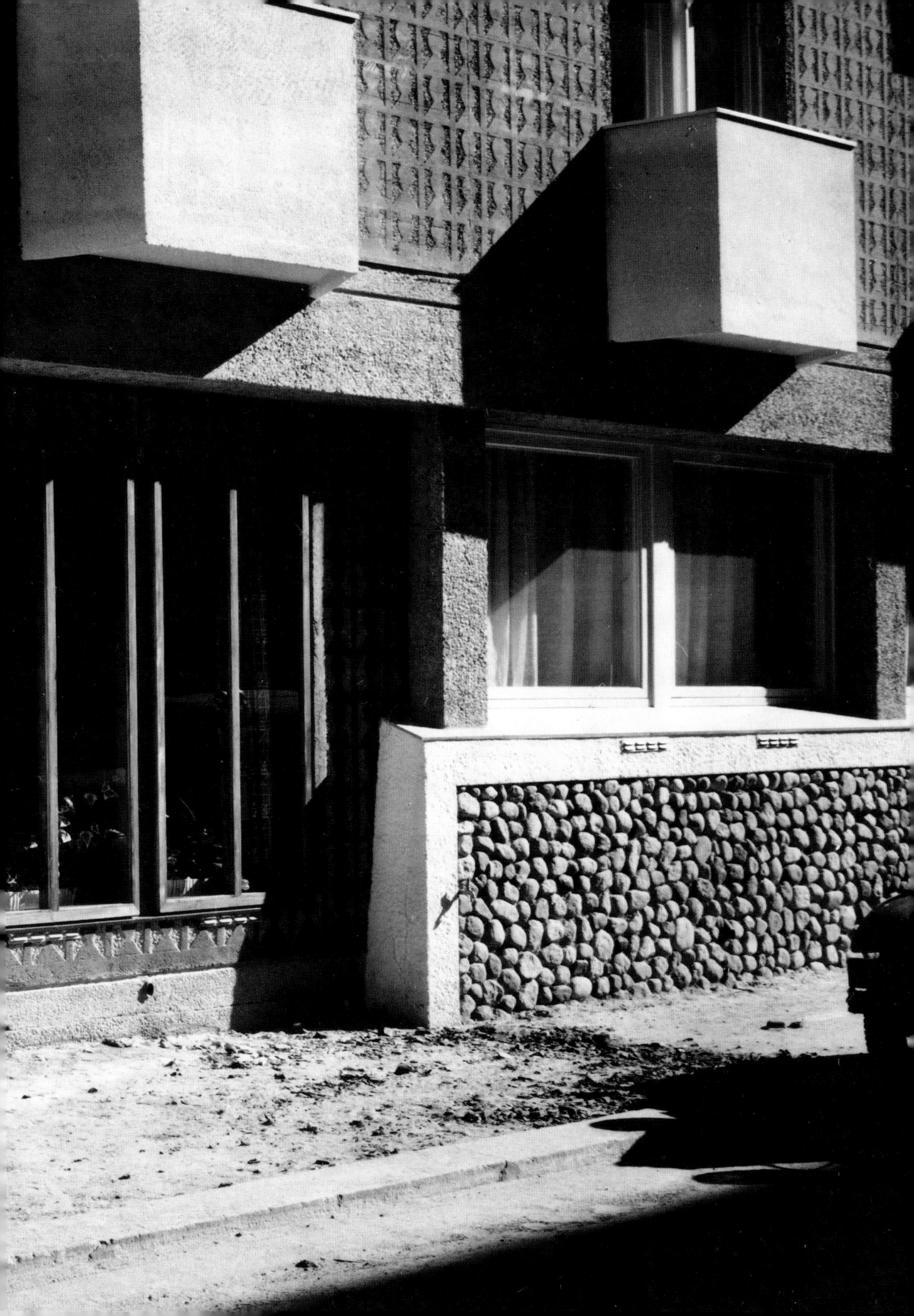

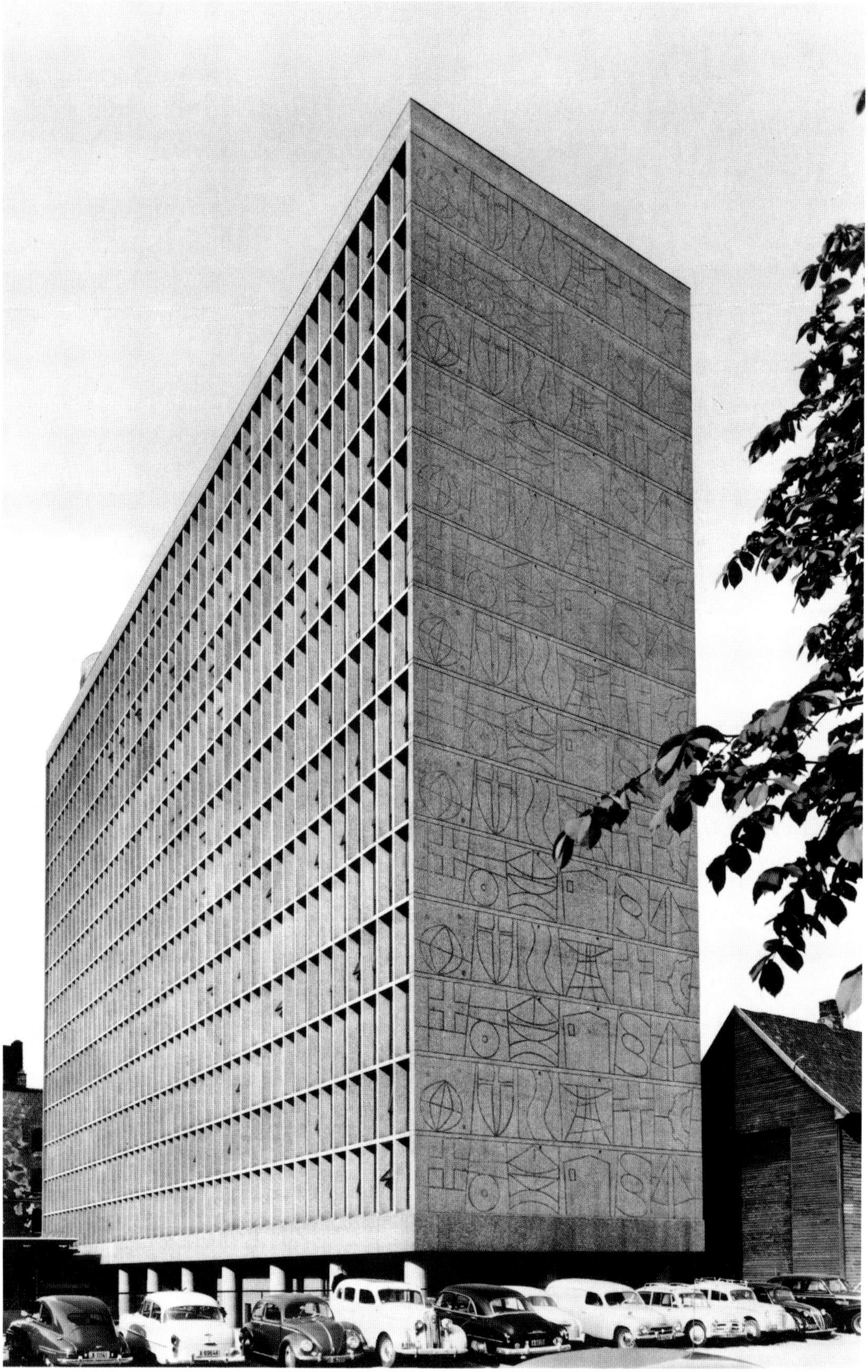

Ill. 11
Erling Viksjø: *Regjeringskvartalet, Høyblokka / Government Quarter*, the *Highrise*, antakelig 1946–59. Foto: Teigens fotoatelier, 1959. Nasjonalmuseet NAMF.00603.063

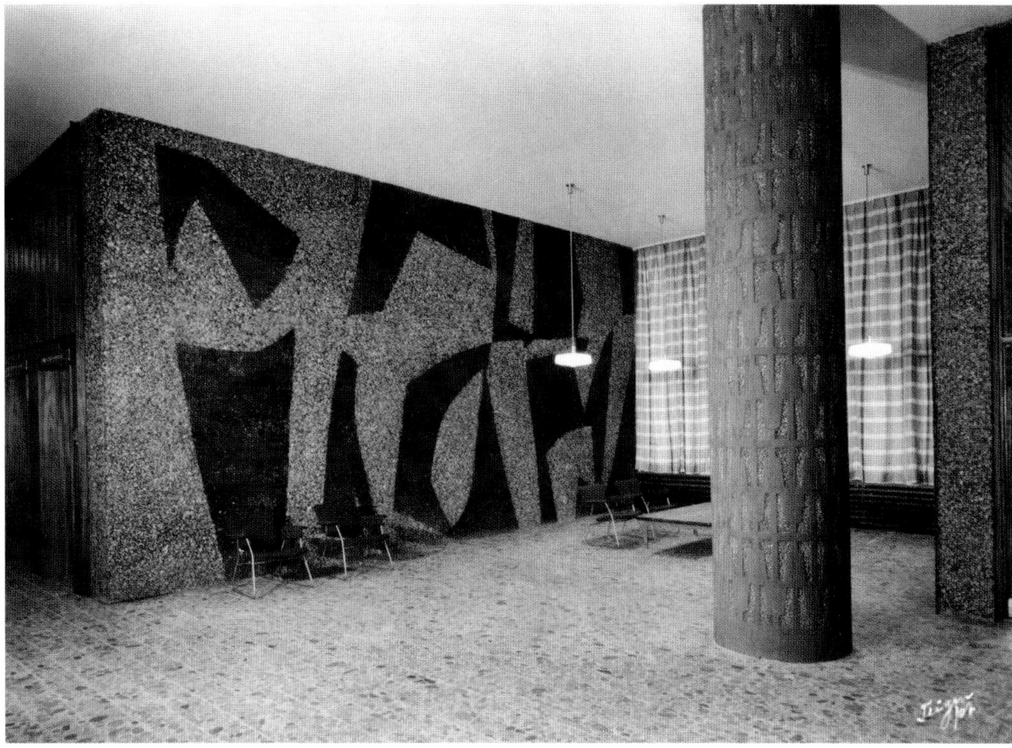

Ill. 12
Fra inngangspartiet i *Høyblokka* med utsmykning av Inger Sitter og Carl Nesjar / From the entrance area in *Høyblokka* with decoration by Inger Sitter and Carl Nesjar. Foto: Teigens fotoatelier, 1959. Nasjonalmuseet NAMF.00603.025

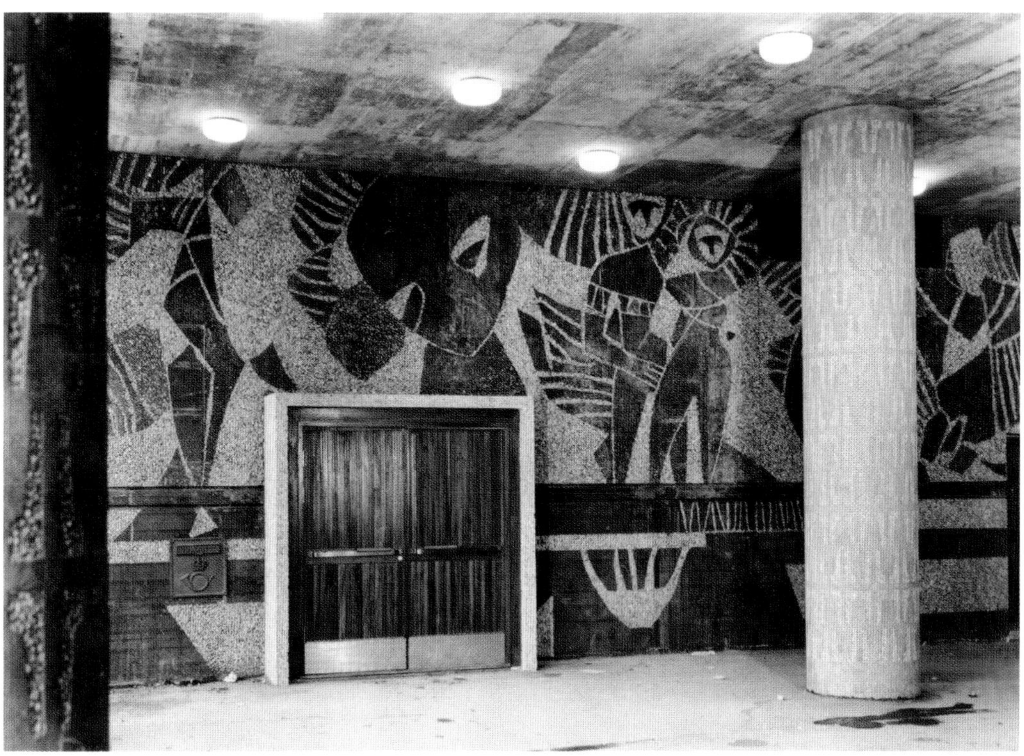

Ill. 13
Fra inngangspartiet i *Høyblokka* med utsmykning basert på tegninger av Kai Fjell / From the entrance area in *Høyblokka* with decoration based on drawings by Kai Fjell. Foto: Teigens fotoatelier, ant. 1959. Nasjonalmuseet NAMF.00603.027

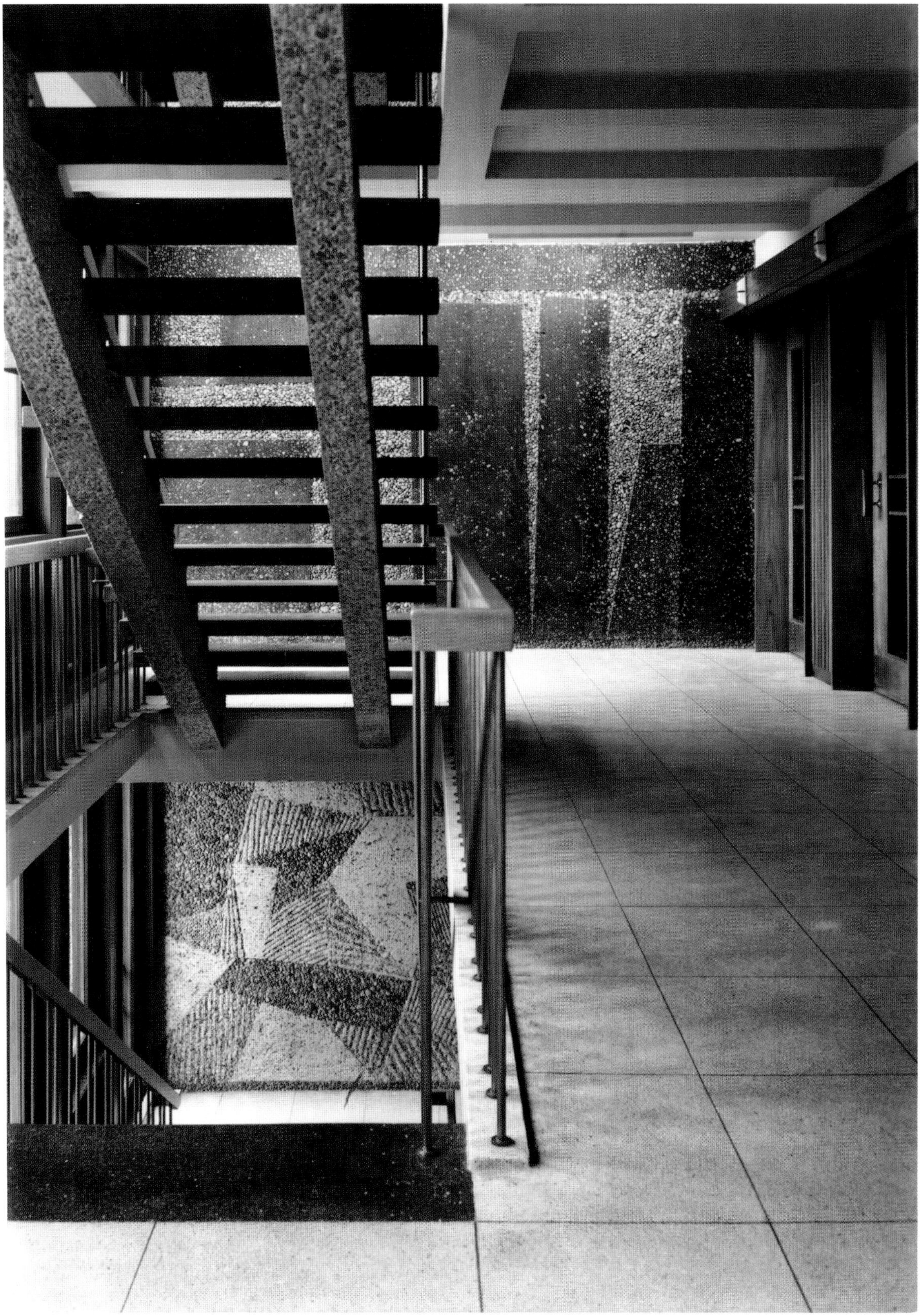

Ill. 14
Fra trapperommet i *Høyblokka* med utsmykninger av Odd Tandberg (rett fram) og Carl Nesjar (under) / From the stairwell in *Høyblokka* with decorations by Odd Tandberg and Carl Nesjar (below). Foto: Teigens fotoatelier, 1959. Nasjonalmuseet NAMF.00603.005

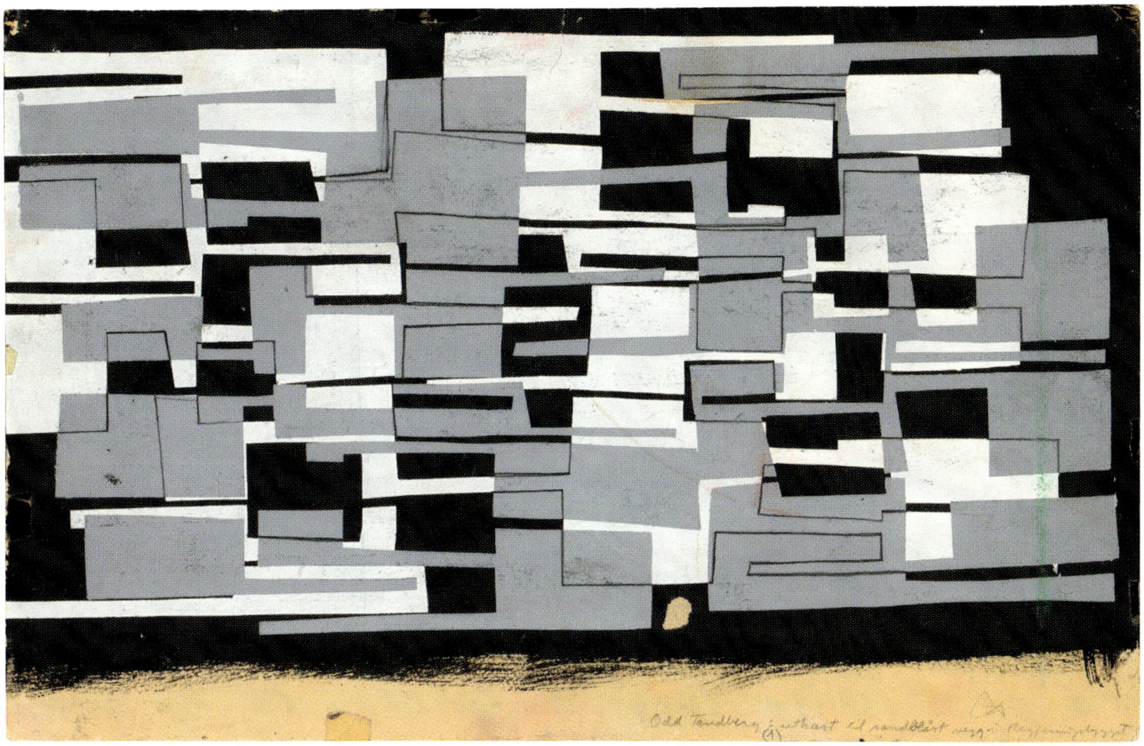

Ill. 15
Odd Tandberg: Skisse til utsmykning i *Høyblokka* / Sketch for a decoration in *Høyblokka*, antakelig 1958, tusj, gouache og blyant på plate, 31,6 × 50 cm. Nasjonalmuseet NG.K&H.1958.0088. Foto: Morten Thorkildsen, Nasjonalmuseet

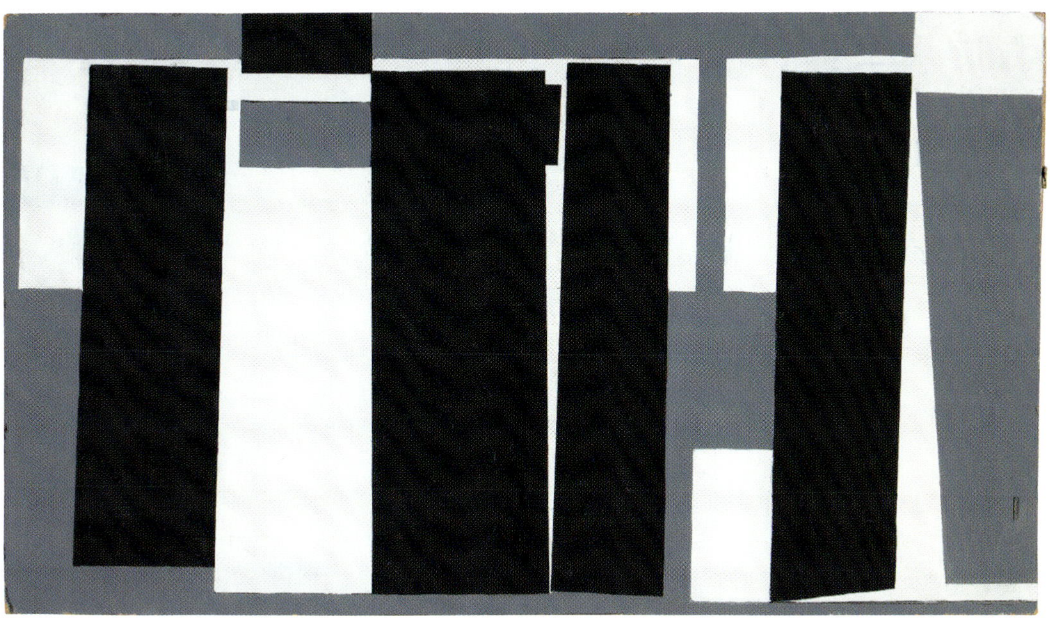

Ill. 16
Odd Tandberg: Skisse til utsmykning i *Høyblokka* / Sketch for a decoration in *Høyblokka*, antakelig 1958, tusj og gouache på plate, 32,4 × 57,7 cm. Nasjonalmuseet NG.K&H.1958.0089. Foto: Morten Thorkildsen, Nasjonalmuseet

Ill. 17 (neste oppslag / next spread)
Tore Haaland: Utsmykning i *Høyblokkas* trappehus, 12. etasje, nord / Wall decoration in the stairwell of *Høyblokka*, 11th floor, facing North. Foto: Annar Bjørgli, Nasjonalmuseet

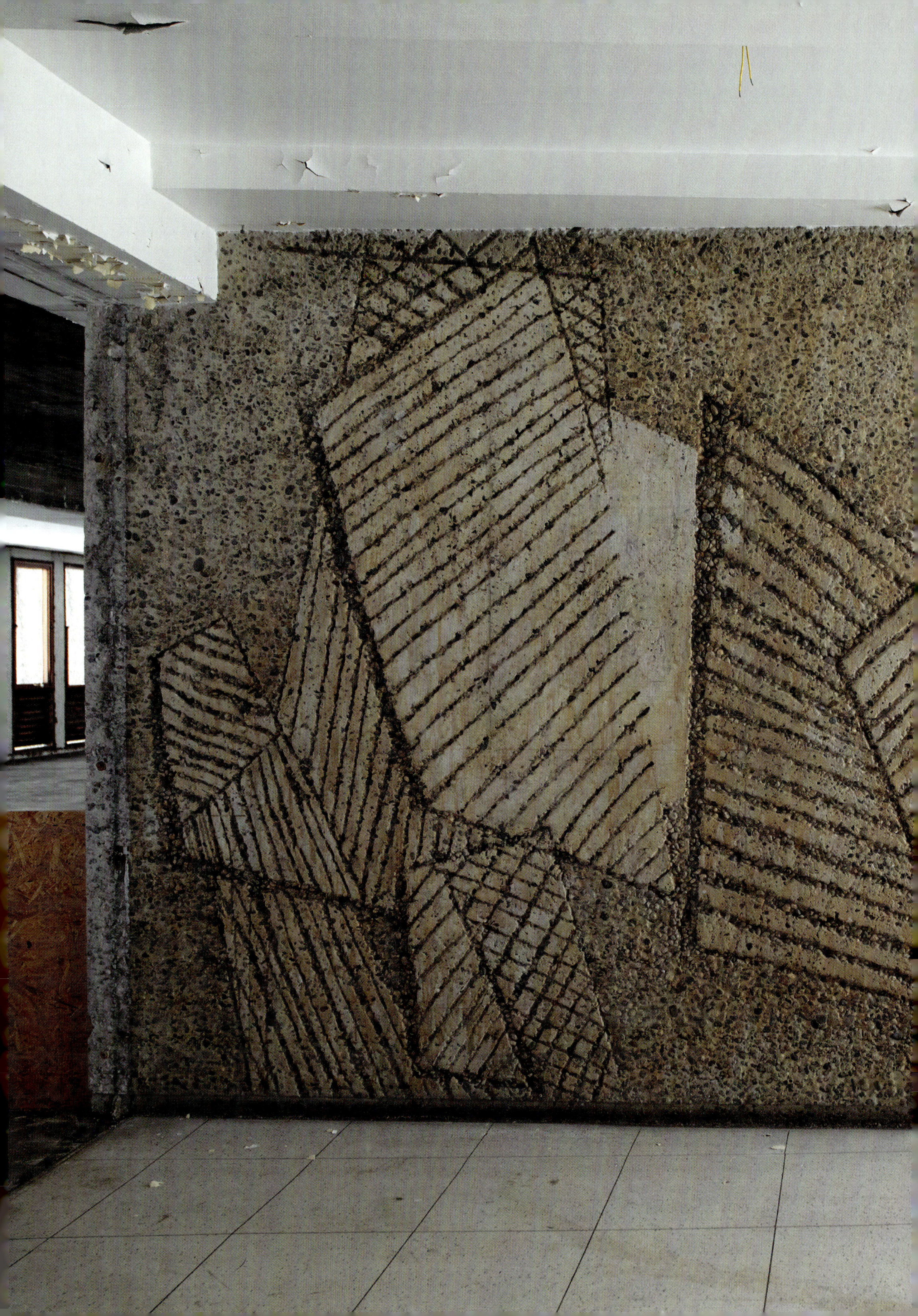

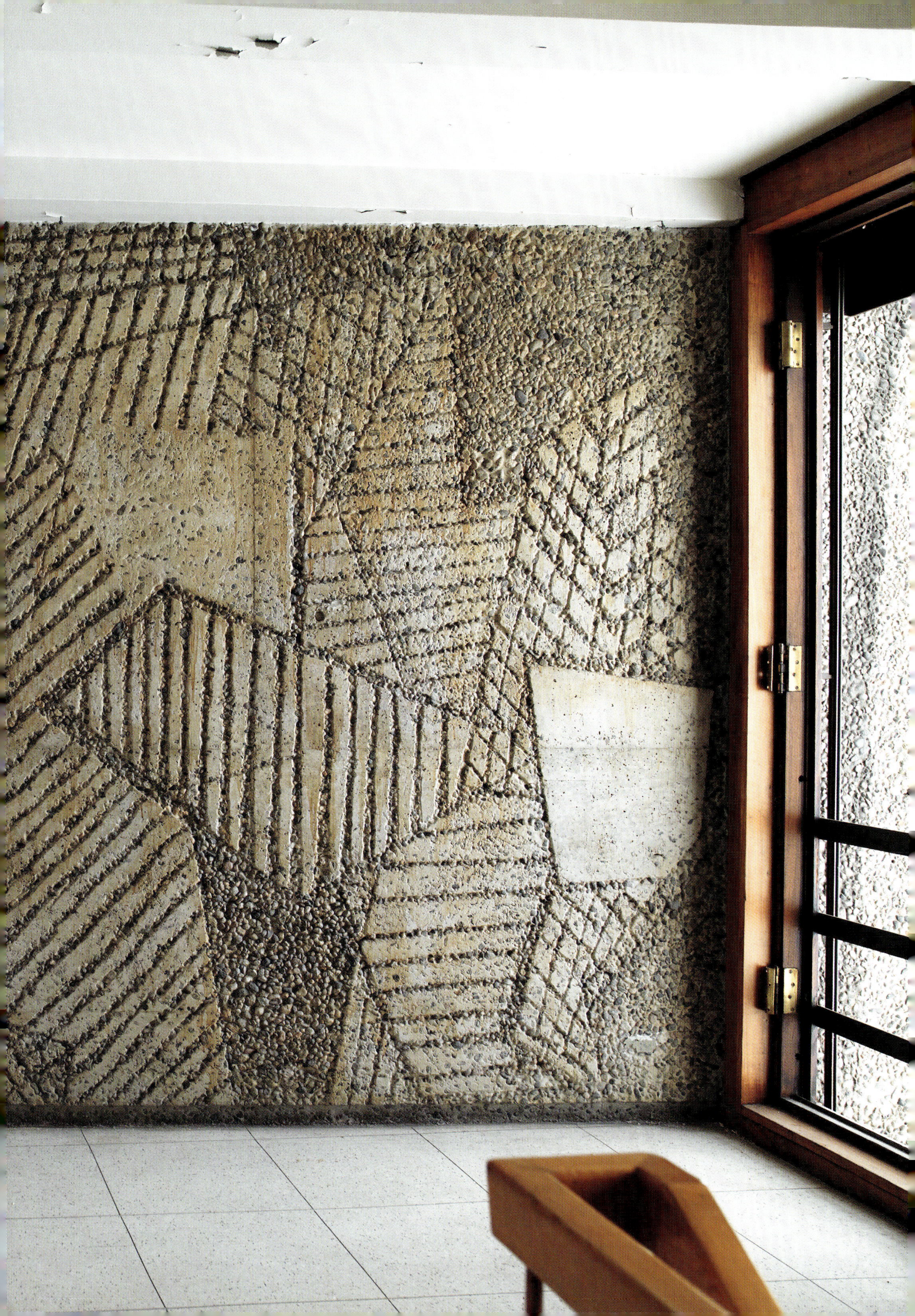

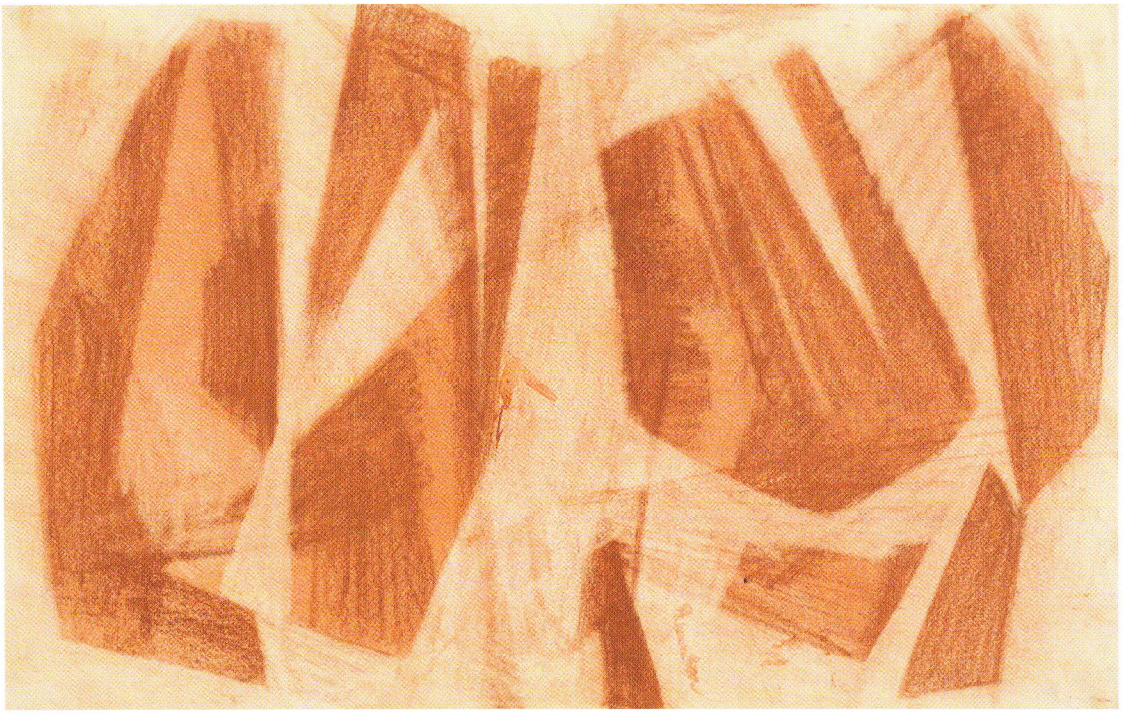

Ill. 18
Inger Sitter: Skisse til utsmykning i *Høyblokka* / Sketch for a decoration in *Høyblokka*, antakelig 1958, rødkritt på plate, 26,1 × 42,3 cm. Nasjonalmuseet NG.K&H.1958.0081. Foto: Morten Thorkildsen, Nasjonalmuseet

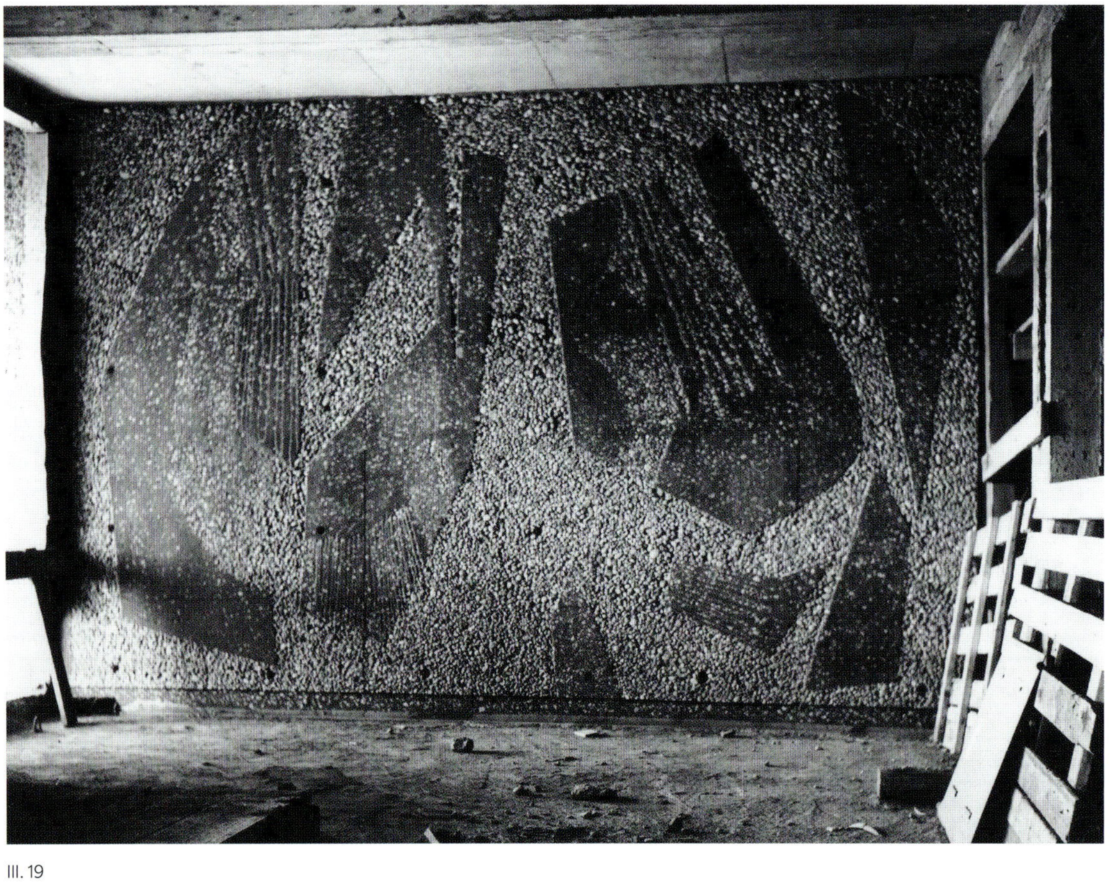

Ill. 19
Fra oppførelsen av *Høyblokka* med sandblåst betongverk av Inger Sitter og Carl Nesjar / From the construction of *Høyblokka*, with sand-blasted decoration by Inger Sitter and Carl Nesjar. Foto: Carl Nesjar, ca. 1958. Nasjonalmuseet NAMF.00603.042

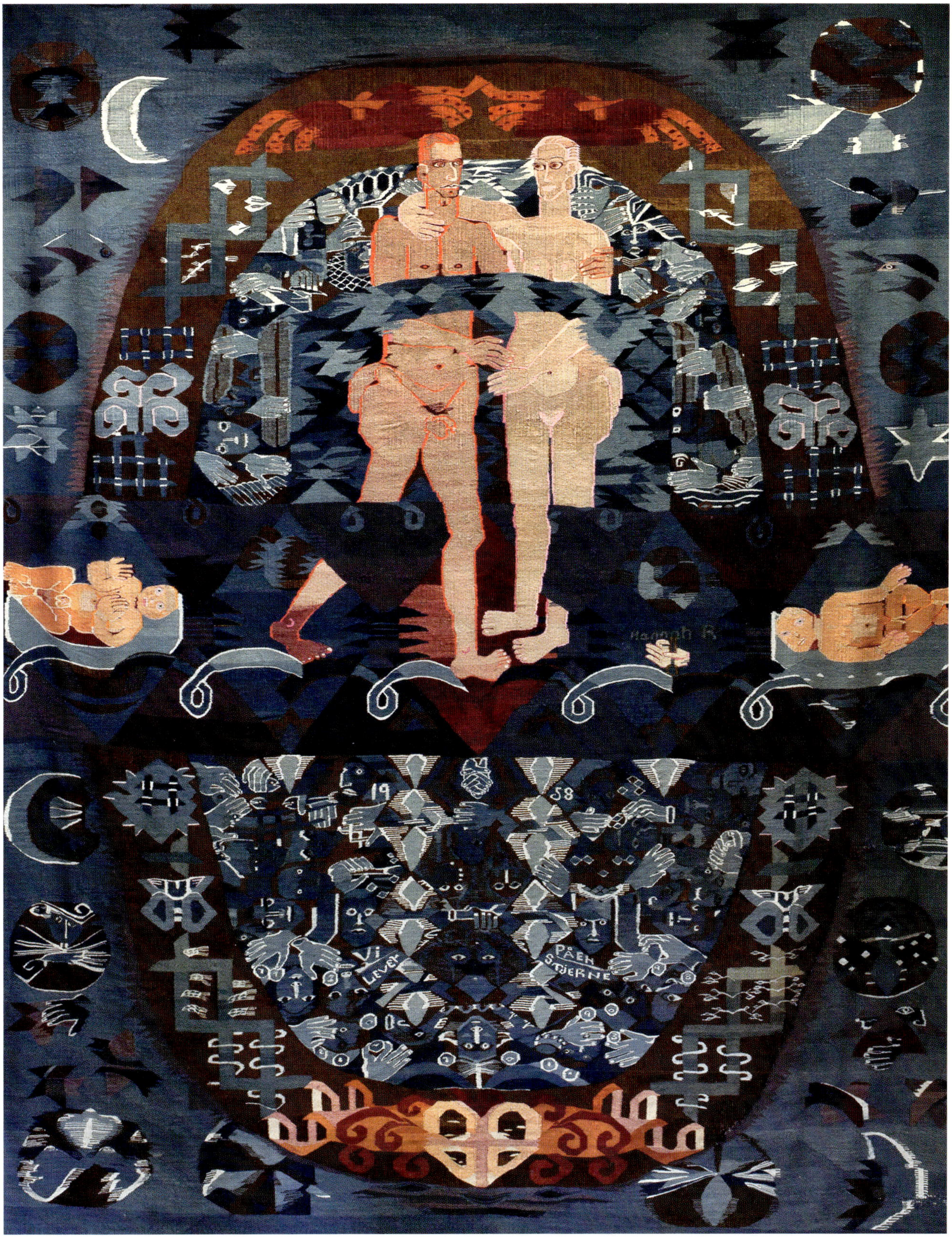

Ill. 20
Hannah Ryggen: *Vi lever på en stjerne / We Live upon a Star*, 1958, billedvev / tapestry, 400 × 300 cm. Den norske regjering

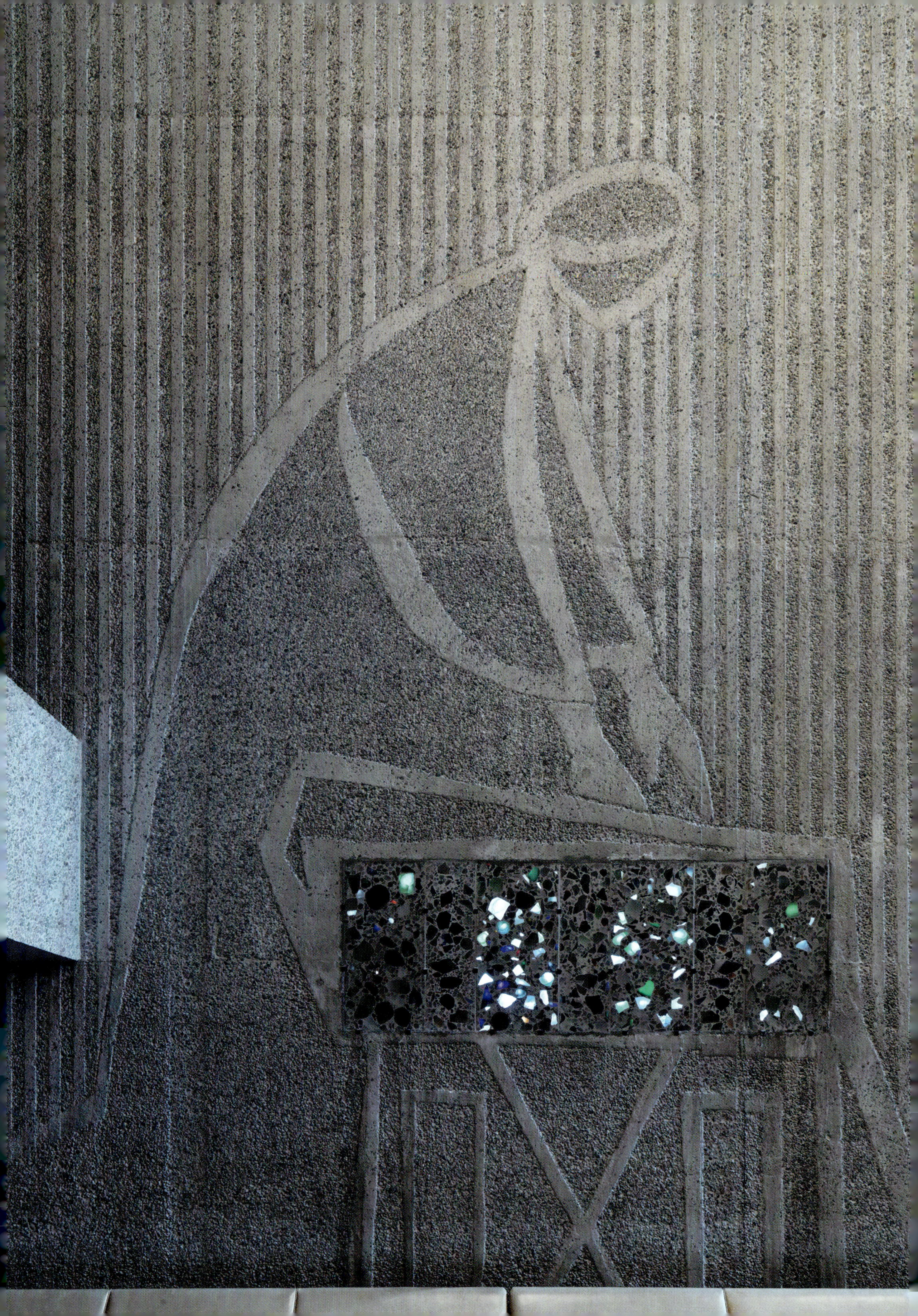

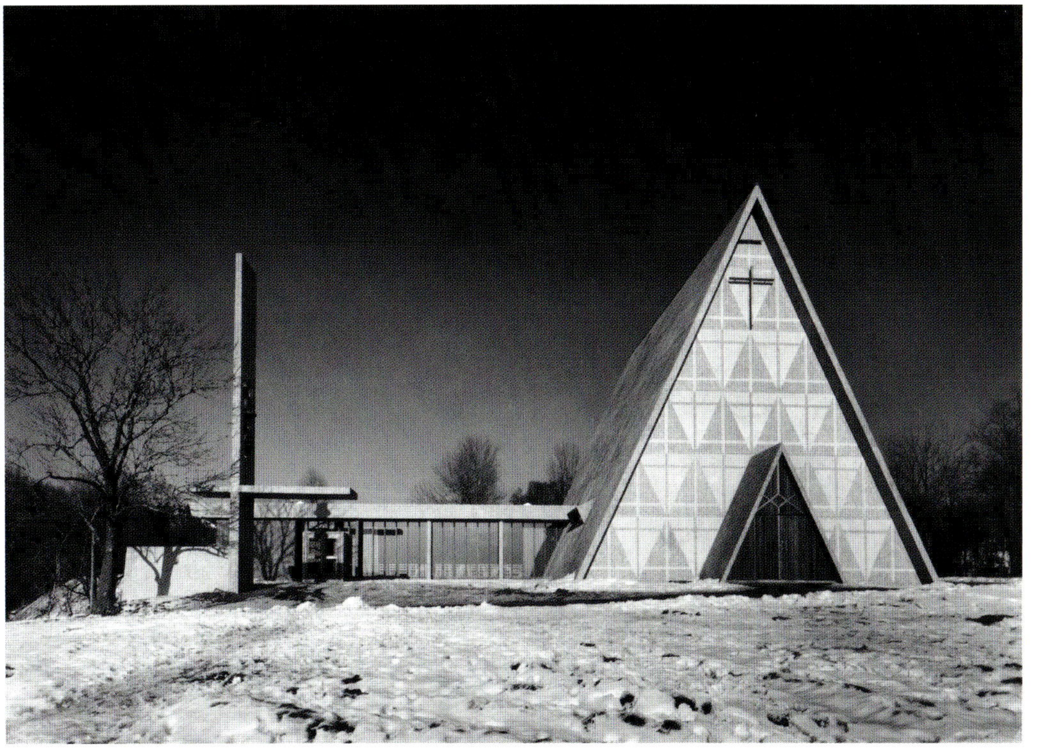

Ill. 22
Erling Viksjø: *Bakkehaugen kirke* i Oslo / *Bakkehaugen Church* in Oslo, 1939–46 / 1955–59. Foto: Teigens fotoatelier, 1959. Nasjonalmuseet NAMF.01899.001

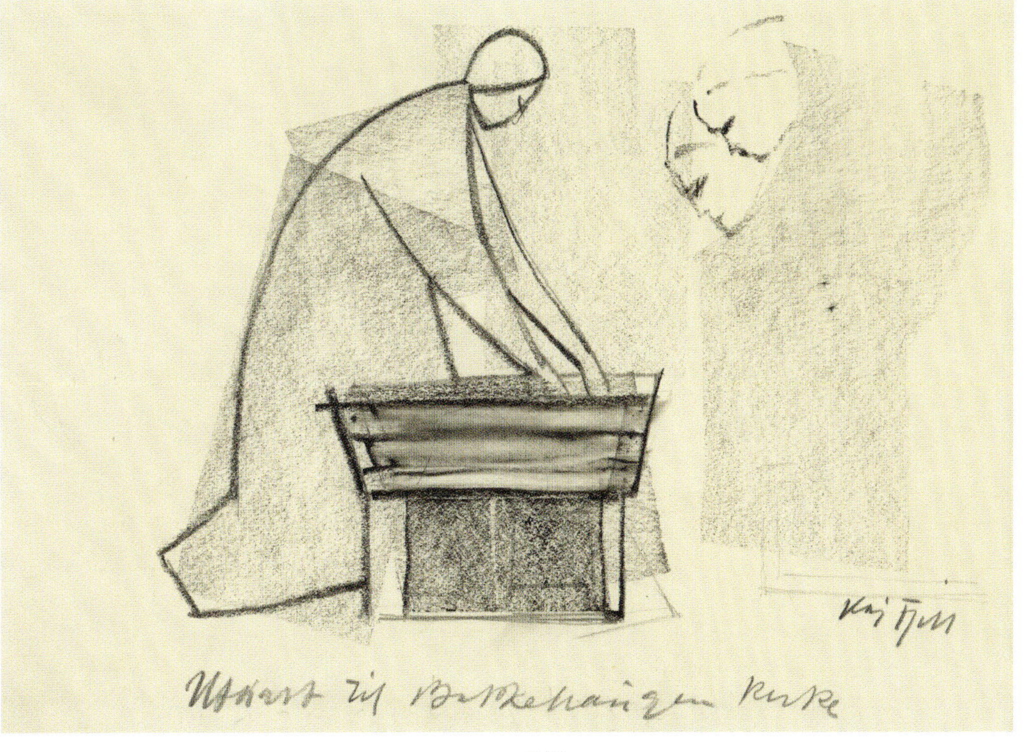

Ill. 23
Kai Fjell: *Utkast til Bakkehaugen kirke / Sketch for wall decoration in Bakkehaugen Church*, antagelig 1958, blyant på papir, 17,6 × 24,9 cm. Privat eie. Foto: Børre Høstland, Nasjonalmuseet

Ill. 21
Interiør fra *Bakkehaugen kirke* i Oslo med utsmykning basert på tegninger av Kai Fjell, sandblåst av Carl Nesjar / Interior from *Bakkehaugen Church* with decoration based on drawings by Kai Fjell, sand-blasted by Carl Nesjar. Foto: Annar Bjørgli, Nasjonalmuseet, 2020

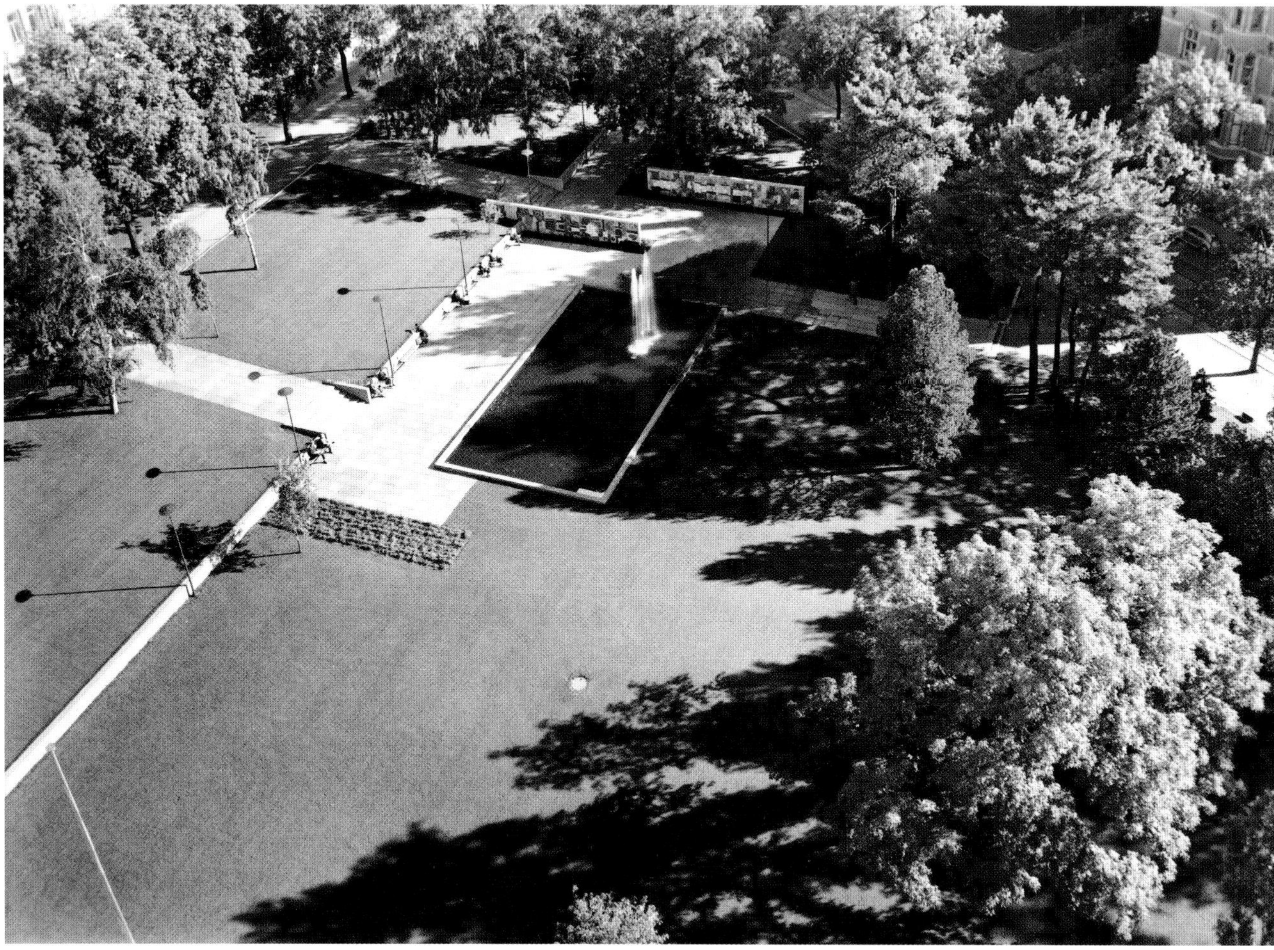

Ill. 24
Erling Viksjø, Grindaker & Gabrielsen og Odd Tandberg: *Hydroparken* i Oslo / The *Hydro Park* in Oslo. Foto: Teigens fotoatelier, mellom 1960 og 1965. Nasjonalmuseet NAMF.00011.003

Ill. 25
Detalj av conglomur i *Hydroparken*, Oslo / Detail from a conglo wall in the *Hydro Park*, Oslo. Foto: Annar Bjørgli, Nasjonalmuseet, 2020

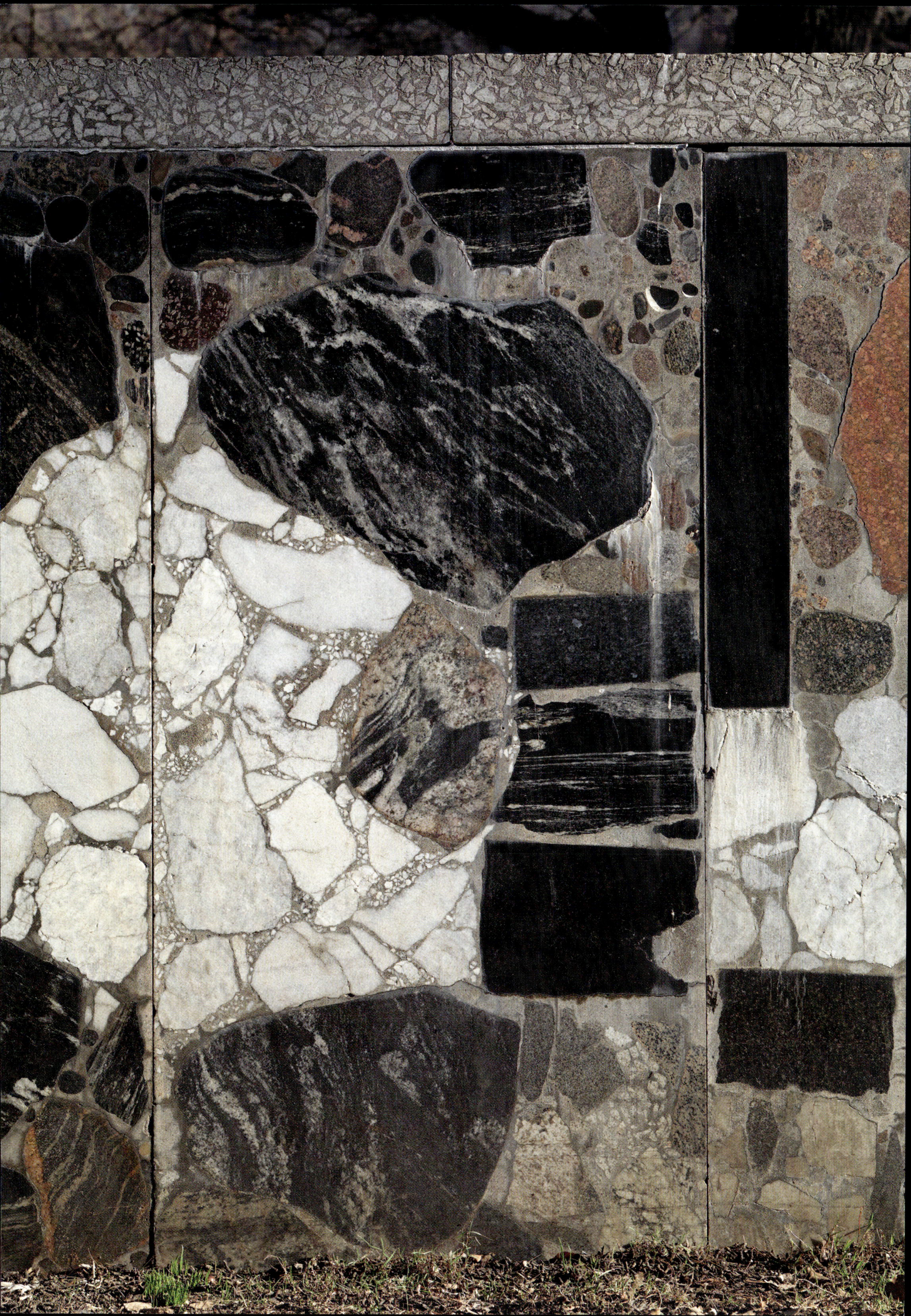

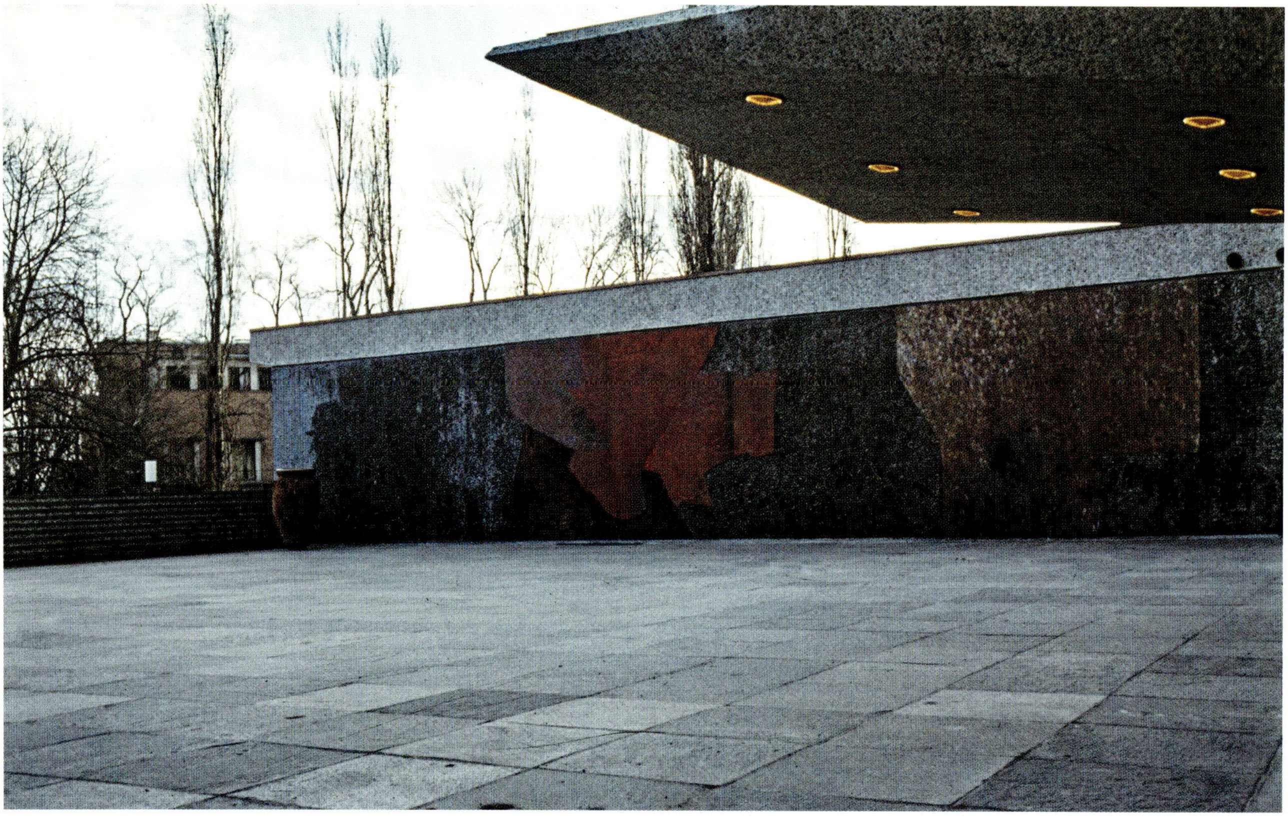

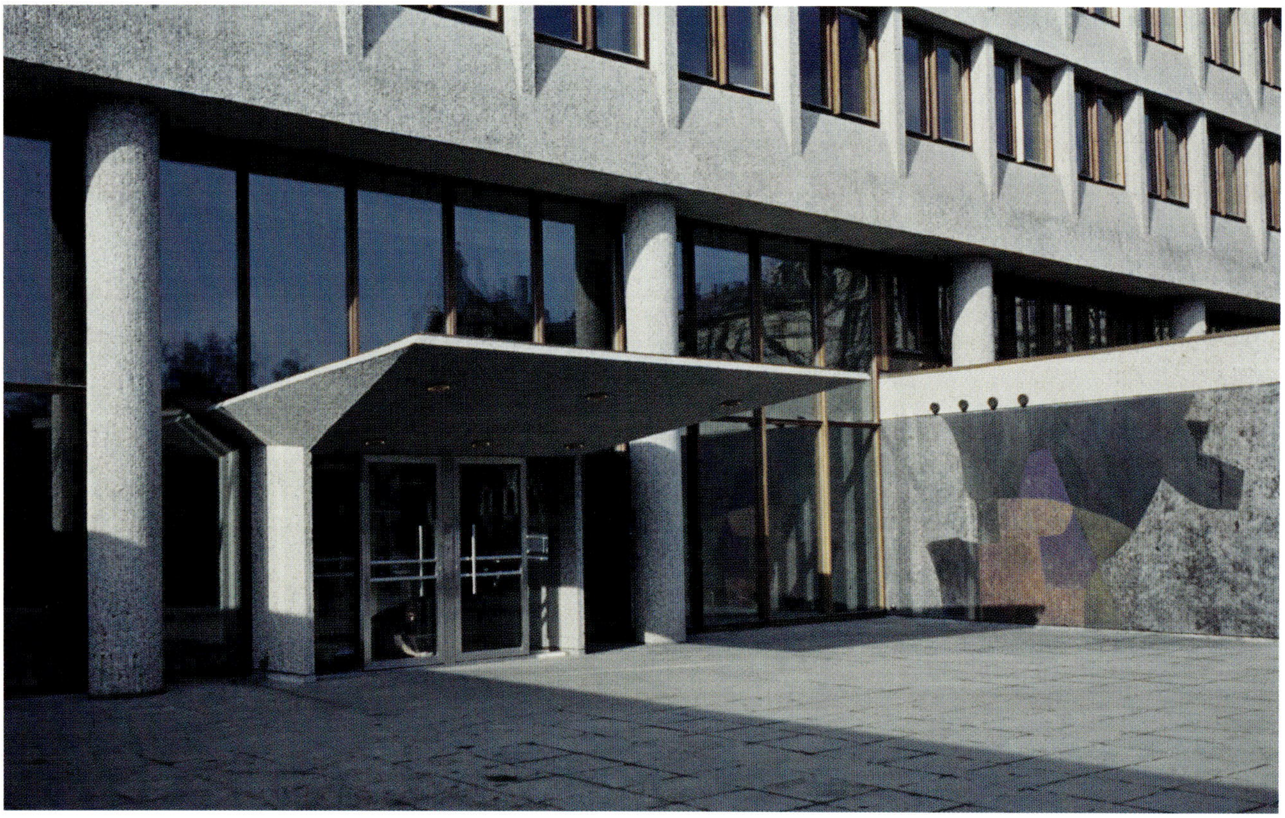

Ill. 26–27
Fra inngangspartiet i Norsk Hydros administrasjonsbygning i Oslo med utendørs utsmykninger av Jakob Weidemann / From the entrance area of Norsk Hydro's administration building in Oslo, with outdoor wall decorations by Jakob Weidemann, ca. 1960, fargedias. Fotograf ukjent. Nasjonalmuseet NAMF.00011.015, NAMF.00011.016

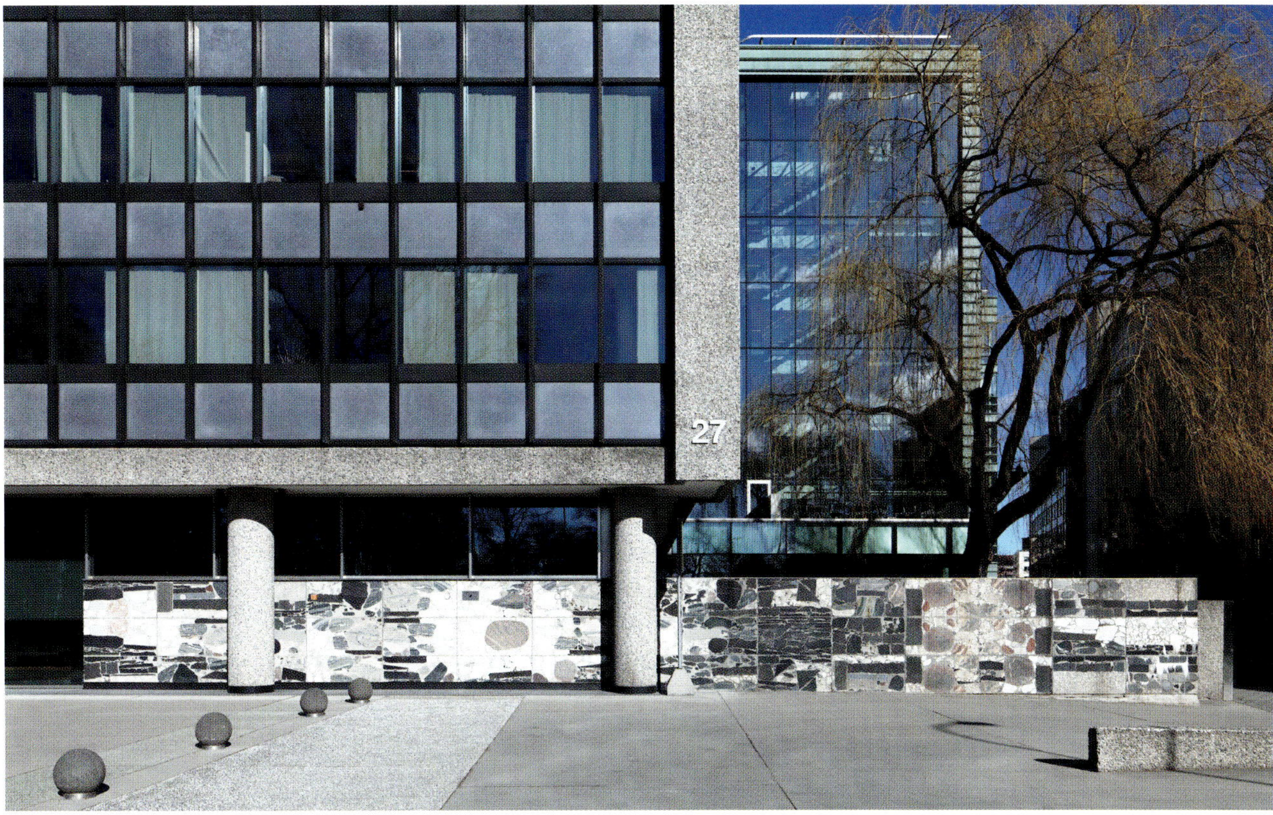

Ill. 28
Fra inngangspartiet i *Elkemhuset* i Oslo, i dag NHO, med conglovegg skapt av Odd Tandberg / From the entrance area of the *Elkem Building* in Oslo, today NHO, with conglo wall made by Odd Tandberg. Foto: Annar Bjørgli, Nasjonalmuseet, 2020

Ill. 29
Fra inngangspartiet i *Standard Telefon og Kabelfabrik* i Oslo, i dag Hotel 33, med conglovegg skapt av Odd Tandberg / From the entrance area of *Standard Telefon og Kabelfabrik*, Oslo, today Hotel 33, with conglo wall made by Odd Tandberg. Foto: Annar Bjørgli, Nasjonalmuseet, 2020

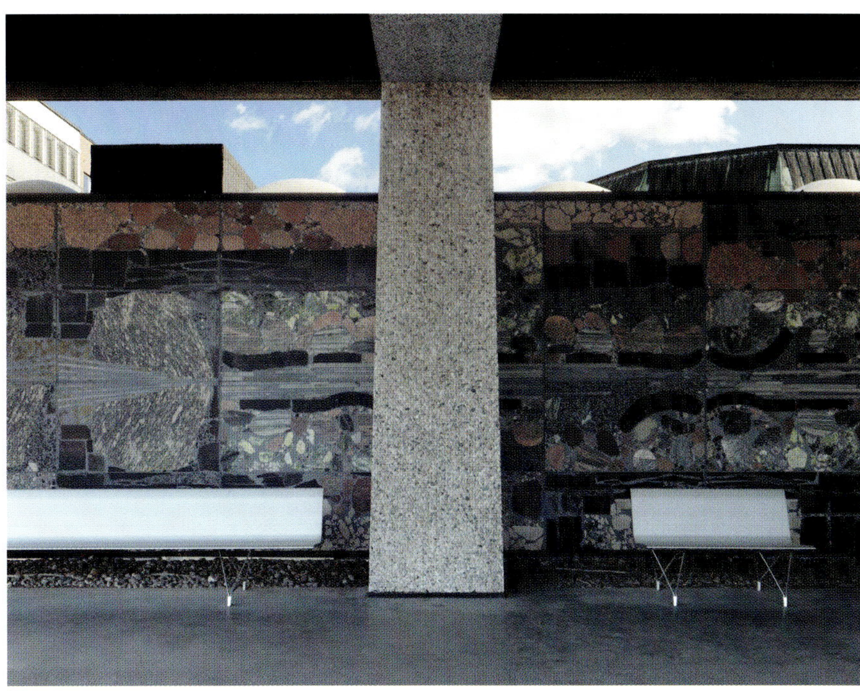

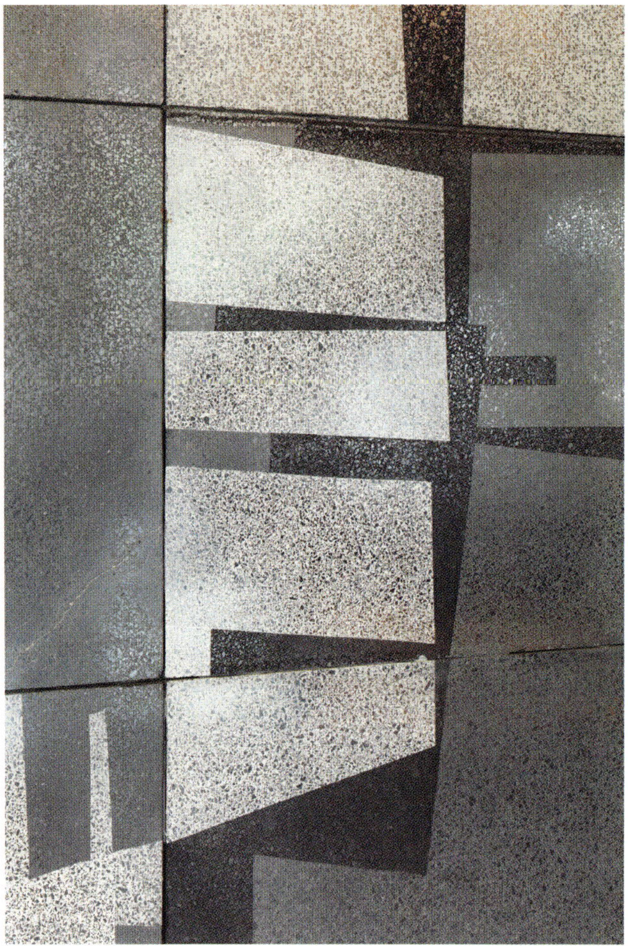

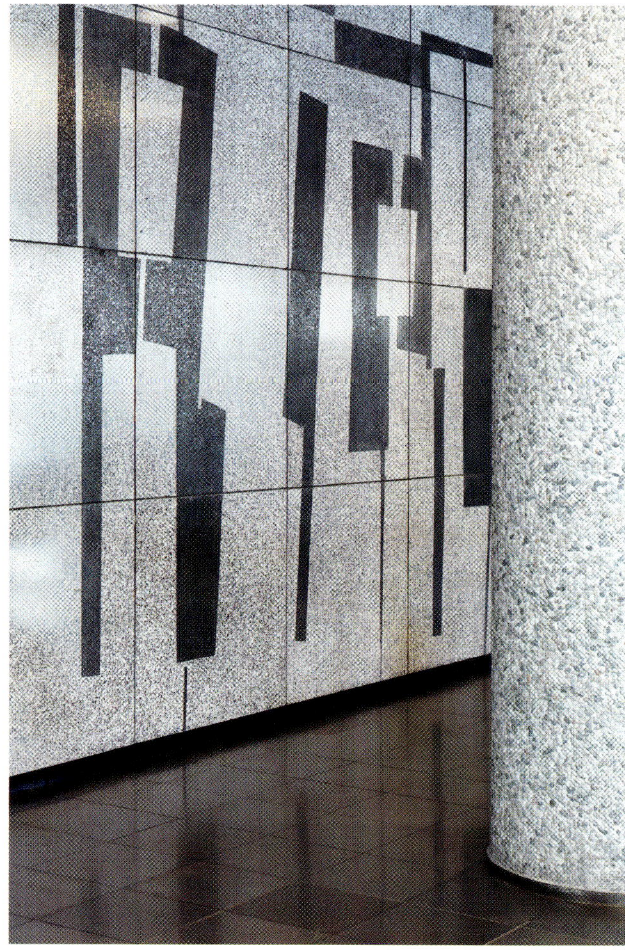

Ill. 30–31
Detaljer fra *Elkemhuset* med arbeider i metallbetong av Odd Tandberg / Details from the *Elkem Building* with compositions in "metallbetong" by Odd Tandberg. Foto: Annar Bjørgli, Nasjonalmuseet, 2020

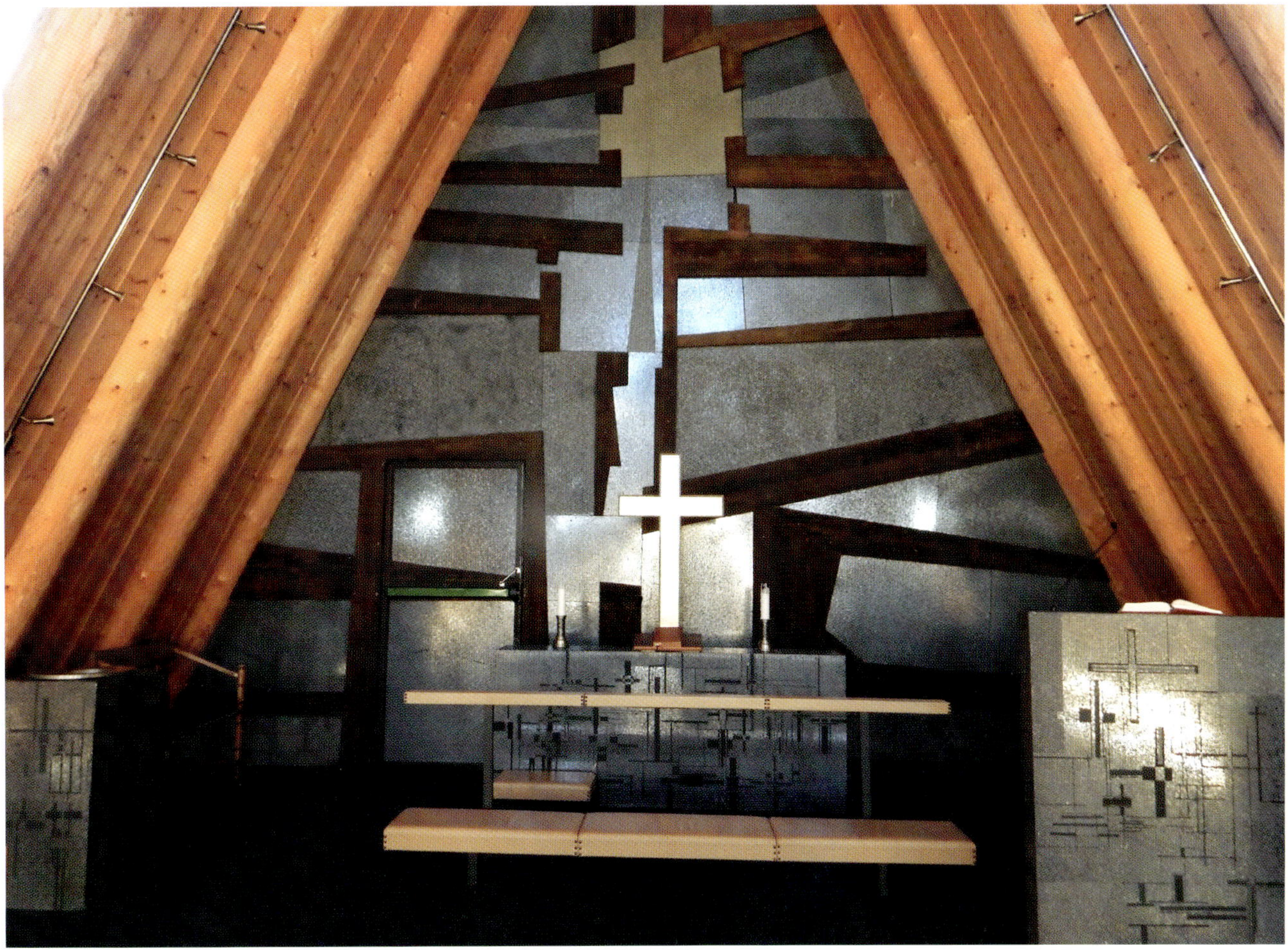

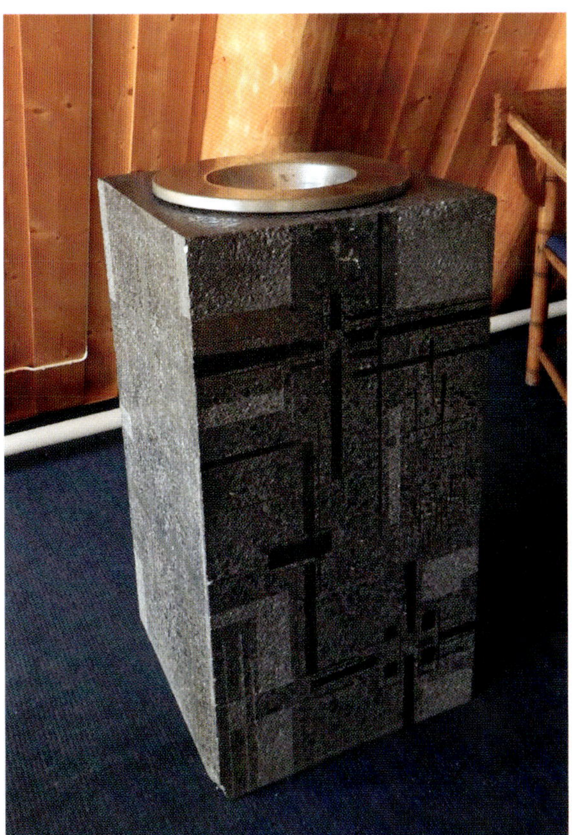

Ill. 32–33
Fra interiøret i Erling Viksjøs *Nordseter fjellkirke* utenfor Lillehammer, 1964, med utsmykning i metallbetong av Odd Tandberg / From the interior of *Nordseter Mountain Church*, 1964, outside Lillehammer with decorations in «metall-betong» by Odd Tandberg. Foto: Jan-Tore Egge, 2015

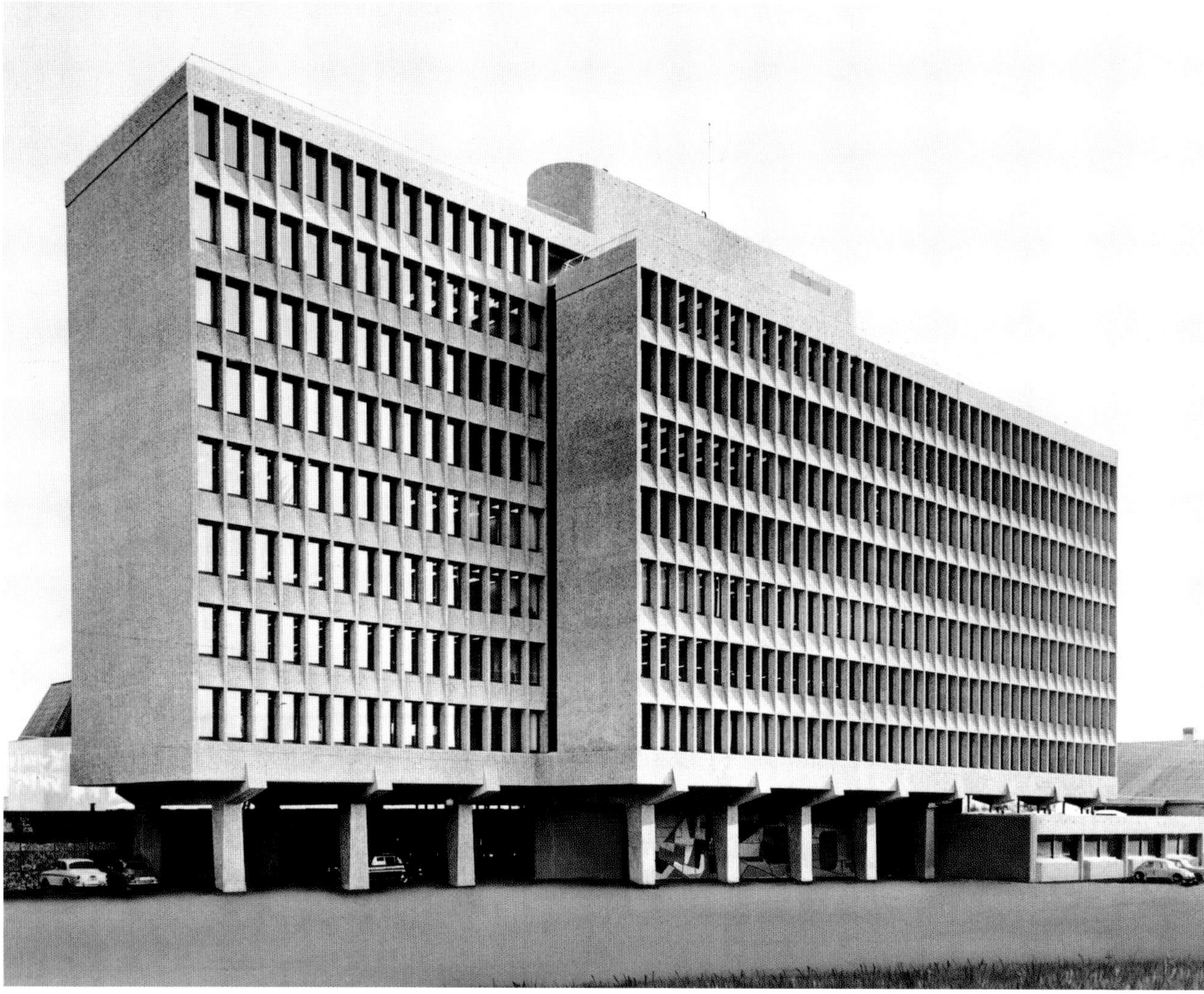

Ill. 34
Erling Viksjø: *Standard Telefon og Kabelfabrik*, Oslo. Foto: Teigens fotoatelier, 1968. Nasjonalmuseet NAMF.00744.001

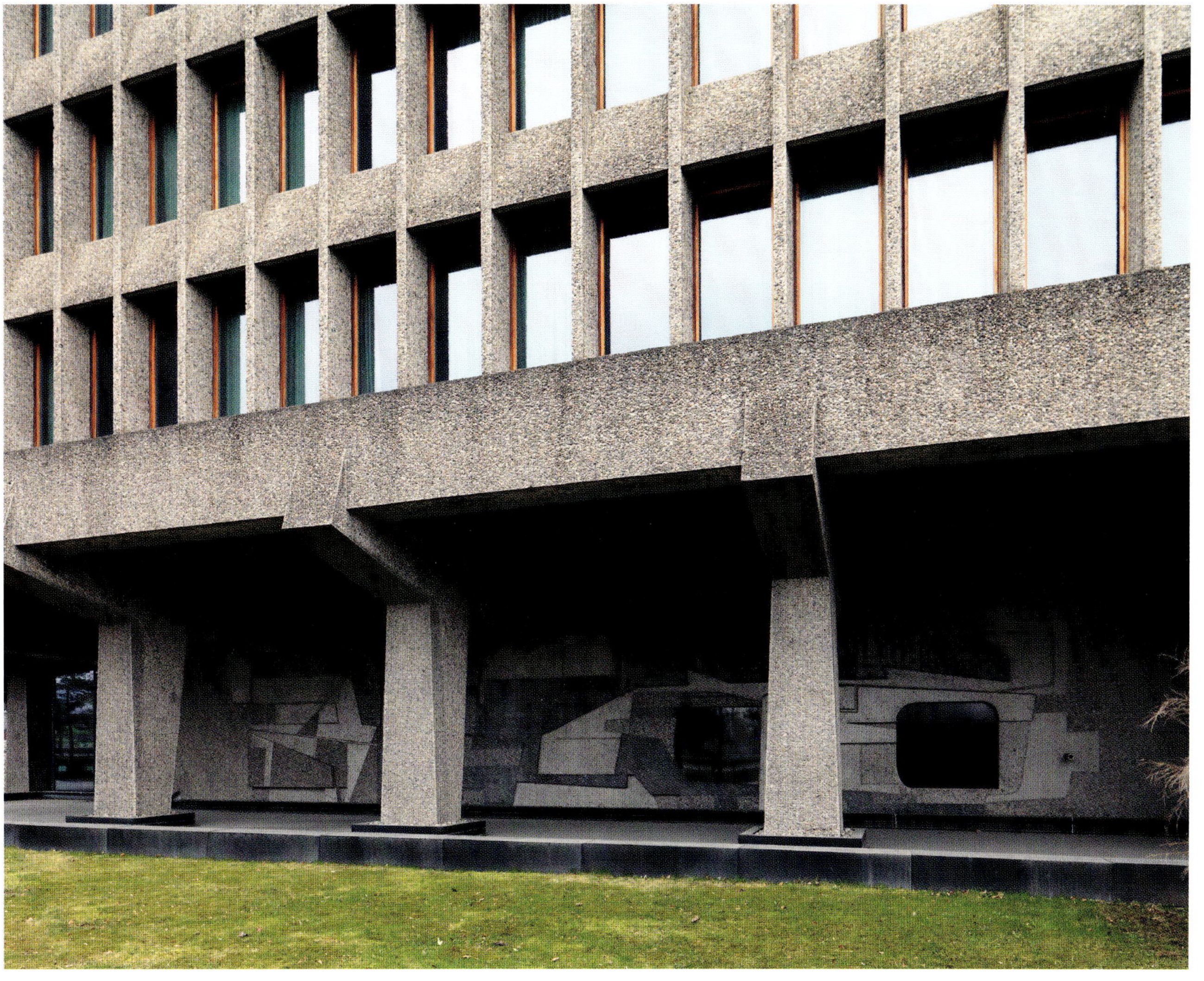

Ill. 35–37 (over og to neste oppslag / above and two next spreads) Detaljer fra *Standard Telefon og Kabelfabrik*, i dag Hotel 33, med utsmykninger av Odd Tandberg / Details from *Standard Telefon og Kabelfabrik*, Oslo, today Hotel 33, with decorations by Odd Tandberg. Foto: Annar Bjørgli, Nasjonalmuseet, 2020

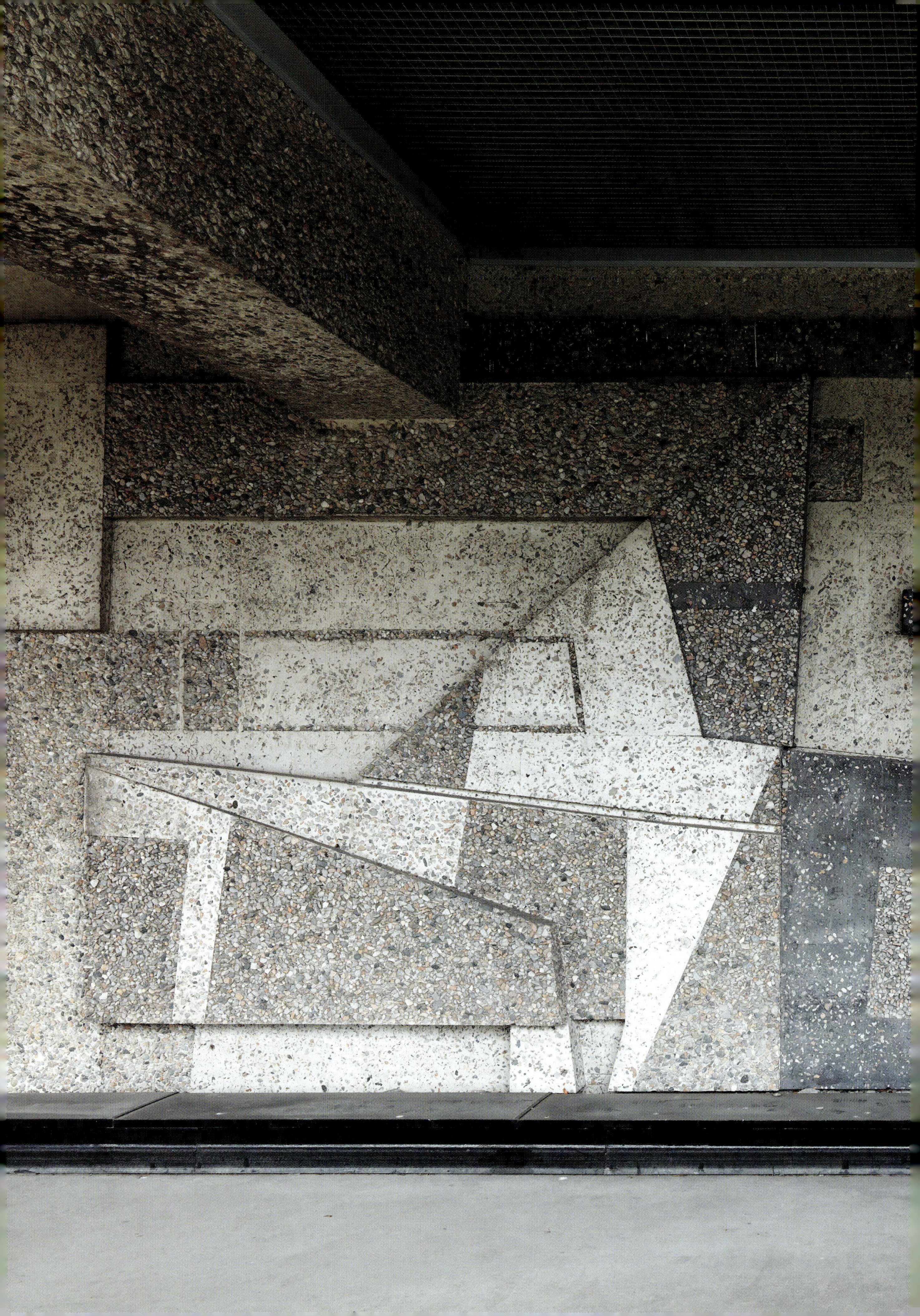

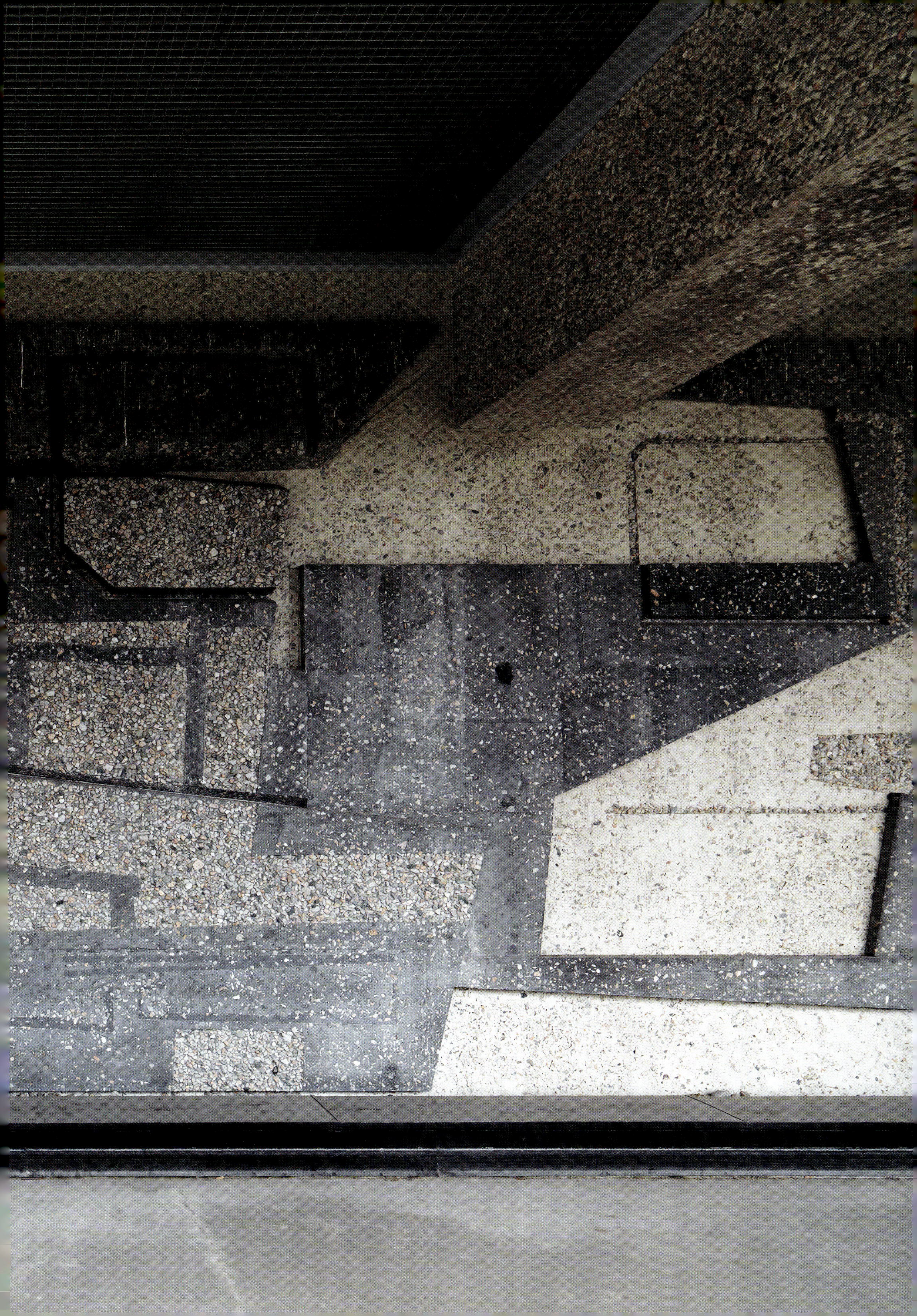

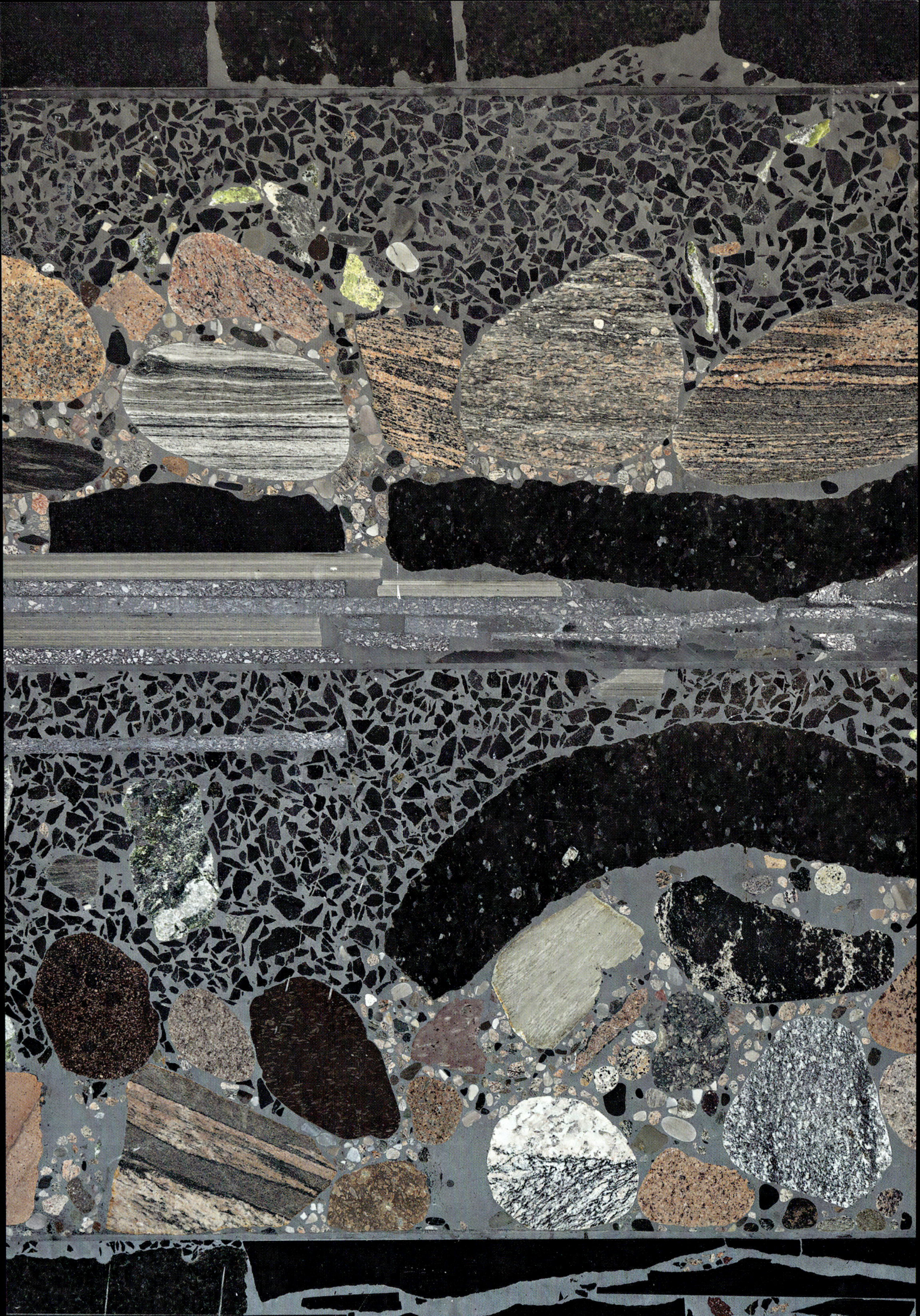

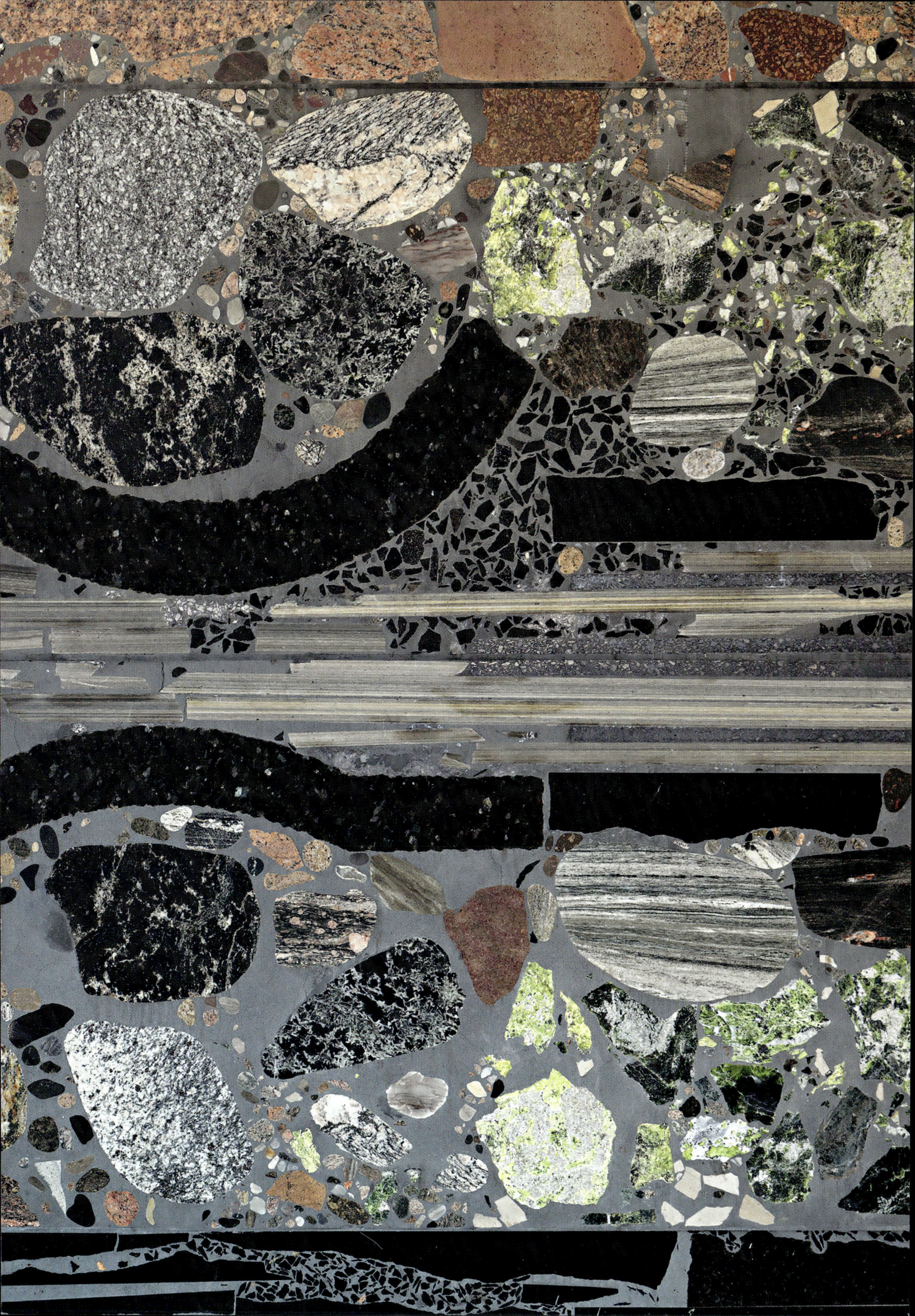

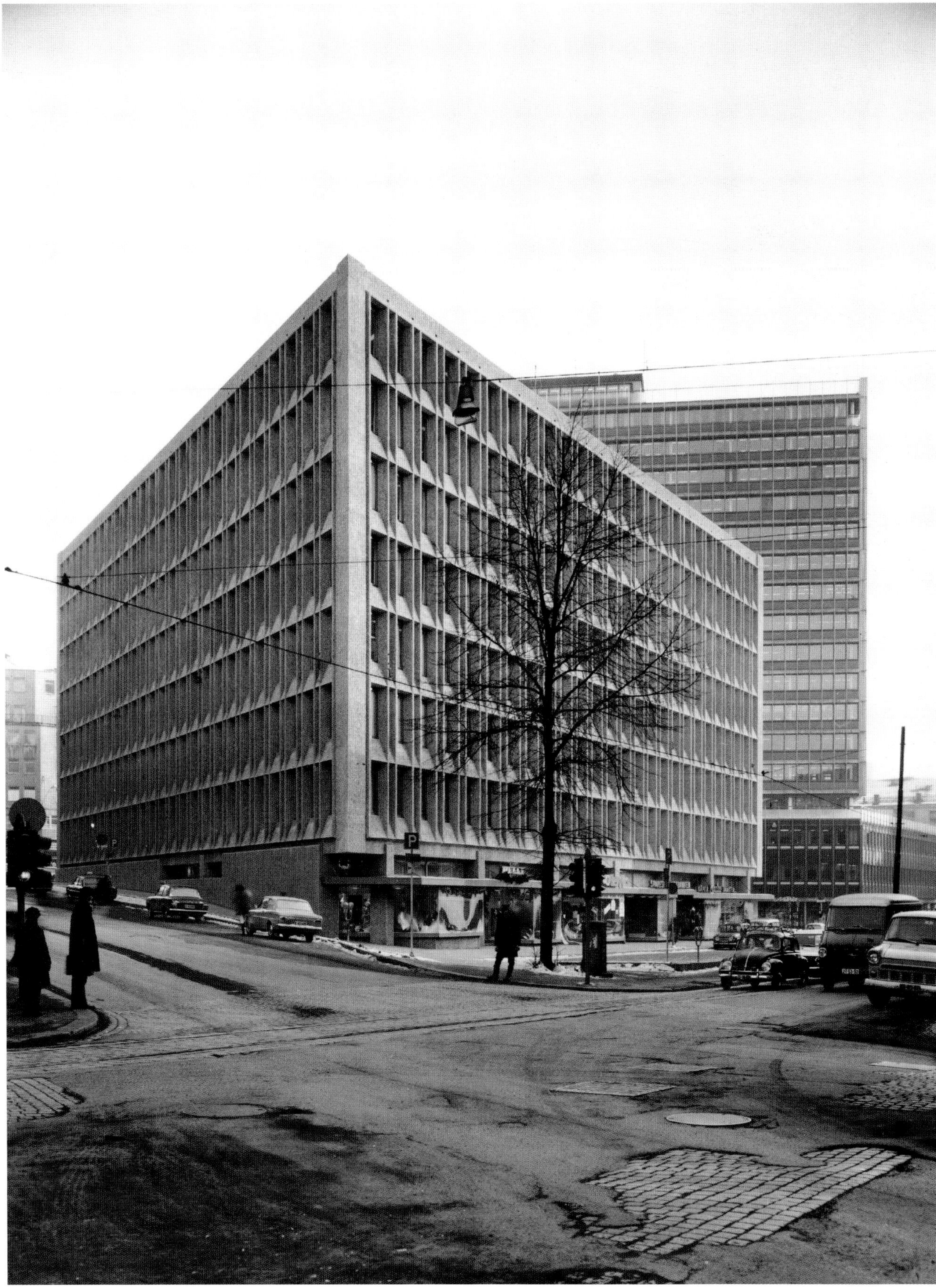

Ill. 38
Oslo helseråd / Oslo Board of Public Health, 1969. Foto: Teigens fotoatelier, 1969. Nasjonalmuseet NAMF.02295.002

Ill. 39
Synnøve Anker Aurdal: *Rød måne / Red Moon*, 1968, billedvev, ull og kobbertråd, 220 × 196 cm. Utsmykning i foajeen til Oslo helseråd / Decoration from the lobby at Oslo helseråd. Oslo kommunes kunstsamling, Kulturetaten. (Fra Hjørdis Danbolt: *Synnøve Anker Aurdal*, Grøndahl og Dreyer, 1991)

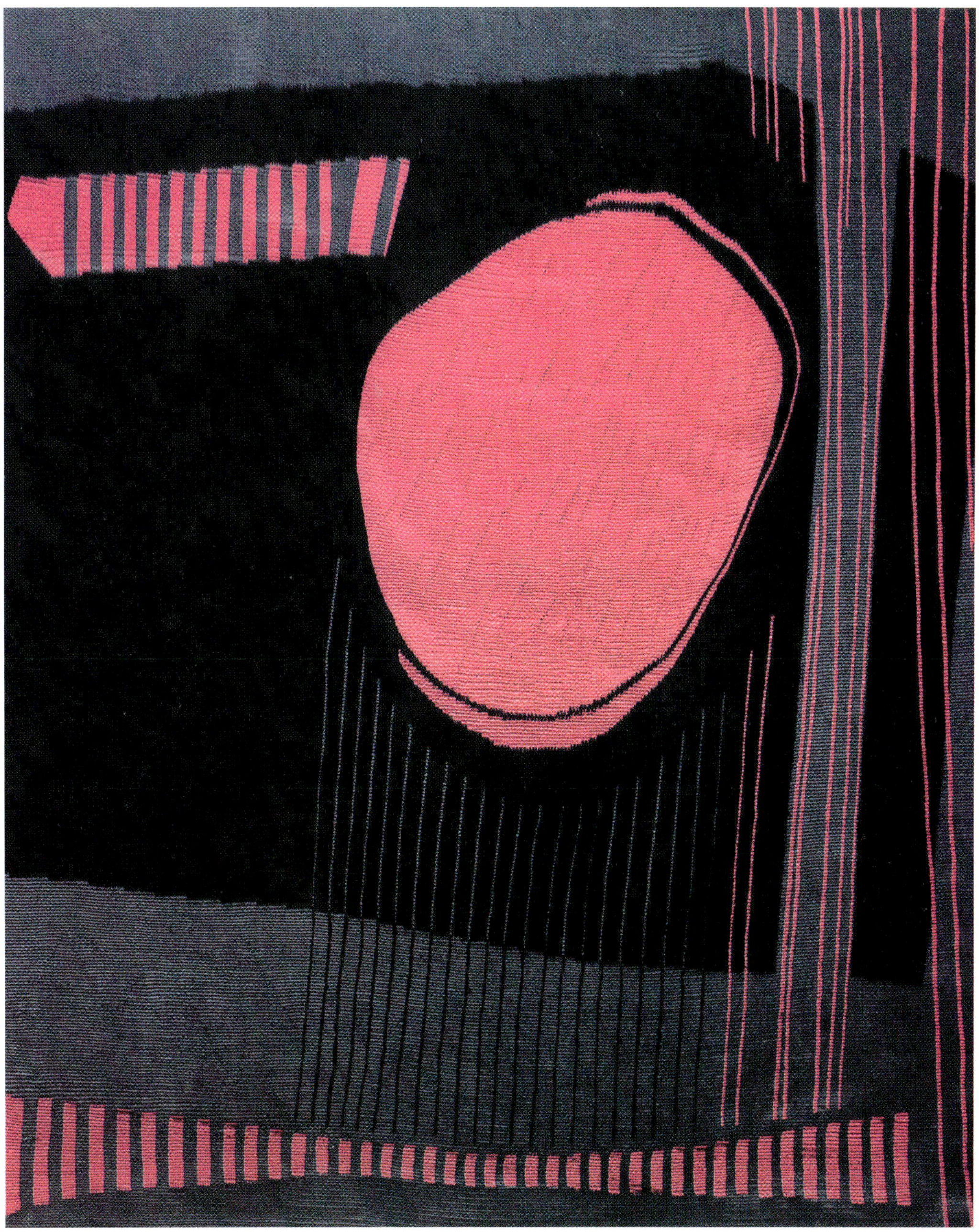

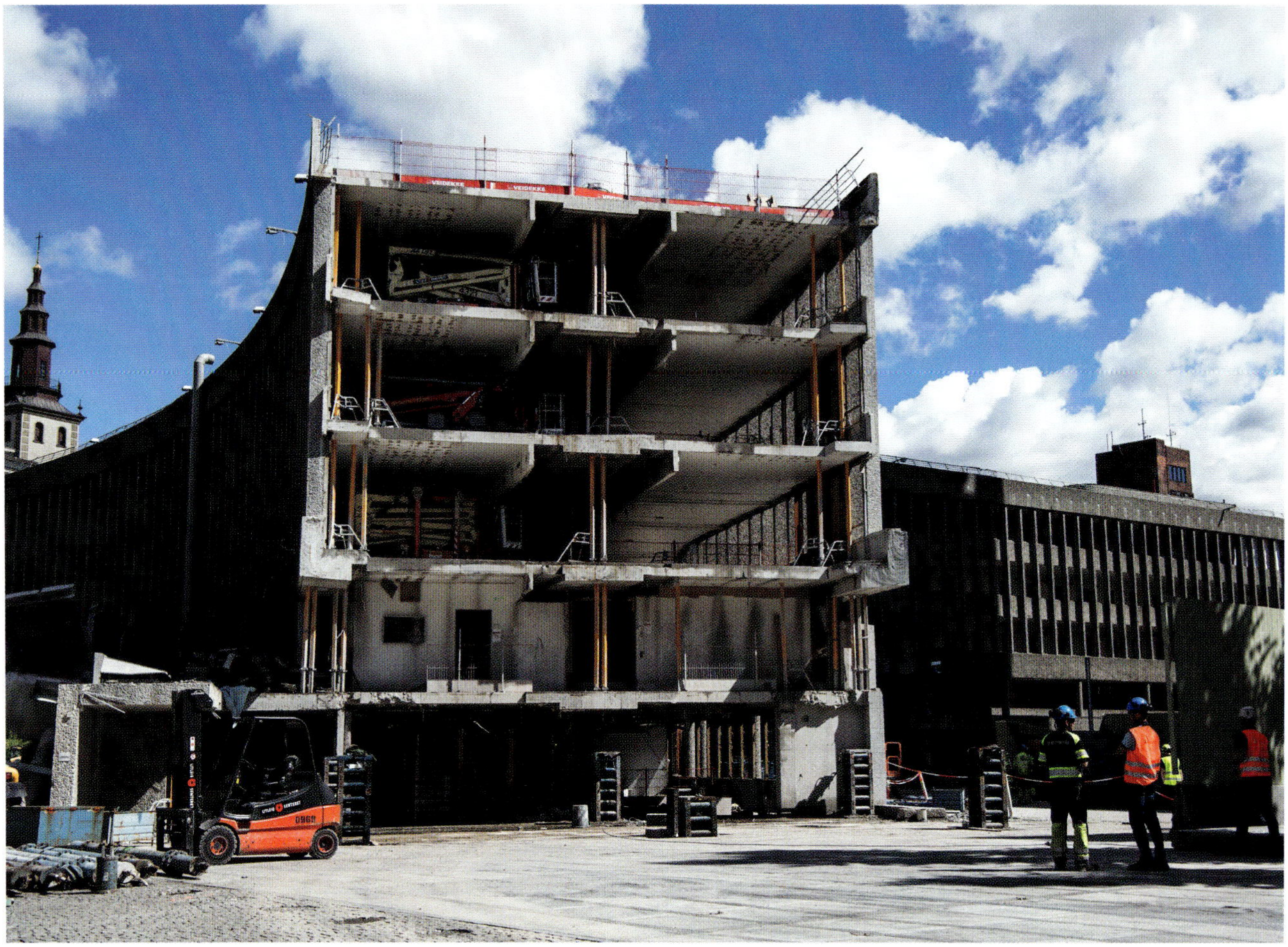

Ill. 40
Y-blokka rives / From the demolition of *Y-blokka*, 30. juli, 2020. Foto: Annar Bjørgli, Nasjonalmuseet, 2020

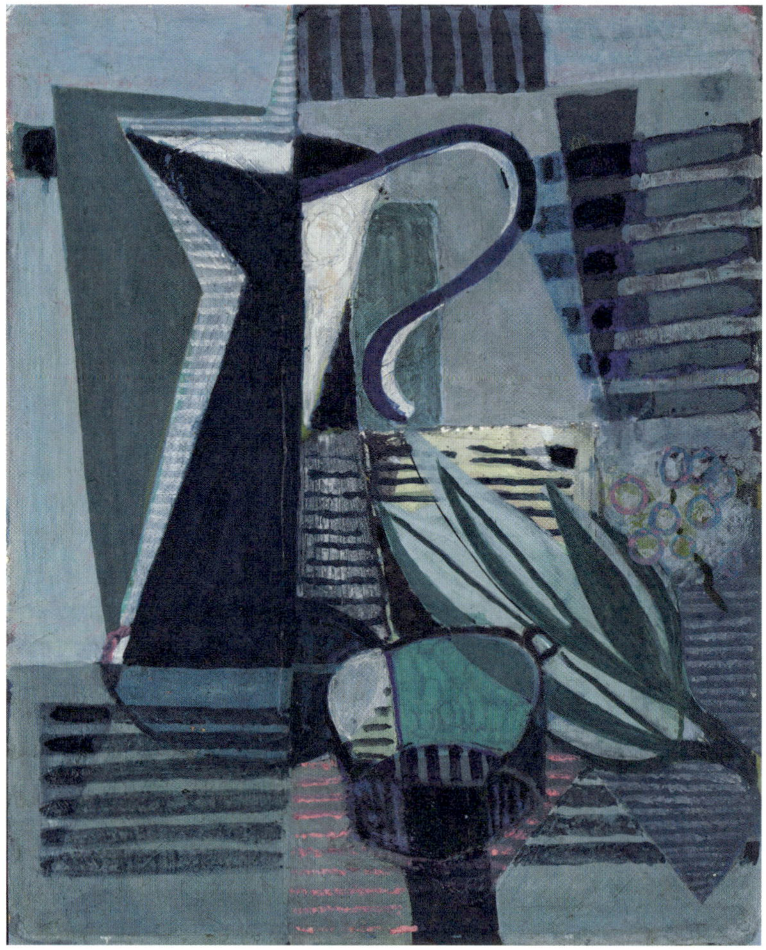

Ill. 41
Erling Viksjø: *Blå kanne / Blue Jug*, 1950-årene, olje på plate, 72,3 × 61,2 cm. Privat eie. Foto: Børre Høstland, Nasjonalmuseet

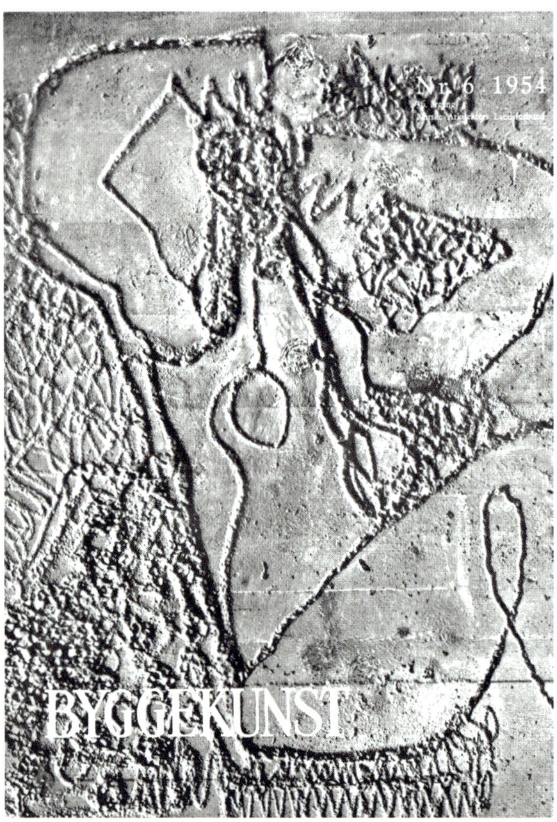

Ill. 42
Detalj av Erling Viksjøs utsmykning av *Hybelhus for Stortingsmenn*, gjengitt på forsiden av *Byggekunst* nr. 6, 1954 / Detail of Erling Viksjø's decoration for a block of bedsits for members of the Storting, reproduced on the front cover of *Byggekunst* no. 6, 1954

Introduksjon: Samarbeid i betong

Talette Rørvik Simonsen

Arkitekten Erling Viksjø (1910–1971) var også kunstinteressert og en ivrig maler. Han så den kunstneriske praksisen som en relevant berikelse av arbeidet som arkitekt – akkurat som den sveitsisk-franske arkitekten Le Corbusier (1887–1965), som kalkulert promoterte seg som kunstner-arkitekt.[1] Le Corbusier var et av Viksjøs viktigste forbilder. Begge var opptatt av hvordan samspill mellom kunst og arkitektur best kunne oppnås. Viksjø utviklet imidlertid en langt mer inkluderende holdning enn Le Corbusier, som ønsket kontroll over alle sider ved verket og selv ville skape arkitekturens kunstneriske kvaliteter. Riktignok tegnet og utførte Viksjø utsmykningen selv i *Hybelhus for Stortingsmenn* (1950–54) [ILL. 4, 42] og sitt eget *Sommerhus i Larvik* (1957) [ILL. 6, 77], men han brøt med denne tilnærmingen etter disse prosjektene. Nå inviterte han heller andre kunstnere til å interagere med arkitekturen sin. Hvordan ble kreativt samarbeid en så viktig motivasjon for Viksjø som arkitekt?

Våren 1955 dro Viksjø til Sør-Europa for å utvikle sin parallelle praksis som billedkunstner.[2] I den katalanske kunstnerbyen Cadaqûés kom han i kontakt med kunstnerne Inger Sitter (1929–2015) [ILL. 43] og Carl Nesjar (1920–2015) [ILL. 44]. Espen Johnsen har antydet hvordan respekten og ydmykheten Viksjø fikk for kunstnernes arbeid ikke bare førte til at han nedjusterte sine ambisjoner som billedkunstner, men også til at han så potensial for samhandling mellom abstrakt kunst og arkitektur.[3] Kort tid etter tok han fatt på en utstrakt samarbeidsvirksomhet med kunstnere, landskapsarkitekter og designere. Dette

Introduction: Collaboration in concrete

Talette Rørvik Simonsen

The architect Erling Viksjø (1910–1971) was interested in art and was an avid painter. He saw his artistic practice as relevant and enriching for his work as an architect – just like the Swiss-French architect Le Corbusier (1887–1965), who promoted himself intentionally as an "artist-architect".[1] Le Corbusier was in fact one of Viksjø's most important sources of inspiration. Both were interested in how to achieve an optimal interaction between art and architecture. However Viksjø developed an approach that was far more inclusive than that of Le Corbusier, who liked to maintain control over all elements of a work, including creating the artistic qualities of his architecture himself. Viksjø did indeed design and execute artworks for his *Hybelhus for Stortingsmenn* (a block of bedsits for members of the Storting — the Norwegian parliament, (1950–54)) [ILL. 4, 42], and *Sommerhus i Larvik* (Viksjø's own summer house, 1957) [ILL. 6, 77], but he departed from this approach after these projects. Instead of creating artworks for his architectural projects himself, he started inviting other artists to interact with his architecture. How did creative collaboration become such an important motivation for Viksjø as an architect?

In the spring of 1955, Viksjø travelled to southern Europe to develop his parallel practice as a visual artist.[2] In the Catalan artists' colony of Cadaqués he came into contact with the Norwegian artists Inger Sitter (1929–2015) [ILL. 43] and Carl Nesjar (1920–2015) [ILL. 44]. Espen Johnsen has suggested how the respect and humility Viksjø felt when encountering these

sprang ut av en dyp anerkjennelse av arbeidet til aktører innen tilgrensende disipliner, som han så som verdifulle bidragsytere for å kunne skape vellykkede komposisjoner med kunst og arkitektur. Viksjø markerte seg nå som en arkitekt som var genuint nysgjerrig på å inngå i kreative kollektive prosesser. Samarbeid ble i seg selv nærmest en metode.

De mest kjente eksemplene er utsmykningene Viksjø initierte i *Høyblokka* (1946–1959) og *Y-blokka* (ferdigstilt 1969) i Regjeringskvartalet i Oslo [ill. 12, 88]. Bygningene rammer inn en innholdsrik eksperimenteringsfase som rommet forskjellige forslag til hvordan kunst og arkitektur kunne utfylle hverandre. *Y-blokka* står som en kulminasjon og et hovedverk i kunsthistorien fra etterkrigstiden i Norge. Den planlagte rivingen av *Y-blokka* gjør temaet brennaktuelt. Anleggsgjerdene rundt blokka reises i skrivende stund, til tross for et sterkt og bredt faglig engasjement for å bevare den. Nasjonalmuseets utstilling og publikasjon inngår i en rekke initiativer for å begrunne blokkas verdi som kulturarv. Samtidig har vi her et videre tematisk perspektiv. Hensikten er å synliggjøre bredden i Viksjøs samarbeidsprosjekter, og hvordan arkitekten og de ulike kunstnerne prøvde forskjellige tilnærminger til å utforme arkitektur og kunst som en dynamisk helhet. Gjennom denne innfallsvinkelen ønsker vi å åpne nye perspektiver på temaets relevans innen senmodernismen i Norge.[4] Parallelt utgir professor Espen Johnsen den første forskningsbaserte monografien om Viksjø, som tar for seg hans virke til og med *Høyblokka*. Johnsen har også bidratt som kunstfaglig rådgiver for utstillingen.

«Mot en ny syntese»

«Det at Viksjø samarbeidet så tett med [kunstnerne] gav oss tro på arkitekturen og billedkunstens nærhet», påpekte arkitekten Odd Østby da han ble bedt om å beskrive Viksjøs betydning

artists' works caused him not only to lower his ambitions as a visual artist, but also to see the potential for interaction between abstract art and architecture.[3] Shortly afterwards he embarked on extensive collaborative activities with artists, landscape architects and designers. This development sprang from a deep recognition of the work of practitioners within related disciplines, whom he saw as valuable contributors who could facilitate the creation of successful compositions involving both art and architecture. Viksjø now distinguished himself as an architect who was genuinely inquisitive about engaging in creative collective processes. Collaboration became almost a method in itself.

The most famous examples of Viksjø's collaborative projects are the site-specific artworks that he initiated for *Høyblokka* (The Highrise, 1946–1959) and *Y-blokka* (The Y-Block, completed 1969) in the Government Quarter in Oslo [ill. 12, 88]. These buildings bookended a rich phase of experimentation that encompassed various suggestions for how art and architecture could complement each other. *Y-blokka* exists as a culmination of these experiments and a masterpiece in the art history of the post-war era in Norway. The planned demolition of *Y-blokka* makes this status a red-hot issue. At the time of writing, construction hoardings are being erected around *Y-blokka*, despite a strong campaign, with broad support in the arts and cultural sector, to preserve it. The National Museum's exhibition and publication form part of a series of initiatives to explain the building's value as part of our cultural heritage. At the same time, we are adopting a broader thematic perspective. Our objective is to reveal the breadth of Viksjø's collaborative projects, and to demonstrate how the architect and the various artists tried a variety of approaches to unifying architecture and art into a dynamic whole. By adopting this angle, we hope to open up new perspectives on the relevance of this topic within late Modernism in Norway.[4] In parallel, Professor Espen Johnsen is publishing the first research-based monograph on Viksjø, which examines his activities up to and including *Høyblokka*. Johnsen has also acted as art-historical consultant for the exhibition.

"Towards a new synthesis"

When the architect Odd Østby was asked to describe Viksjø's significance as an architect, he pointed out that "[t]he fact that Viksjø collaborated so closely with [the artists] gave us faith

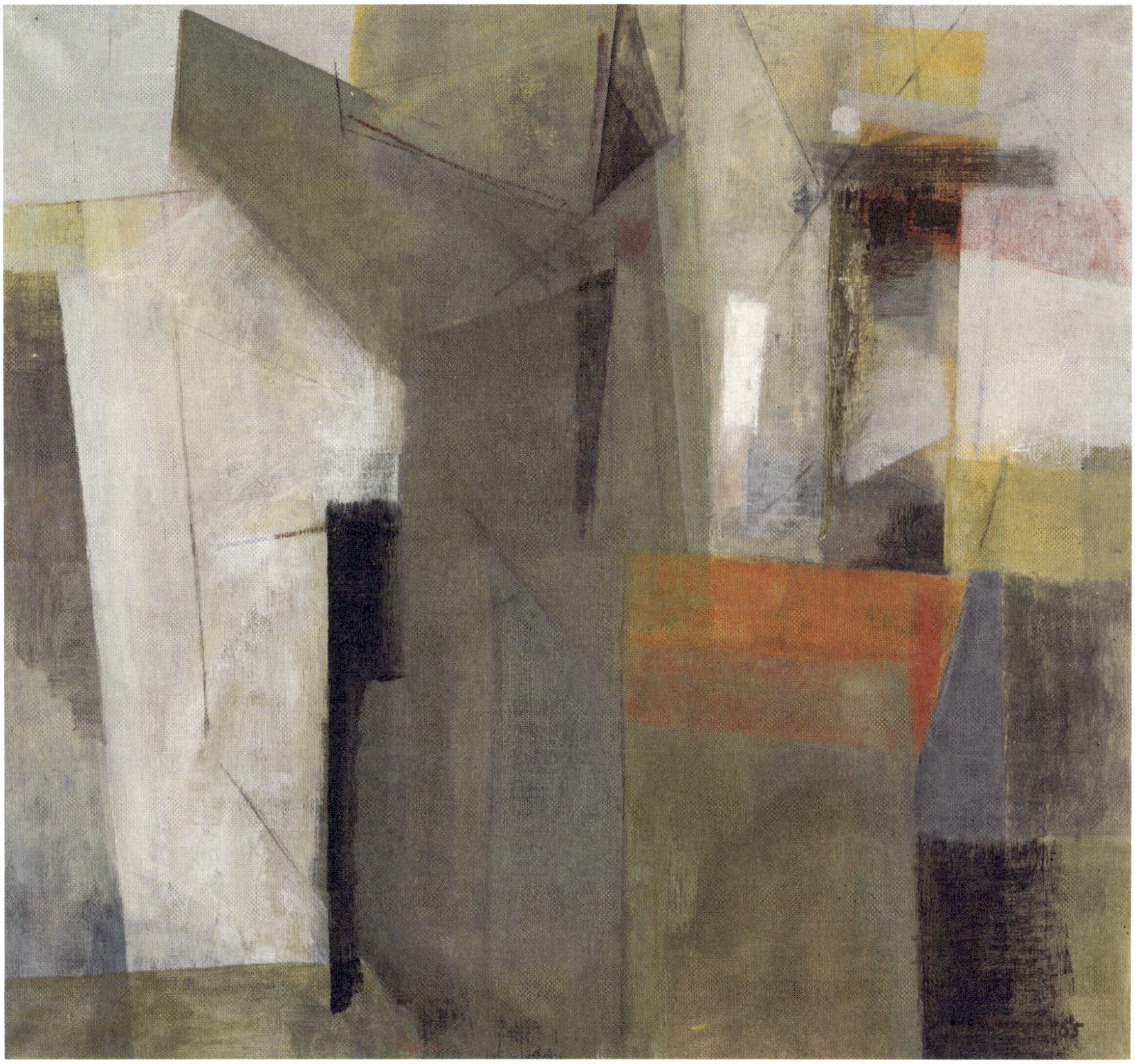

Ill. 43
Inger Sitter: *Komposisjon*, 1955, olje på lerret, 93,9 × 102,8 cm. Privat eie. Maleriet var i Erling Viksjøs eie / The painting was owned by Erling Viksjø. Foto: Børre Høstland, Nasjonalmuseet

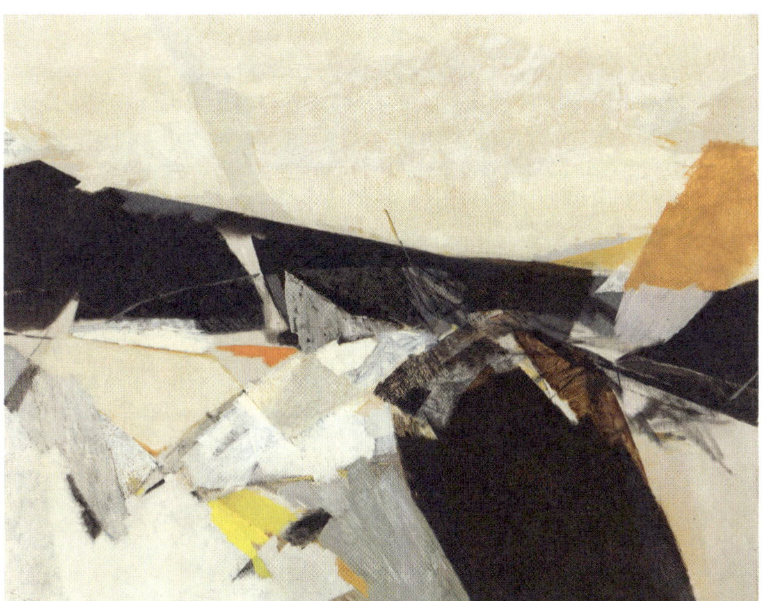

Ill. 44
Carl Nesjar: *Jarstein*, 1956–57, olje på lerret, 98 × 123,5 cm. Nasjonalmuseet. MS-01793-1988. Foto: Morten Thorkildsen, Nasjonalmuseet

som arkitekt.[5] Kommentaren understreker at Viksjøs mange kunstnersamarbeider var unikt i norsk samtid. Hans praksis speiler imidlertid diskursen om kunstformenes syntese, som sto sentralt i Europa og USA i etterkrigstiden. Det franske tidsskriftet *L'Architecture d'Aujourd'hui* var et sentralt forum for diskusjonene og en viktig inspirasjon for Viksjø.[6]

Debatter om hvordan romlig dynamikk kunne oppnås ved å kombinere beslektede uttrykk fra ulike kunstdisipliner, går tilbake til begynnelsen av 1900-tallet, til bevegelser som *De Stijl*, russiske konstruktivister og Bauhaus.[7] Etter andre verdenskrig fikk kunstens rolle i arkitekturen en ny aktualitet, knyttet til utfordringen om hvordan man kunne bygge monumentalt uten å gi assosiasjoner til totalitære regimers prestisjebygninger. Den innflytelsesrike arkitekturhistorikeren Sigfried Giedion (1888–1968) var blant dem som framhevet at samarbeid mellom arkitekter, landskapsarkitekter, byplanleggere og billedkunstnere var nødvendig for å skape moderne monumentalbygg som tilfredsstilte menneskets grunnleggende behov for symboler.[8] Sosiologer og pedagoger understreket også kunstneres betydning i gjenoppbyggingen i Europa, for å sikre at de bygde omgivelsene ivaretok emosjonelle behov. Utover 1950-årenene ga bedret økonomi flere byggeoppdrag som åpnet nye muligheter. Egne summer ble avsatt til kunstnerisk utsmykning i byggebudsjettene. Norge var relativt sent ute, og først i 1964 kom stortingsvedtaket om at inntil 2 % av budsjettet for nye statlige bygg skulle gå til utsmykning.[9] Nå ble det mulig å involvere kunstnere tidligere og få til et tettere samarbeid mellom arkitekt og kunstner. Riktignok hadde interessen for integrert kunst økt i Norge etter krigen.[10] Noen bygninger hadde til og med fått nonfigurativ utsmykning.[11] Likevel var Viksjø åpenbart en frontfigur da han i 1956 initierte et omfattende utsmykningsprogram for *Høyblokka*, i en tid da det fortsatt var langt fra selvfølgelig.

Østby-sitatet tillegger Viksjø en sentral rolle i reorienteringen om arkitekturen og billedkunstens nærhet blant arkitekter og kunstnere i starten av 1960-årene. Det fantes imidlertid mange ulike forestillinger om hvordan relasjonen mellom kunst og arkitektur burde fungere.[12] Skulle kunstverkene berike arkitekturen, men beholde en tydelig egenart? Eller var målet at kunst og arkitektur forsterket hverandre, og grensen mellom dem ble visket ut? I *Bonytt*-omtalen «Mot en ny syntese» påpekte arkitekturteoretikeren Christian Norberg-Schulz (1926–2000) at kunsten i *Høyblokka* var like organisk integrert med arki-

in the close relationship between architecture and visual art".[5] Østby's comment underlines how Viksjø's many collaborations with artists were unique in Norway at that time. His practice nonetheless reflected the discourse about the synthesis of the arts, which was a central theme in Europe and the United States in the postwar era. The French journal *L'Architecture d'Aujourd'hui* was a key forum for these debates and an important source of inspiration for Viksjø.[6]

Debates about how related forms of expression used in different artistic disciplines could be used to create spatial dynamics went back to the early 20th century, to movements such as *De Stijl*, Russian Constructivism and the Bauhaus.[7] After World War II, the role of art in architecture gained renewed relevance, relating to the challenge of how to design monumental buildings without reminding people of the prestige projects of totalitarian regimes. The influential architectural historian Sigfried Giedion (1888–1968) was among those who suggested that collaborations between architects, landscape architects, urban planners and visual artists were necessary in order to create modern monumental buildings that satisfied a basic human need for symbols.[8] Sociologists and educationalists also emphasized that artists were important in the rebuilding of Europe, in order to ensure that built environments also addressed emotional needs. As the 1950s progressed, the improved economic situation resulted in more building projects, which in turn opened up new possibilities. Dedicated funding for site-specific art was included in construction budgets. Norway was relatively late to adopt this practice: it was only in 1964 that the Storting resolved that up to 2 percent of budgets for new government buildings should be reserved for art projects.[9] It now became possible to involve artists at an earlier stage and achieve closer collaborations between architects and artists. It is true that interest in integrating art into architecture had increased in Norway after the war.[10] Non-figurative artworks had even been applied to some buildings.[11] Even so, Viksjø was clearly a pioneer when in 1956 he initiated a comprehensive art programme for *Høyblokka*, at a time when this practice was still a far-from-inevitable course of action.

The Østby quotation attributes a central role to Viksjø in the reorientation of the closeness between architecture and visual art among architects and artists at the start of the 1960s. Nonetheless, there were many different ideas about how the relationship between art and architecture should function.[12] Should the art-

tekturen som «grekernes bygningsornamenter og gotikkens skulpturale detaljer».[13] Kunstnerne som bidro hadde ulike syn på spørsmålene ovenfor, og ikke minst på det tilgrensende spørsmålet om hvorvidt kunst som ble produsert for et bestemt sted innebar en bevegelse bort fra den «rene» kunsten. Sitter gjorde flere utsmykningsoppdrag etter *Høyblokka*, men innrømmet at hun opplevde at denne typen oppdrag begrenset den kunstneriske friheten.[14] Bak denne ambivalensen ligger det implisitt et hierarki, der det autonome kunstverket settes over det stedsspesifikke, som i tillegg ofte produseres i dialog med andre aktører. Odd Tandberg (1924–2017) så imidlertid ikke integrert kunst som en egen sjanger, men mente den var likestilt annen kunst.[15] Likheter i formspråket i hans malerier og utsmykninger understreker at han distanserte seg fra det strenge skillet mellom medier som stammet fra den tidlige modernismen. Ramon Isern (1914–1989), som Viksjø senere samarbeidet med i *Oslo helseråd* (1956–69), sto også i en særstilling med sin forståelse av samspill mellom utsmykning og arkitektur [ILL. 45]. Han hadde en veldig åpen tilnærming til forholdet mellom ulike sjangre og medier.[16] Tandberg og Isern ser ut til å ha vært de kunstnerne som kom nærmest Viksjøs holdning til ideen om syntesen som et *samarbeid* mellom kunstformer.[17]

Helhet og del

Viksjøs egen kunstneriske praksis må ha styrket tiltrekningen mot å samarbeide med andre kunstnere. Han eksperimenterte med forskjellige uttrykk og lot seg inspirere av flere kunstnerskap, som de følgende artiklene viser. Øystein Ustvedt diskuterer betydningen av at Viksjø fikk tettere kontakt med billedkunstfeltet gjennom kunstnerne han traff under oppholdet på fangeleiren Grini under krigen. Ustvedt illustrerer også hvordan Viksjø gjennom prosjektet *Bakkehaugen kirke* (1939–59) gjorde seg erfaringer som ble

works enrich the architecture, while at the same time retaining their own distinctive nature? Or was the aim for art and architecture to reinforce each other, and the border between them to be erased? In the *Bonytt* report *"Mot en ny syntese"* ("Towards a new synthesis") the architectural theorist Christian Norberg-Schulz (1926–2000) pointed out that the artworks in *Høyblokka* were as organically integrated with the architecture as "the Greeks' architectural ornaments and Gothic sculptural details".[13] The artists who contributed, however, had various views about the above questions, and not least about the related question of the extent to which the production of art for a specific site represented a step away from "pure" art. Sitter completed several art commissions for buildings after *Høyblokka*, but admitted that she felt these types of commissions imposed limitations on artistic freedom.[14] Behind this ambivalence lies an implicit hierarchy, which places autonomous artworks above site-specific artworks, which are also often produced in dialogue with other actors. Odd Tandberg (1924–2017), however, saw integrated artworks not as a separate genre, but as existing on a par with other art.[15] The similarities evident in the visual language of his paintings and his integrated artworks reflect the fact that he distanced himself from the stringent distinctions between media that originated in early Modernism. Ramon Isern (1914–1989), with whom Viksjø later collaborated on *Oslo helseråd* (the Oslo Board of Public Health building, 1956–69), also displayed a particular attitude in his understanding of the interplay between site-specific art and architecture [ILL. 45]. Isern had a very open approach to the relationship between different genres and media.[16] Tandberg and Isern seem to have been the artists who came closest to Viksjø's idea of the synthesis as a *collaboration* between the different forms of art.[17]

Whole and parts

Viksjø's own artistic practice must have strengthened his attraction to the idea of collaborating with other artists. He experimented with different styles and allowed himself to be inspired by several artistic oeuvres, as shown in the following articles. In one article, Øystein Ustvedt discusses the importance of the closer contacts Viksjø gained within the visual arts through the artists he met while interned at Grini prison camp during the war. Ustvedt also illustrates how Viksjø, through his work on *Bakkehaugen kirke* (Bakkehaugen

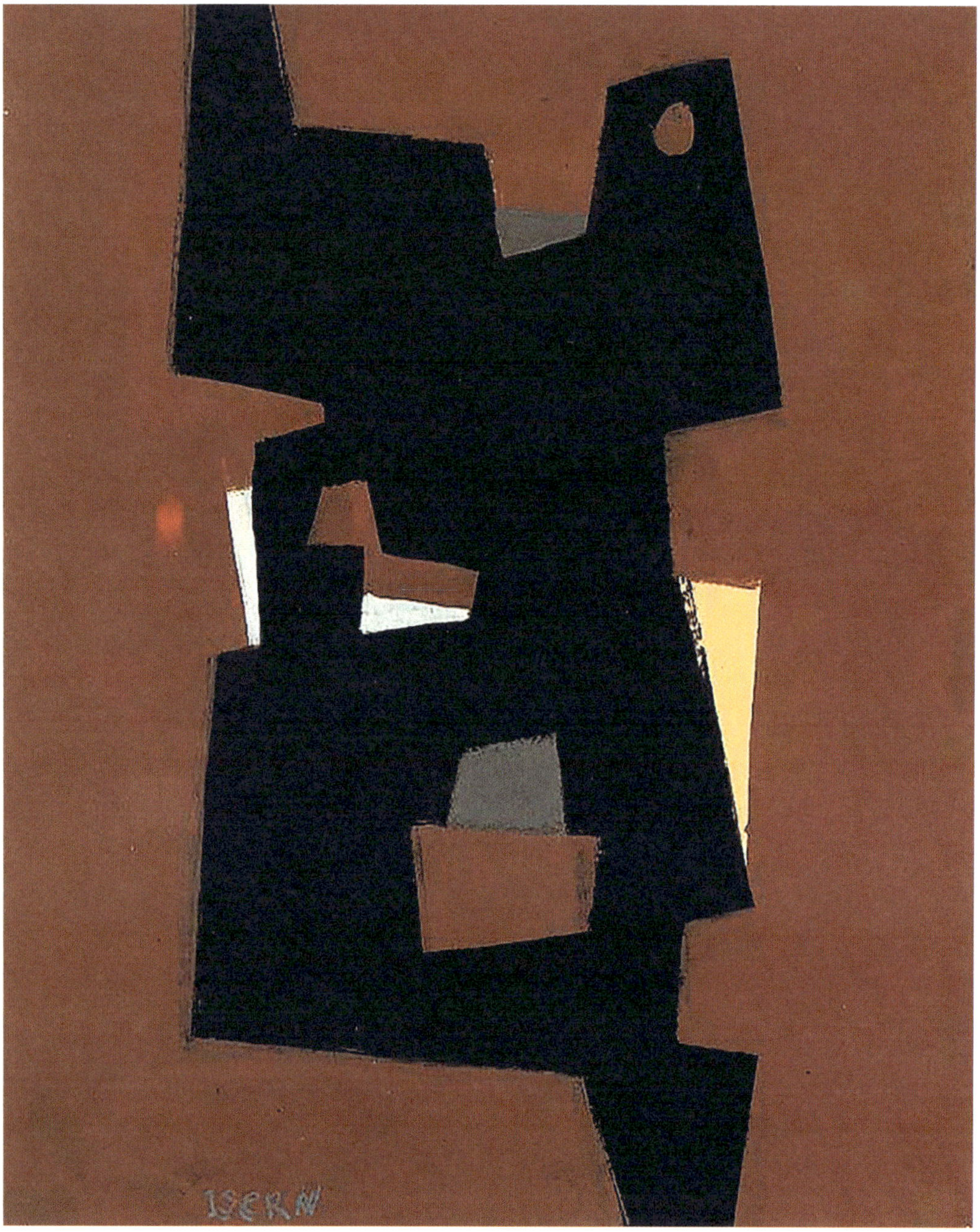

Ill. 45
Ramon Isern, *Studie til polykrom skulptur*, 1959, gouache på papp, 41,1 × 34,2 cm. Nasjonalmuseet. MS-00082-1988.
Foto: Børre Høstland, Nasjonalmuseet

avgjørende for senere samarbeid, om hvorfor det ikke burde legges for strenge rammer for utsmykningsarbeider.

Espen Johnsen presenterer nytt kildemateriale som belyser mindre kjente forbindelser mellom Viksjø og Picasso. Artikkelen påpeker en Picasso-inspirasjon i Viksjøs utsmykningsutkast fra 1950-årene. Videre kaster Johnsen nytt lys på det mer formaliserte samarbeidet mellom Picasso, Nesjar og Viksjø samt det ekstreme utkastet *Museum for samisk kunst og kultur i Kiruna* (1964/65), som kombinerte Picassos monumentalskulptur og Viksjøs arkitektur [ILL. 83]. Øivind Storm Bjerke bidrar også til en berettiget innskriving av Viksjø i historien om samarbeidet mellom Picasso og Nesjar, som en tidvis viktig tredjepart. Hans artikkel reiser spørsmål om hvordan Nesjars forståelse av kunstnerrollen ble påvirket gjennom samarbeidet.

Viksjøs samarbeid med Tandberg har ikke blitt inngående behandlet tidligere. Kunstneren fortalte selv at kontakten oppsto da Viksjø kjøpte et kunstverk av ham, omtrent et år før arkitekten inviterte ham til å bidra til utsmykningene i *Høyblokka*.[18] Det langvarige samarbeidet løftes fram i Ustvedts artikkel om Viksjø, Tandberg og conglo. Her presenteres nye sider ved conglobetongen, blant annet ved å spørre hvorfor den representerte noe annet enn naturbetongen. Utsmykningens rolle i byrommet og naturens kulturelle betydning er to aspekter Ustvedt framhever ved congloarbeidene, som likevel har paralleller til Johnsens fortolkning av *Y-blokka*s utsmykninger. I hans tekst om den tvetydige *Y-blokka* antydes ulike politiske undertoner som kan ligge i utsmykningsprogrammet, og arkitekturens skulpturelle preg drøftes i lys av samtidig arkitektur.

Andre slående eksempler på Viksjøs tilnærming til arkitektur som skulptur, er *Bakkehaugen kirke* og *Oslo helseråd*. Et fellestrekk for de tre prosjektene er hvordan kunst og arkitektur forenes på en særlig vellykket måte. Hvordan ble denne kvaliteten formidlet? Undertegnedes artikkel om Viksjø og bruken av fotografi diskuterer medieframstillingen av *Y-blokka* og *Oslo helseråd* i samtiden. Den peker på arkitekturfotografiets rolle som promoteringsverktøy for kunstens betydning i denne skulpturelle monumentalarkitekturen. Samtidig framheves relasjonen til ulike fotografer som viktig å vurdere under temaet om arkitektens samarbeid med andre kreative aktører.

Church, 1939–59) gained experience about avoiding overly stringent requirements for the artworks to be produced, experience that was to prove crucial for his subsequent collaborations.

In another article, Espen Johnsen presents new source material that illuminates some lesser-known links between Viksjø and Picasso. His article points to Picasso as influential for Viksjø's proposals for site-specific artworks from the 1950s. In addition, Johnsen sheds new light on the more formalized collaborations between Picasso, Nesjar and Viksjø, as well as the extreme proposal for a *Museum for samisk kunst og kultur i Kiruna* (Museum for Sámi Art and Culture in Kiruna, 1964/65), which combined a monumental Picasso sculpture with Viksjø's architecture [ILL. 83]. Øivind Storm Bjerke also contributes to the justifiable addition of Viksjø into the history of the collaboration between Picasso and Nesjar, in the role of a third party who was important from time to time. Bjerke's article also raises questions about how Nesjar's understanding of the artist's role was influenced through this collaboration.

Viksjø's collaboration with Tandberg has not been thoroughly explored previously. Tandberg himself related that they made contact when Viksjø bought an artwork from him, about a year before Viksjø invited him to contribute to the art for *Høyblokka*.[18] Their long-lasting collaboration is highlighted in Ustvedt's article about Viksjø, Tandberg and their new innovative conglomerate material *conglobetong*. Ustvedt's article presents new aspects of *conglobetong*, including asking how it represented something other than Viksjø's signature concrete material *naturbetong*. Ustvedt emphasizes two aspects of the works in *conglobetong*: the role of the integrated artworks in the urban environment and the importance of nature in Norwegian culture. These features also have parallels in Johnsen's interpretations of the artworks that are integrated into the structure of *Y-blokka*. Johnsen's article about the ambiguous *Y-blokka* suggests various political undertones that may be inherent to the artistic programme for the building and discusses the sculptural nature of the architecture in light of contemporaneous architectural trends.

Other striking examples of Viksjø's approach to architecture as sculpture are *Bakkehaugen kirke* and *Oslo helseråd*. Along with *Y-blokka*, these projects are characterized by a particularly successful unification of art and architecture. How was this unification conveyed? This author's article about Viksjø and his use of photography discusses how *Y-blokka* and *Oslo helseråd* were presented in the media at the time. It points to

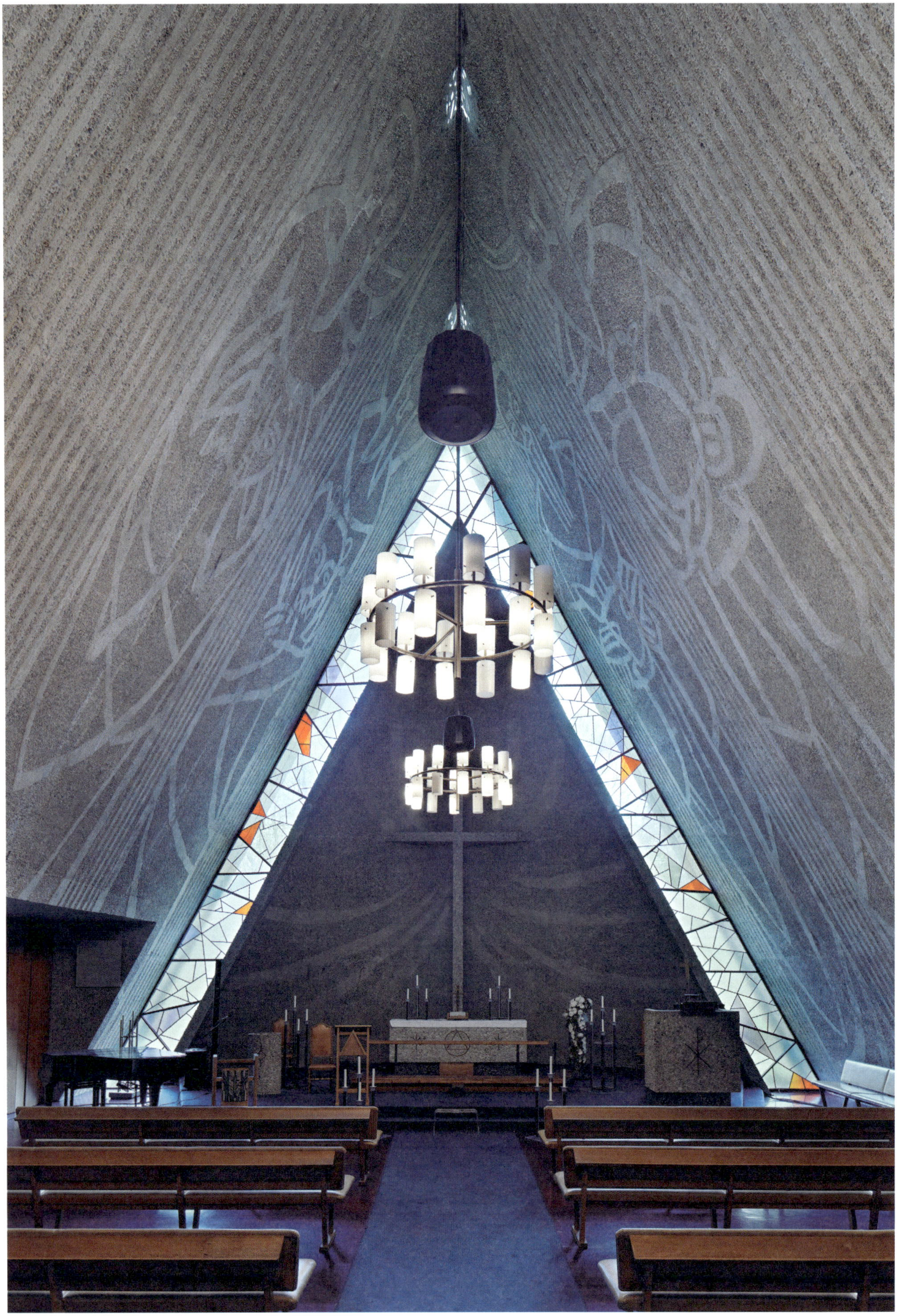

Ill. 46
Erling Viksjøs *Bakkehaugen kirke* (1939–59). Utsmykning av Kai Fjell, sandblåst av Carl Nesjar / Decoration by Kai Fjell, sandblasted by Carl Nesjar. Foto: Annar Bjørgli, Nasjonalmuseet

Ill. 47
Le Corbusiers *Chapelle Notre-Dame du Haut* (1950–55). Fotografi fra Erling Viksjøs arkiv. Foto: Erling Viksjø. Nasjonalmuseet. NAMF.04387.004

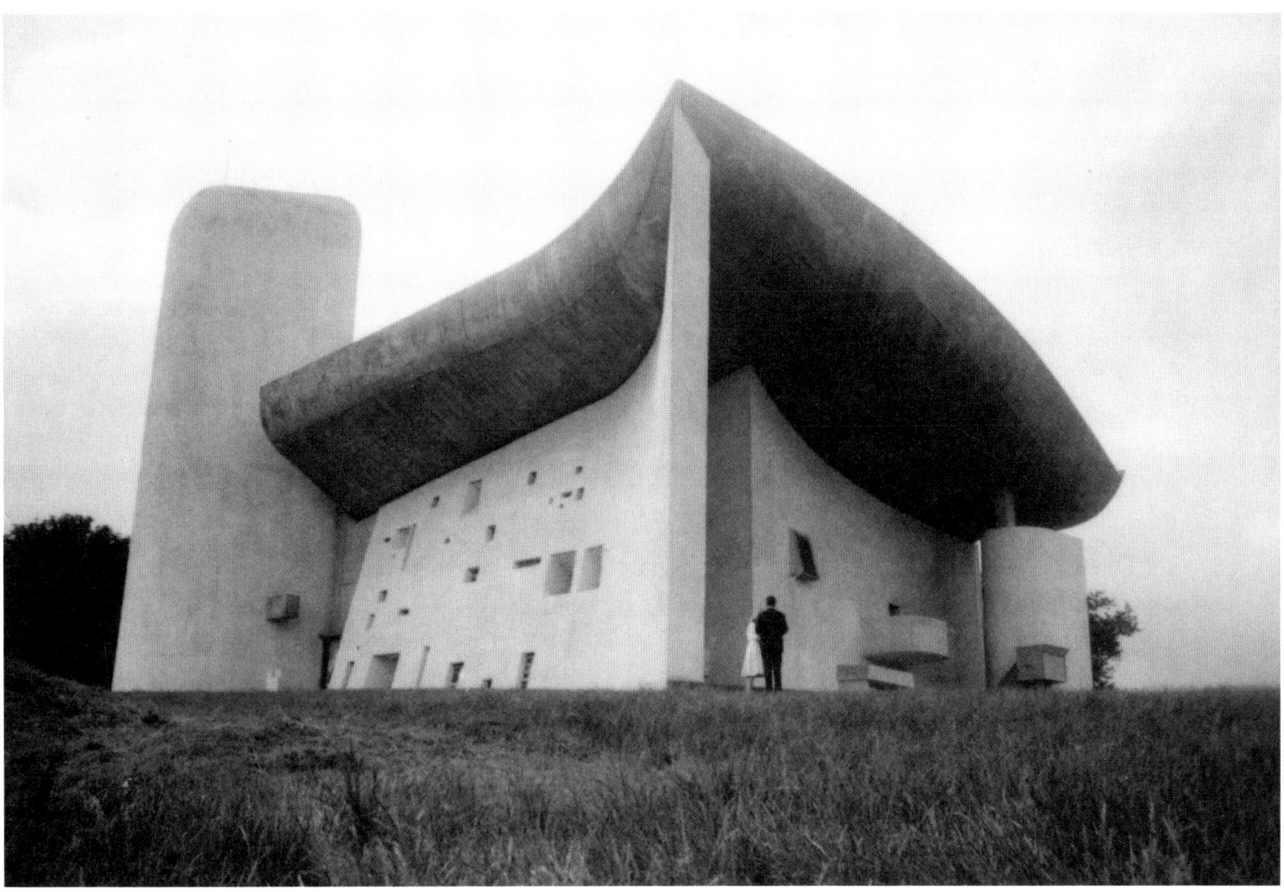

the role of architectural photography as a tool to promote the importance of art in this kind of monumental, sculptural architecture. At the same time, the article emphasizes that Viksjø's relationships with various photographers, merit consideration as examples of his collaboration with other creative actors.

Teatral triumf

Selv var Viksjø mest fornøyd med interaksjonen mellom kunst og arkitektur i *Bakkehaugen kirke*. Kai Fjells utsmykning, utført av Carl Nesjar, spiller en aktiv romlig rolle i interiøret [ILL. 46]. Det vertikale stripemønsteret dekker kirkerommets vegger fra gulv til tak, og de monumentale evangelistene på opptil fjorten meter forsterker rommets høyde og drar blikket oppover. Virkningen intensiveres av sidelyset fra glass-slissene i fondveggen, som tydeliggjør både de mektige figurenes former og relieffvirkningen i betongen. Vekselvirkningen mellom arkitektur og kunst er så sterk at det er fristende å trekke en parallell til Le Corbusiers *Chapelle Notre-Dame du Haut* (1950–55), som ble kroneksempelet på kunstartenes syntese internasjonalt [ILL. 47].[19] Med sine kurvede former framstår kirken i Ronchamp som en skulptur og er utsmykket av arkitekten selv. I *Bakkehaugen kirke* oppstår en særlig interessant integrasjon av kunstarter gjennom inspirasjonen fra teateret. Fjell hadde arbeidet med teaterscenografi på Nationaltheatret siden 1950.[20] Denne erfaringen må ha vært verdifull og forløsende i Bakkehaugen-prosjektet, både for valget av utsmykningenes monumentalformat og utnyttelsen av lysets betydning. Viksjø pekte selv mot samspillet mellom arkitektur, skulptur, billedkunst og teater da han uttalte at «Kai Fjells dekorasjon understreker og dramatiserer arkitekturen».[21]

Theatrical triumph

Viksjø himself was most content with the interaction between art and architecture in *Bakkehaugen kirke*. Kai Fjell's designs, executed by Carl Nesjar, play an active spatial role within the body of the church [ILL. 46]. A pattern of vertical stripes covers the interior walls from floor to ceiling, and the monumental figures of the Evangelists, up to 14 metres tall, emphasize the height of the space and draw one's gaze upwards. The effect is intensified by the side lighting, which emanates from the glazed gaps around the wall behind the altar and emphasizes the mighty forms of the figures and the relief effects in the concrete surface. The interaction between the architecture and the art is so powerful that it is tempting to draw a parallel with Le Corbusier's *Chapelle Notre-Dame du Haut* (1950–55) at Ronchamp, which became the crowning international example of the synthesis of the arts [ILL. 47].[19] With its curved forms, the chapel in Ronchamp appears as a sculpture, and includes artistic works by Le Corbusier himself. Inspiration from the theatre spawned a particularly interesting integration of different branches of the arts at *Bakkehaugen kirke*. Fjell had created set designs for the National Theatre since 1950.[20] This experience must have been valuable and timely for the Bakkehaugen project, both for the choice of a monumental format for the designs and for the exploitation of the importance of lighting. Viksjø himself pointed towards the interaction between architecture, visual art and theatre when he stated that "Kai Fjell's decorative scheme [for *Bakkehaugen* kirke] emphasizes and dramatizes the architecture."[21]

Noter

1 Catherine de Smet, *Vers une architecture du livre. Le Corbusier: Edition et mise en pages 1912–1965*, Baden: Lars Müller Publishers, 2007; Christopher Pearson, "Integrations of art and architecture in the work of Le Corbusier: Theory and practise from ornamentalism to the 'synthesis of the major arts'". Doktogradsavhandling. Stanford University, 1995.

2 Det var særlig i årene 1944 til 1955 han malte på fast basis,

Notes

1 Catherine de Smet, *Vers une architecture du livre. Le Corbusier: Edition et mise en pages 1912–1965*, Baden: Lars Müller Publishers, 2007; Christopher Pearson, "Integrations of art and architecture in the work of Le Corbusier: Theory and practice from ornamentalism to the 'synthesis of the major arts'", PhD thesis. Stanford University, 1995.

2 It was particularly in the years 1944 to 1955 that Viksjø

ved siden av arkitektpraksisen. Espen Johnsen, *Erling Viksjø. Eksperimenter i form og betong*, Oslo: Pax, 2020. Se kapittelet om Kunstnerarkitekten.

3 Espen Johnsen, *Erling Viksjø. Eksperimenter i form og betong*, Oslo: Pax, 2020, 229.

4 Espen Johnsen, *Erling Viksjø. Eksperimenter i form og betong*, Oslo: Pax, 2020, 229.

5 Tekst Odd Østby opprinnelig skrev til katalogen for utstillingen «Arkitekt Erling Viksjø» i Norsk Arkitekturmuseum i 1999, men som ikke ble trykket i katalogen likevel. Klipparkivet for Norsk Arkitekturmuseum, Nasjonalmuseet.

6 Intervju med Per Viksjø, gjort av Eva Madshus og Halvard Trohaug i forbindelse med utstillingen *Arkitekt Erling Viksjø* i Norsk Arkitekturmuseum i 1999.

7 Joan Oakman, "A plastic epic: The synthesis of the arts discourse in the mid-twentieth century" i Eeva Liisa Pelkonen og Esa Laaksonen (red.), *Architecture + art: New visions, new strategies*. Helsinki: Alvar Aalto Academy/ Alvar Aalto Fondation, 2007, 31.

8 Sigfried Giedion, José Luis Sert, Fernand Léger, "Nine Points on Monumentality" [opprinnelig publisert i 1943], Joan Oackman (red.), *Architecture Culture 1943–1968: A documentary anthology*, New York: Rizzoli, 1993, 27–30.

9 Gunnar Sørensen, *Fargelegg byen! Oslo kommunes kunstsamlinger*, Oslo: Oslo kommune, Kulturetaten/ Unipub forlag, 2009, 137.

10 I 1947 arrangerte Oslo Arkitektforening og UKS en debatt om temaet som ga fullt hus. *Byggekunst* oppsummerte debatten og understreket at arkitekter og billedhuggere var enige om at mer samarbeid måtte fremmes. «Arkitektur og bildende kunst», *Byggekunst* 1947, nr. 3–4, tillegget 10–11.

11 Det første eksempelet var Gunnar S. Gundersen, Gudrun Kongelf og Ludvig Eikaas' utsmykning av Kunstnerforbundets fasade. Året etter fikk de i oppdrag å utsmykke Norden Kjemiske Fabrikker. Sørensen, *Fargelegg byen!*, 143–144.

12 Se blant annet artikkelserien «Grenseoppgang» i *Bonytt* 1957. Håkon Stenstadvold, «Grenseoppgang», *Bonytt*, nr. 6/7, 125–128; Christian Norberg-Schulz, «Grenseoppgang», *Bonytt*, nr. 9, 177–179.

13 Christian Norberg-Schulz, «Mot en ny syntese. Erling Viksjøs Regjeringsbygning», *Bonytt*, 1959, 41–54.

14 Hun utsmykket blant annet Findus' administrasjonsbygg i Hammerfest, Armauer, «Vi må ikke møte kunsten med fastlåste meninger», Ukjent avis, 29.10.1964. Nasjonalmuseets klipparkiv.

15 Odd Tandberg i udokumentert samtale med Øystein Ustvedt i forbindelse med utstillingen «Rom for abstraksjon» i Nasjonalmuseet – Nasjonalgalleriet sommeren 2016.

16 Uttalelse av Øivind Storm Bjerke, som kjente Isern, i seminar om denne publikasjonen. 15.10.2019.

17 I en samtale med *Dagbladet* beskrev Viksjø utsmykningen i Regjeringsbygningen slik: «Det er her ikke snakk om dekorasjoner, men om 'kombinasjoner'. Det er ikke bilder som tegnes på en vegg, men tegninger som er en del av veggen. Det pretenderer ikke å være isolert dekorerende kunst.» «De tegner i betongen», *Dagbladet*, 16.02.1957.

18 Intervju med Odd Tandberg, gjort av Eva Madshus og Halvard Trohaug i forbindelse med utstillingen «Arkitekt Erling Viksjø» i Norsk Arkitekturmuseum i 1999.

19 Talette Rørvik Simonsen, «Towards a 'photographic synthesis' of the arts. A study of architectural photography in publications of Le Corbusier's *The Chapel of Ronchamp* in the 1950s.» Doktorgradsavhandling, Universitetet i Oslo, 2016.

20 Bamse Fjell, *Kai Fjell. Kunstneren forteller*. Oslo: J.M. Stenersens Forlag, 2007, 105.

21 Erling Viksjø, Omtale av *Bakkehaugen kirke*, *Dagbladet* 4. juli 1970.

painted regularly, alongside his architectural practice. Espen Johnsen, *Erling Viksjø. Eksperimenter i form og betong*, Oslo: Pax, 2020. See chapter on Kunstnerarkitekten.

3 Espen Johnsen, *Erling Viksjø. Eksperimenter i form og betong*, Oslo: Pax, 2020, 229.

4 Espen Johnsen, *Erling Viksjø. Eksperimenter i form og betong*, Oslo: Pax, 2020, 229.

5 Odd Østby wrote this text originally for the catalogue for the exhibition "Arkitekt Erling Viksjø" at the Norwegian Museum of Architecture in 1999, but it was not included in the printed catalogue. Cuttings archive for the Norwegian Museum of Architecture, the National Museum.

6 Interview with Per Viksjø, conducted by Eva Madshus and Hallvard Trohaug in connection with the exhibition "Arkitekt Erling Viksjø" at the Norwegian Architecture Museum in 1999.

7 Joan Oakman, "A plastic epic: The synthesis of the arts discourse in the mid-twentieth century" in Eeva Liisa Pelkonen & Esa Laaksonen (eds.), *Architecture + art: New visions, new strategies*. Helsinki: Alvar Aalto Academy/Alvar Aalto Foundation, 2007, 31.

8 Sigfried Giedion, José Luis Sert, Fernand Léger, "Nine Points on Monumentality" [originally published in 1943], Joan Oackman (ed.), *Architecture Culture 1943–1968: A documentary anthology*, New York: Rizzoli, 1993, 27–30.

9 Gunnar Sørensen, *Fargelegg byen! Oslo kommunes kunstsamlinger*, Oslo: City of Oslo, Agency for Cultural Affairs/ Unipub forlag, 2009, 137.

10 In 1947, the Oslo Architectural Association and the Young Artists' Society – UKS organized a debate on this topic that attracted a full house. The architecture journal *Byggekunst* summarized the debate and emphasized that architects and sculptors agreed that more collaborations should be promoted. "Arkitektur og bildende kunst", *Byggekunst* 1947, nos. 3–4, supplement 10–11.

11 The first example was the painting executed by Gunnar S. Gundersen, Gudrun Kongelf and Ludvig Eikaas on the façade of the Kunstnerforbundet gallery in Oslo. The following year the three artists were commissioned to create art for Norden Kjemiske Fabrikker. Sørensen, *Fargelegg byen!* 143–144.

12 See among others the "Grenseoppgang" series of articles in *Bonytt* 1957. Håkon Stenstadvold, "Grenseoppgang", *Bonytt*, no. 6/7, 125–128; Christian Norberg-Schulz, "Grenseoppgang", *Bonytt*, no. 9, 177–179.

13 Christian Norberg-Schulz, "Mot en ny syntese. Erling Viksjøs Regjeringsbygning", *Bonytt*, 1959, 41–54.

14 Sitter made site-specific works for the Findus office building in Hammerfest, Armauer, "Vi må ikke møte kunsten med fastlåste meninger", unidentified newspaper, October 29, 1964. The National Museum's newspaper cuttings archive.

15 Odd Tandberg in an undocumented conversation with Øystein Ustvedt in connection with the exhibition "Rom for abstraksjon" at The National Museum – National Gallery, summer 2016.

16 Comment by Øivind Storm Bjerke, who knew Isern, in seminar held in connection with this publication. October 15, 2019.

17 In conversation with the daily newspaper *Dagbladet*, Viksjø described the artworks for the Government Buildings as follows: "Here there is no talk of decorations, but of 'combinations'. It is not a case of pictures being drawn on a wall, but drawings being part of the wall. It doesn't pretend to be isolated decorative art." "De tegner i betongen", *Dagbladet*, Feburary 16, 1957.

18 Interview with Odd Tandberg, conducted by Eva Madshus and Hallvard Trohaug in connection with the exhibition "Arkitekt Erling Viksjø" at the Norwegian Architecture Museum in 1999.

19 Talette Rørvik Simonsen, "Towards a 'photographic synthesis' of the arts. A study of architectural photography in publications of Le Corbusier's *The Chapel of Ronchamp* in the 1950s." PhD thesis, University of Oslo, 2016.

20 Bamse Fjell, *Kai Fjell. Kunstneren forteller*. Oslo: J.M. Stenersens Forlag, 2007, 105.

21 Erling Viksjø, article about *Bakkehaugen kirke*, *Dagbladet* July 4, 1970.

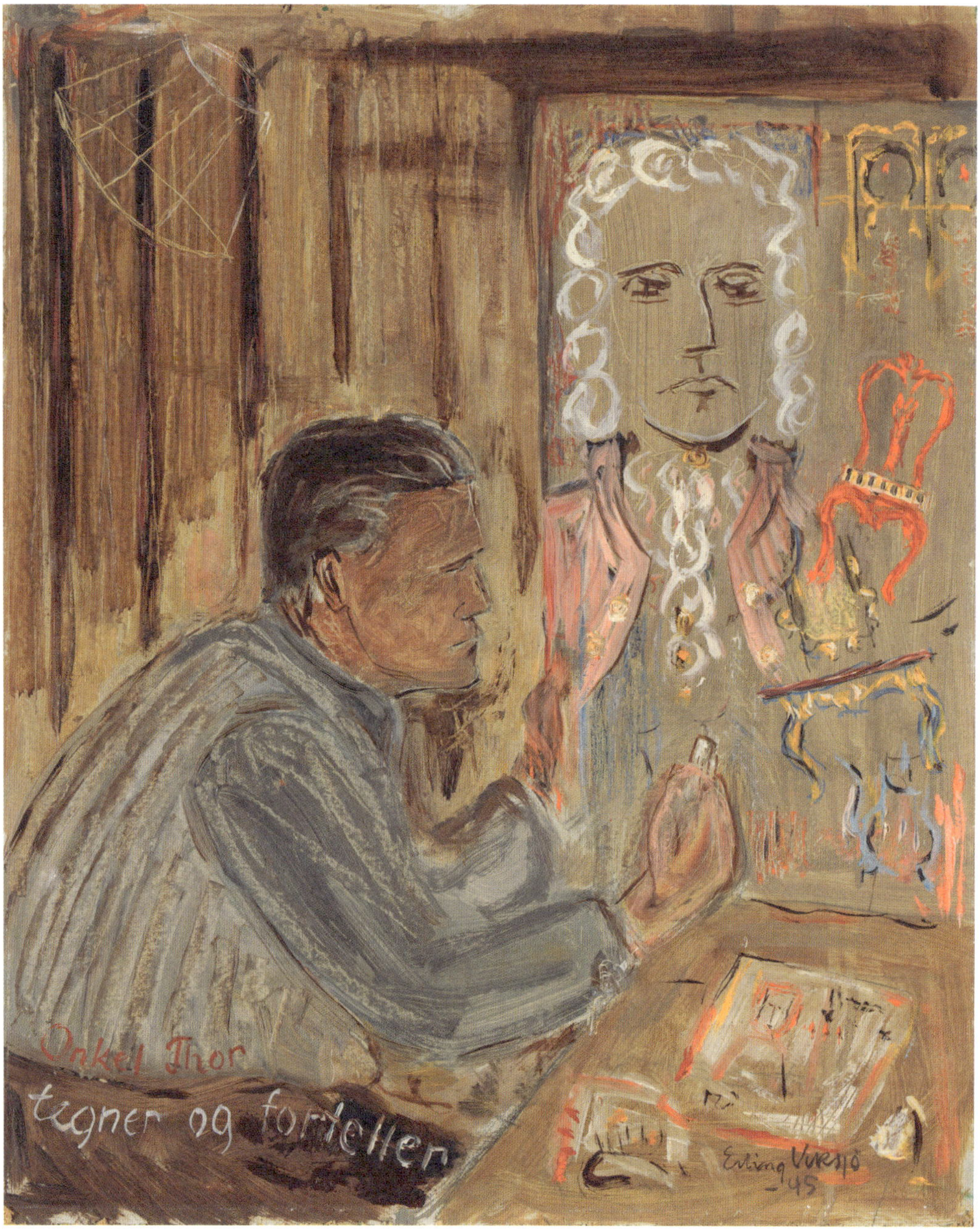

Ill. 48
Erling Viksjø: *Portrett av Thor B. Kielland / Portrait of Thor B. Kielland*, 1945, olje på plate, 45,5 × 38 cm, Nasjonalmuseet OK-11452. Foto: Børre Høstland, Nasjonalmuseet

Fra Grini fangeleir til *Høyblokka*. Viksjø med Hans og Hannah Ryggen

Øystein Ustvedt

I Nasjonalmuseets samling finnes et portrett fra 1945 som forestiller Thor B. Kielland, daværende direktør ved Kunstindustrimuseet i Oslo. Bildet er en uhøytidelig hyllest til den portretterte [ill. 48] og utmerker seg ikke på noen måte. Men signaturen overrasker. Den viser at maleriet ble skapt av arkitekten Erling Viksjø. I det følgende skal vi se nærmere på det at Viksjø malte selv, til tider ganske mye, og på hvordan hans med årene ganske omfattende samarbeid med kunstnere først tok form. I denne begynnende fasen kom særlig kunstnerne Hans og Hannah Ryggen til å spille en rolle.

Kunstnere på Grini

Det nevnte bildet må ha blitt malt i løpet av Viksjøs og Kiellands opphold i Grini fangeleir under krigen.[1] Maleriet ble kjøpt i forbindelse med at Kunstindustrimuseet i 1946 arrangerte en mønstring av kunst skapt av Grini-fanger. Museets bilde er ett av ganske mange malerier av Viksjø fra 1940- og 50-årene som til nå har vært viet liten oppmerksomhet.[2] De viser at arkitekten var over middels interessert i moderne kunst. Den ekspressive stilen som karakteriserer museets verk har røtter i mellomkrigstiden og hos kunstnere som Henrik Sørensen, Hans Ryggen og Reidar Aulie. Når disse nevnes spesielt, er det fordi alle satt på Grini i samme tidsrom som Viksjø.[3]

From Grini prison camp to the *Høyblokka*. Viksjø with Hans and Hannah Ryggen

Øystein Ustvedt

The National Museum's collection contains a 1945 portrait of Thor B. Kielland, the then director of the Museum of Decorative Arts and Design in Oslo. The painting is an informal tribute to its subject [ill. 48] and is in no way particularly remarkable. But the signature is a surprise. It tells us that the painting was made by the architect Erling Viksjø. In the following paragraphs, we consider in more detail the fact that Viksjø was a painter himself, and at times quite a productive one, and how his collaborations with artists, which over the years became quite extensive, first took shape. In the early stages of Viksjø's career, the artists Hans and Hannah Ryggen came to play a particularly important role.

Artists at Grini

Viksjø's portrait of Kielland must have been painted while the two were detained at Grini prison camp during the war.[1] The painting was purchased by Oslo's Museum of Decorative Arts and Design in connection with its 1946 exhibition of works created by prisoners at Grini. The Museum's portrait is one of a fairly large number of paintings by Viksjø dating from the 1940s and 50s that until now have attracted little attention.[2] They show that the architect had an above-average interest in modern art. The expressive style that characterizes the works owned by the Museum has its roots in the interwar years and the influence of artists such as Henrik Sørensen, Hans Ryggen and Reidar Aulie.

These artists are mentioned in particular as all of them were detained at Grini during the same period as Viksjø.[3]

Malerbrakka

Det er godt kjent at Grini fangeleir ble et viktig treffsted for mange av dem som i tiårene etter krigens slutt kom til å dominere norsk offentlighet. Leiren ble etter hvert organisert som en brakkeby basert på arbeidsfellesskap. I nr. 9 arbeidet arkitekter, mens det i nr. 11, malerbrakka, ble laget varselskilt, plakater og fangenumre. Ifølge Arne Pettersen var Hans Ryggen sentral her. Han sto også for den mest omfattende personlige produksjonen og hadde bildene sine gjemt i et skap.[4] Viksjøs malerier fra Grini viser en nærhet til Ryggens arbeider [ill. 49–52]. Med sine lavmælte fargemalerier i tiden før krigen, hadde Ryggen markert seg sterkt som en viderefører av spontan ekspresjonisme. Viksjø tok opp noe av Ryggens måte å male på og hans foretrukne sjangre: portretter, blomster og skildringer av mennesker. Som Ryggen, gikk Viksjø tett på ansikter og miljøer. Senere ble andre forbilder mer framtredende, som Picasso og Matisse. Blant de norske synes det som om bildene til Kai Fjell og Arne Ekeland virket ansporende. Vi vet ikke så mye om Viksjøs kunstinteresse *før* oppholdet på Grini. Med sin borgerlige bakgrunn og utdannelse fra NTH, var han imidlertid godt fortrolig med kunst. Men det er også andre grunner til å trekke fram akkurat Hans Ryggen som en slags mentor. De var begge knyttet til Trondheim, og før Hans ble sendt på Grini i 1944, hadde ektefellen Hannah fått et omfattende oppdrag: å lage flere store billedvever til Bakkehaugen kirke i Oslo. Initiativet kom fra Ove Bangs arkitektkontor, der Viksjø var ansatt. Vi vet at Viksjø arbeidet med dette prosjektet, og at han ved Bangs bortgang våren 1942 etter hvert overtok det.

The painters' hut

It is well known that Grini prison camp became an important meeting place for many of those who would come to dominate Norwegian public life in the decades after the war. Gradually, the camp became organized as a series of huts, to which prisoners were assigned according to their trade or profession. Architects worked in Hut 9, while the inmates of 11, the painters' hut, produced warning signs, posters and prisoner numbers. According to Arne Pettersen, Hans Ryggen was central to No. 11's operations. He was also responsible for the largest amount of personal work, keeping his paintings concealed in a cupboard.[4] Viksjø's paintings from Grini suggest a close acquaintance with Ryggen's work [ill. 49–52]. With his unassuming yet colourful paintings in the period before the war, Ryggen had distinguished himself as an upholder of spontaneous expressionism. Viksjø adopted something of Ryggen's way of painting, and also his favourite genres: portraits, flowers and people. Like Ryggen, Viksjø tended to zoom in close when painting faces and his surroundings. Later on prominent modern artists, such as Picasso and Matisse, would serve as inspiration and role models. Among Norwegian artists, Viksjø seems to have found inspiration especially in the paintings of Kai Fjell and Arne Ekeland. We know less about Viksjø's artistic interests *before* his detention at Grini. Given his middle-class background and studies at the Norwegian Institute of Technology (NTH) in Trondheim, he would certainly have been well-acquainted with the visual arts. But there are also other reasons for emphasizing the influence of Hans Ryggen in particular, as a kind of mentor. They both had links to Trondheim, and before Hans was sent to Grini in 1944, his wife Hannah had won a major commission to weave several large tapestries for the new church to be built at Bakkehaugen in Oslo. The initiative for the commission came from Ove Bang's architect's office, where Viksjø was employed. We know that Viksjø was involved in the church project, and that he took charge of it after Bang's death in spring 1942.

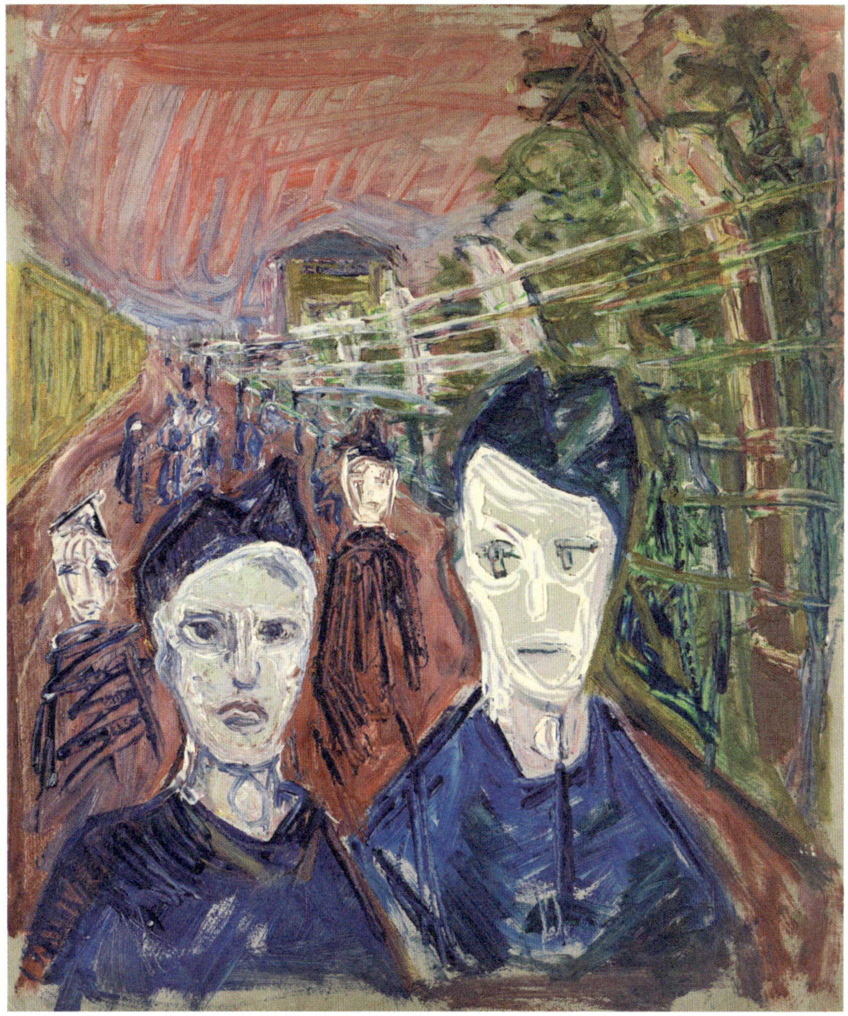

Ill. 49
Erling Viksjø: *Fanger som fraktes bort / Transportation of Prisoners*, 1944 eller 1945, olje på plate, 55 × 44 cm. Privat eie. Foto: Børre Høstland, Nasjonalmuseet

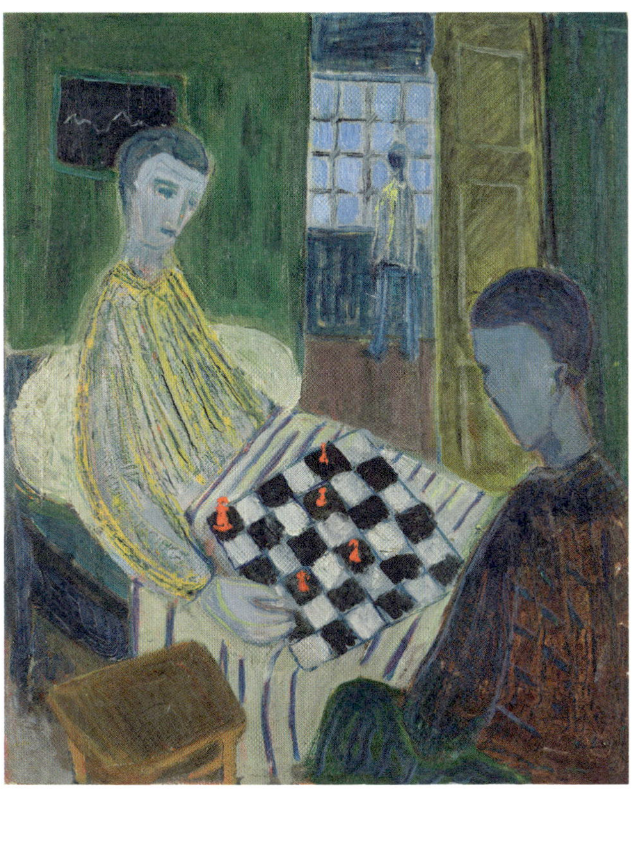

Ill. 50
Erling Viksjø: *Sjakkspill på Grini / Chess Players at Grini*, ca. 1945, olje på plate, 46 × 54 cm. Privat eie. Foto: Børre Høstland, Nasjonalmuseet

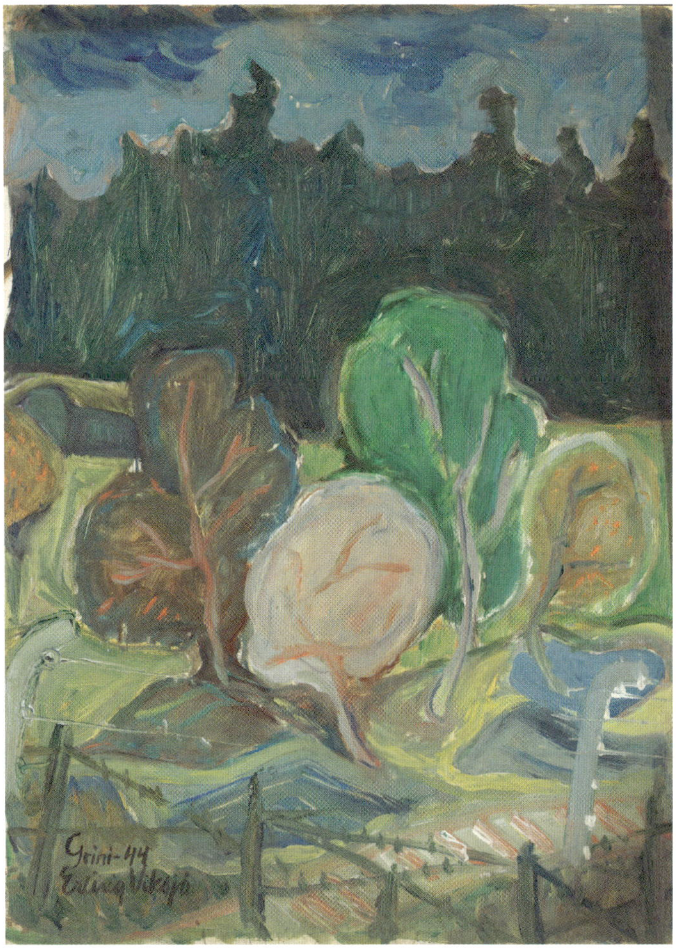

Ill. 51
Erling Viksjø: *Landskap med trær, Grini / Landscape with Trees, Grini*, 1944, olje på plate, 44 × 32 cm. Privat eie. Foto: Børre Høstland, Nasjonalmuseet

Ill. 52
Hans Ryggen: *Blomster / Flowers*, 1946, olje på lerret, 50 × 60 cm. Maleriet var i Erling Viksjøs eie / The painting was in Erling Viksjø's collection. Foto: Børre Høstland, Nasjonalmuseet

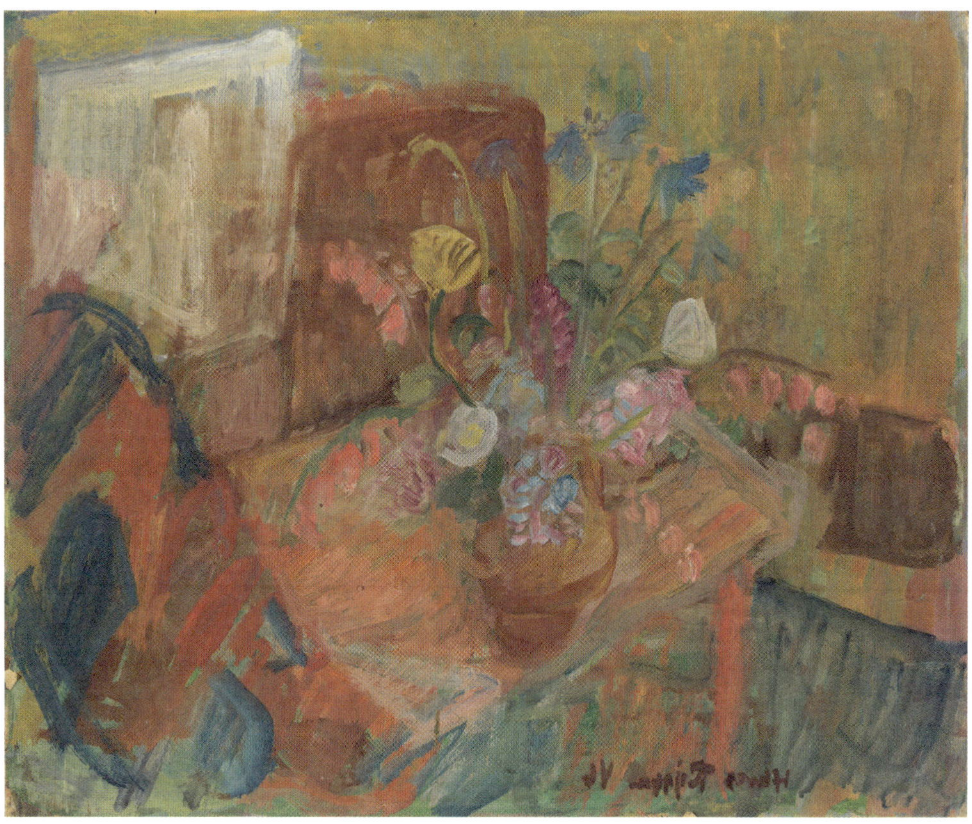

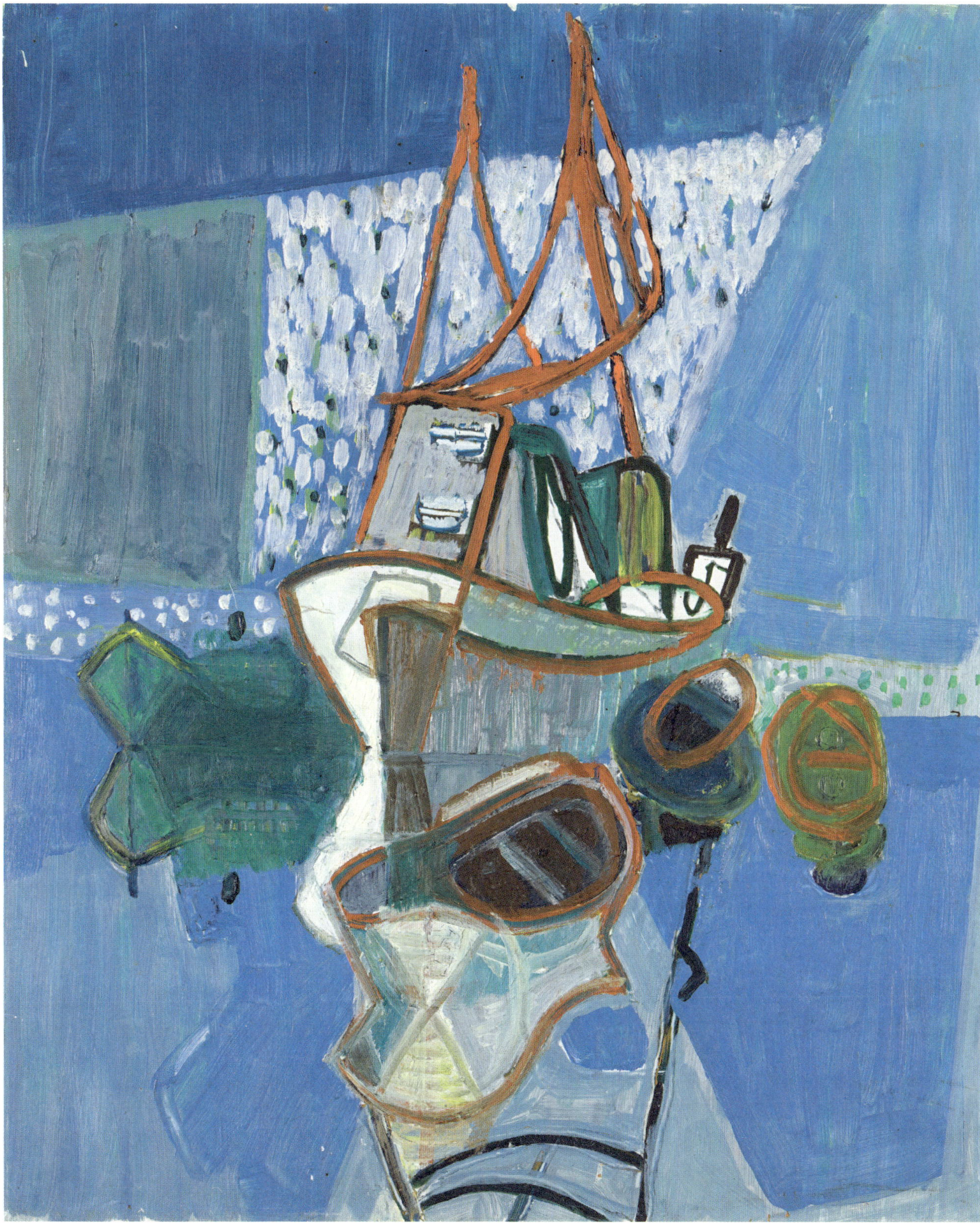

Ill. 53
Erling Viksjø: *Fiskerbåt / Fishing Boat*, ca. 1955,
olje på plate, 59,6 × 50,7 cm. Privat eie. Foto: Børre Høstland, Nasjonalmuseet

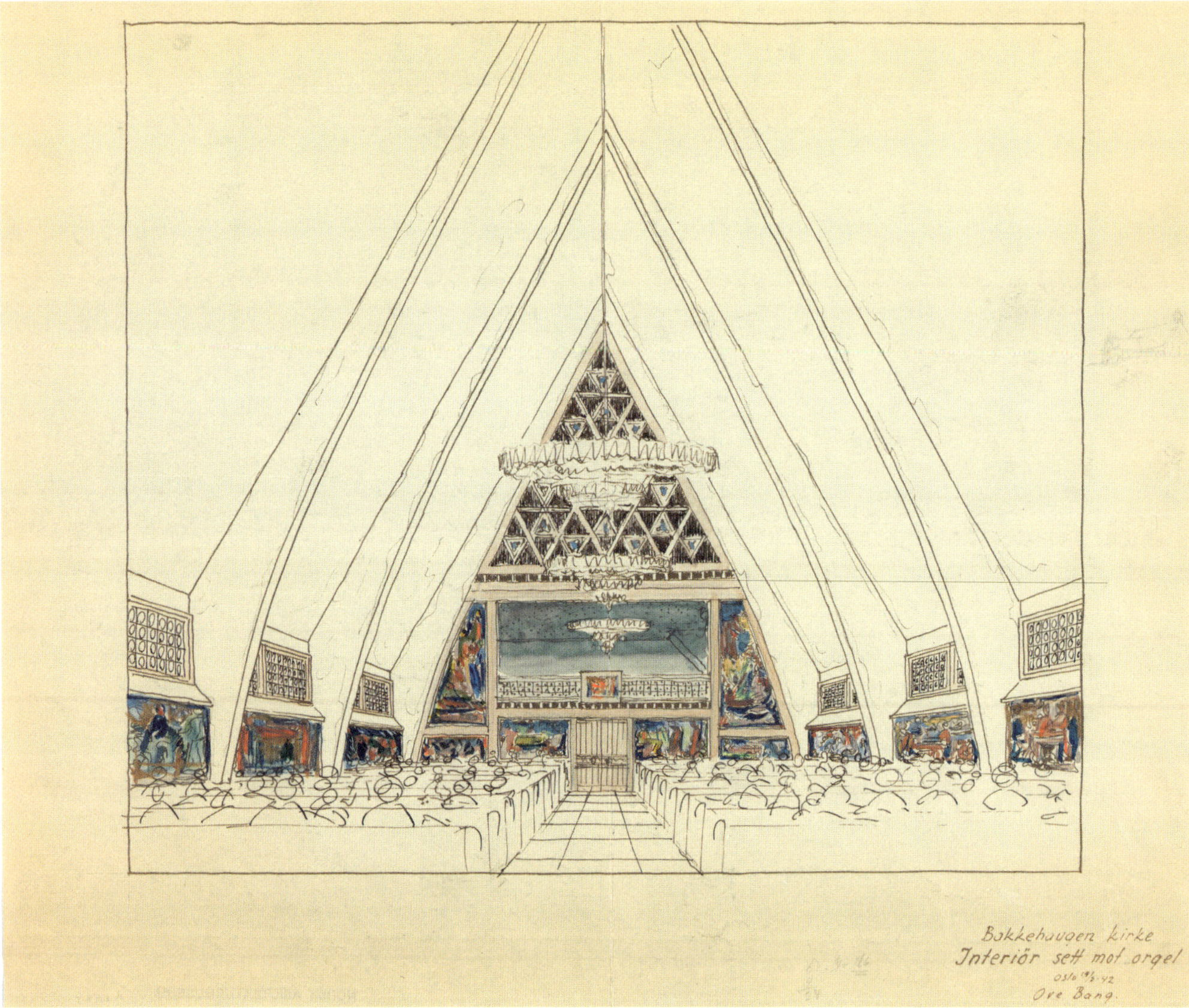

Ill. 54
Ove Bang / Erling Viksjø: *Bakkehaugen kirke / The Bakkehaugen Church*, 1942, akvarell på papir, 30,5 × 37,8 cm, Nasjonalmuseet NAMT.evi059.005. Foto: Therese Husby, Nasjonalmuseet

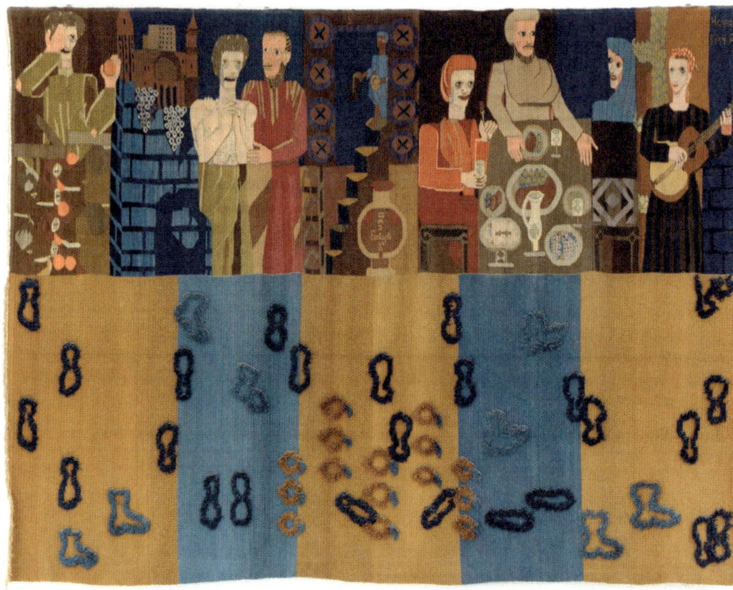

Ill. 55
Hannah Ryggen: *Den fortapte sønns hjemkomst / The Return of the Prodigal Son*, 1944–46, billedvev, 280 × 360 cm. NTNU, Trondheim. Foto: Åge Hojem, Vitenskapsmuseet, NTNU

Det øverste horisontale partiet ble utført til Bakkehaugen kirke, mens det nedre feltet kom til etter at oppdraget ble kansellert / The upper horizontal part was made for the Bakkehaugen Church, while the lower part was added to it after the commision was cancelled.

Blå periode

Hannah Ryggen ble altså engasjert før Viksjø overtok oppdraget med kirken som skulle føres opp på gården på Tåsen hvor haugianerbevegelsens Hans Nielsen Hauge (1771–1824) hadde bodd.[5] Oppdraget ble forvaltet av en kirkekomité under ledelse av prost Oluf Kolsrud. For Ryggens del var det snakk om flere horisontale billedvever i hovedskipet. En tegning viser hvordan monteringen var tenkt [ILL. 54]. Også innholdsmessig lå mye klart: Det skulle være scener fra Bergprekenen og motiver fra Jesu lignelser.

Ryggen leverte to prøver: *Den fortapte sønns hjemkomst* [ILL. 55] og *Jordens salt* (1944–46).[6] Hun var ikke fremmed for å ta for seg religiøse motiver, hennes hovedverk fra 1920-årene, *Synderinnen*, var tvert om basert på en bibelsk scene. Nå, nesten tjue år senere, var hun imidlertid kunstnerisk sett et helt annet sted, med motiver forankret i sin egen samtids urovekkende begivenheter som den spanske borgerkrigen og nazistenes overgrep. I den første billedveven fulgte Ryggen budet om en lignelse med hendelsesforløpet framstilt i en frise (Lukas 15:11–32). I det andre, derimot, fikk motivene en verdslig karakter med profane martyrskikkelser: en skildring av Hans Nielsen Hauge, en framstilling av Kaj Munk (1898–1944) og et dramatisk portrett av Lauritz Sand (1879–1956).[7] Ryggen gikk bort fra forutsetningene for oppdraget.[8]

Utfordringer, problemer

Etter krigen fikk man problemer med finansieringen av kirken, og høsten 1946 ble oppførelsen skrinlagt. Da planene ble realisert rundt ti år senere, var det med sandblåste verk basert på tegninger av Kai Fjell [ILL. 21]. Hvorfor gikk man bort fra Ryggens billedvevnader? Kom det til motsetninger mellom oppdragsgiver og kunstner? Forskjellige kilder tyder på at Ryggen mistet interessen for oppdraget *før* det ble skrinlagt. Høsten 1945 kunne *Adresseavisen* fortelle at hun strevde med betingelsene: «Hannah Ryggen har 2 av teppene ferdig allerede, men hun er ikke riktig fornøyd med formatet, lange og forholdsvis smale som teppene er. Hun liker bedre den noenlunde kvadratiske flaten hvor komposisjonen flyter bedre sammen om motivet.»[9]

Blue period

Accordingly, Hannah Ryggen had been awarded the commission even before Viksjø took charge of the project to build a church on the site at Bakkehaugen in the Tåsen neighbourhood of Oslo. The site had earlier been the home of Hans Nielsen Hauge (1771–1824), a leading Norwegian Pietist and founder of the Haugean movement. The project was supervised by a church committee led by Dean Oluf Kolsrud. Ryggen's contribution was envisaged as comprising several horizontal tapestries to be hung in the main nave. A drawing shows how they were planned to be installed [ILL. 54]. Much of the content had also been clarified: the tapestries were to depict scenes from the Sermon on the Mount and Jesus' parables.[5]

Ryggen supplied two samples: *Den fortapte sønns hjemkomst* (The Return of the Prodigal Son) [ILL. 55] and *Jordens salt* (The Salt of the Earth) (1944–46).[6] She was not a stranger to religious subjects; indeed, her 1920s masterpiece, *Synderinnen* (The Sinner), was based on a biblical scene. Now however, nearly 20 years later, she was in a completely different place artistically, making images based on disturbing contemporary events, such as the Spanish Civil War and Nazi atrocities. In the first tapestry, Ryggen complied with the request for a narrative frieze based on a parable (Luke 15:11–32). In the second, however, the images took on a more worldly character, including images of secular martyrs: a portrayal of Hans Nielsen Hauge, a portrayal of Kaj Munk (1898–1944) and a dramatic portrait of Lauritz Sand (1879–1956).[7] Here Ryggen departed from the constraints imposed on the commission.[8]

Challenges, problems

After the war, the church project ran into funding problems, which caused it to be shelved in autumn 1946. When the building was finally realized around 10 years later, the church was decorated with sandblasted works based on drawings by Kai Fjell [ILL. 21]. Why were Ryggen's tapestries abandoned? Was it because of disputes between the client and the artist? Various sources suggest that Ryggen had lost interest in the commission *before* the building project was shelved. In autumn 1945, the Trondheim-based newspaper *Adresseavisen* reported that she was struggling with the constraints: "Hannah Ryggen has already completed two of the tapestries, but she is not entirely happy with the format, as the tapestries are long and rather narrow. She

Ryggen strevde med premissene: «Det suger margen ur meg de kirketepperna» skriver hun til vennen Dyre Vaa: «Dissa formaterna på kirketepperna är så uholdelige. Jeg likar ikke disse utdragna historier».[10] Kanskje var frustrasjonen gjensidig fra brukernes side? Da *Den fortapte sønns hjemkomst* noen år senere ble stilt ut, antydet *Nationen* en innholdsmessig årsak til at oppdraget ikke ble realisert: «... det later til at menigheten finner den form denne bibelske fortelling har fått, en smule dristig.»[11] Det oppsto tydeligvis et motsetningsforhold mellom premissene for oppdraget og kunstnerens visjoner. Hvorfor legge så stor vekt på dette? Jo, fordi det virker som om Viksjø tok lærdom av dette strandete prosjektet sammen med en kunstner.

Fra oppdrag til samarbeid

Rundt ti år senere fikk Ryggen en ny forespørsel fra Viksjø: et stort teppe til det som skulle bli *Høyblokka* (ferdig 1959). Nå fikk hun selv langt på vei bestemme, og kommunikasjonen foregikk direkte med arkitekten. I *Villa Ystgård* (1955) tegnet av Viksjø og oppført i naturbetong, hadde eieren montert en billedvev av Ryggen. Kanskje virket fargene og materialiteten heldig mot den grå naturbetongen? Skal vi tro professor Arne T. Holm, ble resultatet til *Høyblokka* en spesielt finstemt dialog mellom kunst og arkitektur. Holm var blant dem som hadde størst kompetanse på dette feltet i Norge, og han var over seg av begeistring. Dels fordi fargene strålte og menneskeliggjorde uttrykket i vestibylen, og dels fordi billedveven var noe selvstendig samtidig som den likevel virket som en del av rommet.[12]

Vi lever på en stjerne (1958) [ILL. 20] er en blåstemt kjærlighetsvisjon for menneskeheten og kloden. Sentralt i komposisjonen finner vi et nakent par framstilt i en vertikal oval, omgitt av jorden, kosmos og et vell av detaljer. Verket er blitt stående som et av Ryggens mest ikoniske enkeltarbeider. Det topper en blå periode dominert av en rekke poetiske livsskildringer og helteframstillinger. Til forskjell fra Bakkehaugen-arbeidene, ble ikke dette noe sidespor. Ryggen-forskeren Marit Paasche ser veven tvert om som en direkte forlengelse av kunstnerens frittstående arbeider.[13]

Verket ble montert på tverrveggen i området for heisene, i enden av en slags korridor [ILL. 56].

prefers a squarer format in which the composition flows better around the subject."[9] Ryggen struggled with the constraints imposed on her: "These church tapestries are sapping away at my strength," she wrote to her friend Dyre Vaa. "These formats for the church tapestries are so insufferable. I don't like these excerpted stories."[10] Perhaps the frustration was reciprocated by the client? When *Den fortapte sønns hjemkomst* was exhibited some years later, the daily newspaper *Nationen* suggested that the reason the commission was never realised had to do with the content: "It seems as though the congregation finds the form given to this biblical narrative a little too daring."[11] Clearly there were differences between the requirements for the commission and the artist's vision. Why are we attaching so much emphasis to this? Simply because it seems that Viksjø learned a lesson from how this collaboration with an artist had run aground.

From commission to collaboration

Around 10 years later, Ryggen received a new enquiry from Viksjø, for tapestries for what would become the high-rise government building known as *Høyblokka* (completed 1959). Now Ryggen was able to a large extent to make her own decisions, and communications were directly with the architect. The owner of *Villa Ystgård* (1955), designed by Viksjø and built in natural concrete, had installed a tapestry by Ryggen. Perhaps the colours and material character of the tapestry worked particularly well against the grey concrete? If we are to believe Professor Arne T. Holm, the result for *Høyblokka* was an especially finely tuned dialogue between art and architecture. Holm was among those with the greatest expertise in this field in Norway, and he was beside himself with enthusiasm. Partly because the radiance of the colours made the vestibule a more welcoming environment, and partly because the tapestry appeared simultaneously as an autonomous artwork and as an integral part of the space.[12]

Vi lever på en stjerne (We Live upon a Star) (1958) [ILL. 20] as Ryggen's first *Høyblokka* tapestry was called, is predominantly a paean in blue to humanity and our planet. At the centre of the composition we see a naked couple framed in a vertical oval shape and surrounded by the Earth, the cosmos and a wealth of details. The tapestry has taken on the status of one of Ryggen's most iconic individual works. It represents the peak of a period dominated by a series of poetic

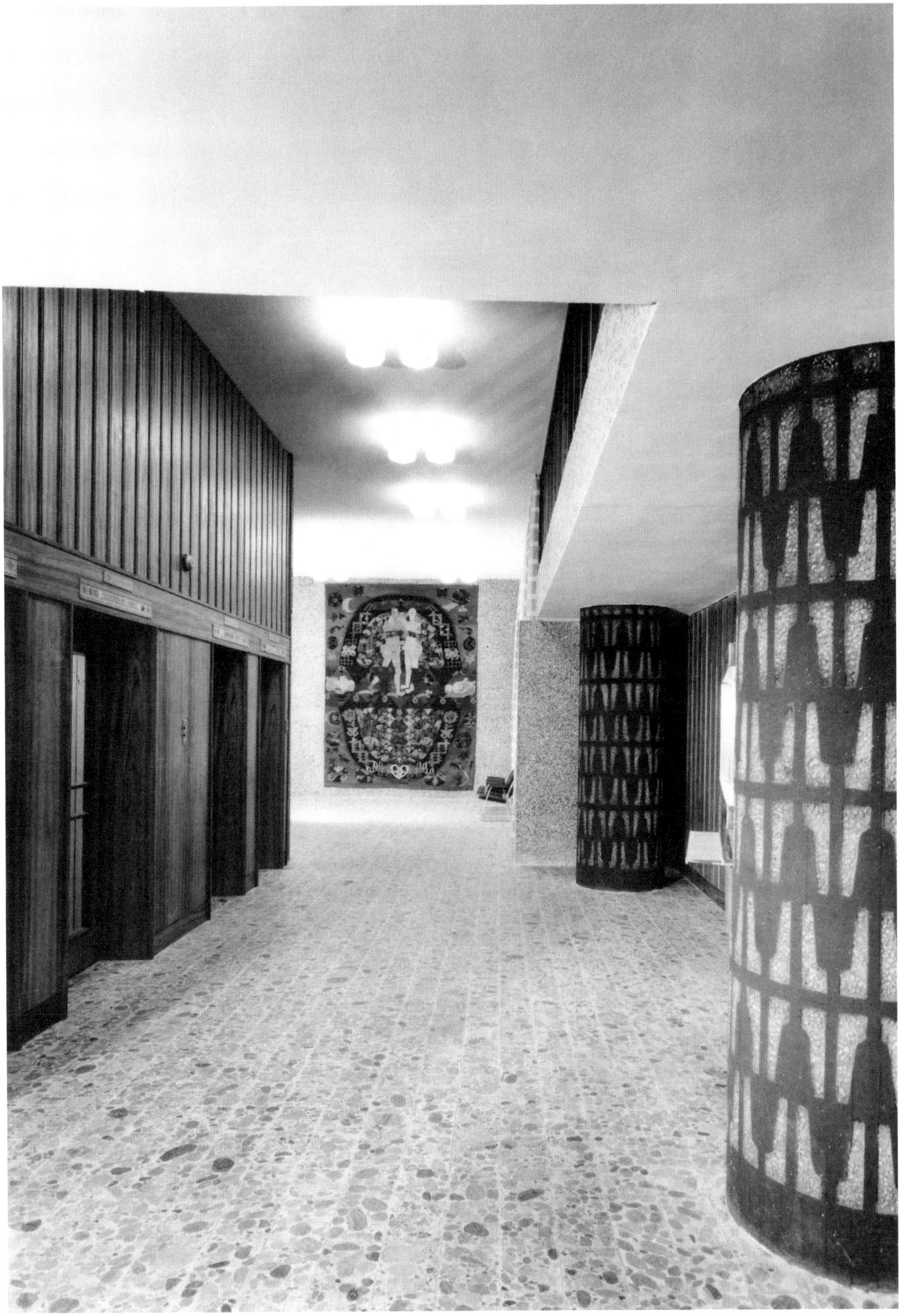

Ill. 56
Hannah Ryggens billedvev *Vi lever på en stjerne* montert i vestibylen i *Høyblokka*, antakelig 1959 / Hannah Ryggen's tapestry *We Live upon a Star* in the entrance area of the *Høyblokka*, probably 1959. Foto: Teigens fotoatelier. Nasjonalmuseet NAMF.00603.024

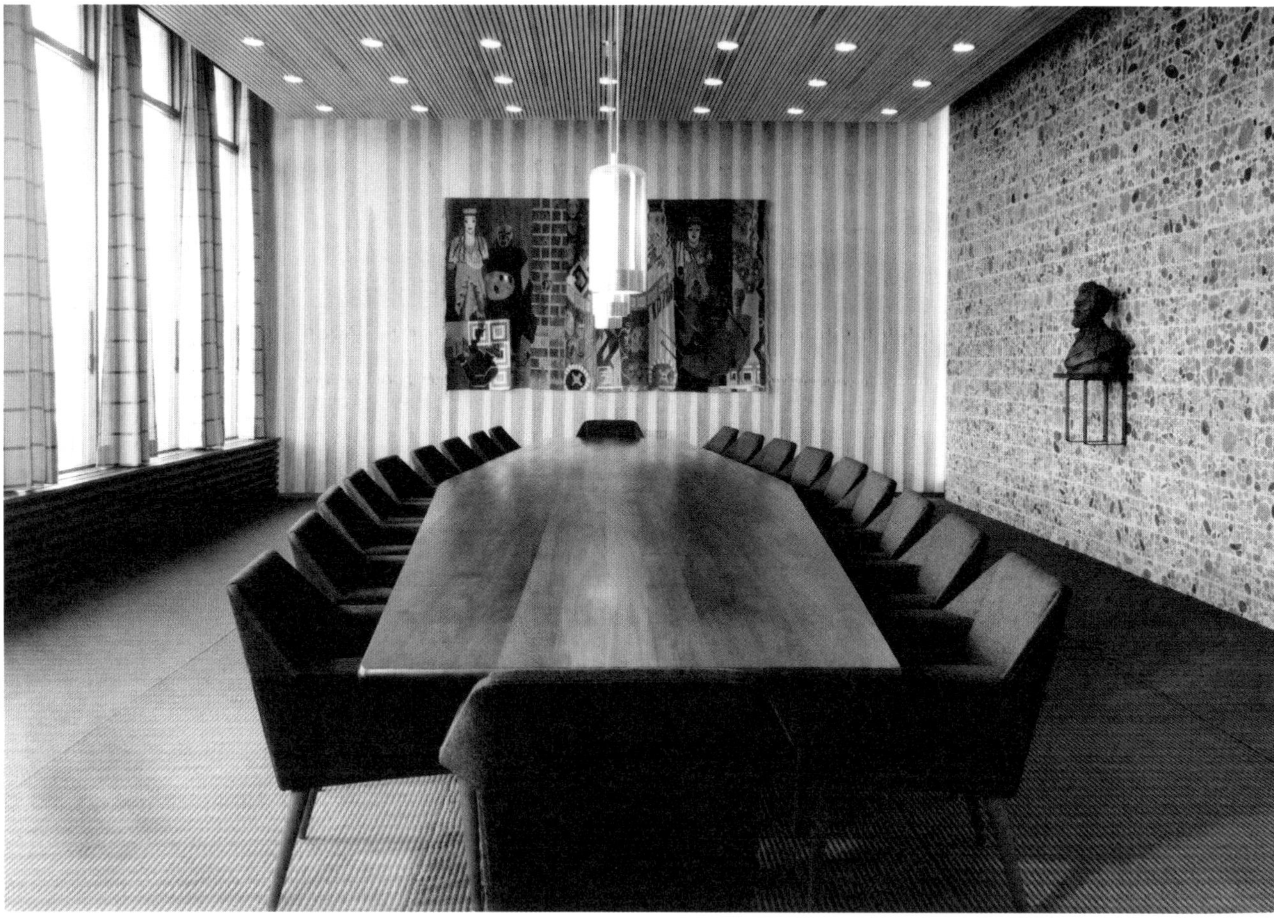

Ill. 57
Hannah Ryggens billedvev *Trojansk hest / Picassoteppet* (1949–56) montert i Statsrådssalen i *Høyblokka* / Hannah Ryggen's tapestry *Trojan Horse / Picasso Tapestry* (1949–56) mounted in the Council Chamber of *Høyblokka*. Foto: Teigens fotoatelier. Nasjonalmuseet NAMF.00603.003

Plasseringen åpnet for å se verket fra mange forskjellige vinkler og avstander. Det monumentale og visjonære ved arbeidet ble forsterket, noe som stemte overens med bygningen som jo ble reist for å huse landets regjering hvis fremste oppgave var å skape et godt samfunn. Meningen var at Ryggen skulle bidra med ytterligere to arbeider, men det ble til at hun brukte en eldre billedvev, *Trojansk hest* (1949), og sydde det sammen med en ny (*Picassoteppet*, 1956). Dette ble montert i Statsrådssalen [ILL. 57]. Valget av Picasso som protagonist er symptomatisk. Dels fordi det på denne tiden raste en Picasso-feber i norsk kunstliv etter Kunstnernes Hus' store mønstring i 1956, og dels fordi Viksjø fikk Picasso med i arbeidet med bygningens sandblåste verker. Ryggens skildring vitner imidlertid om en viss ambivalens, en tvetydighet hun ofte kunne artikulerte overfor mannlige kunstnerpersonligheter i framskutte posisjoner.

Sjølen

Vi lever på en stjerne ble høydepunktet i samarbeidet mellom Hannah Ryggen og Viksjø. Det er verdt å merke seg friheten i oppdraget. Til forskjell fra Bakkehaugens sterke føringer, gikk forholdet mellom arkitekt og kunstner her i retning av å bli et gjensidig samarbeid. Det kom ikke flere oppdrag, men Ryggen skapte senere et portrett av arkitekten i anledning av hans 50-årsdag [ILL. 58]. Med en bevinget krone er Viksjø omgitt av ornamentale mønstre og former som kan minne om skulpturene til Juan Miró og Picasso. Blåfargen anslår noe opphøyet, men uttrykket har også elementer av ironisk utlevering. *Sjølen* er et trøndersk uttrykk for «han far selv», en som tar stor plass og bestemmer det meste.[14] I samarbeidet med kunstnere var nok Viksjø til syvende og sist sjefen, likevel.

and largely blue-toned depictions of the lives of heroic figures. Unlike the tapestries for Bakkehaugen Church, this work was not a digression. On the contrary, the Ryggen expert Marit Paasche sees this tapestry as a direct continuation of the artist's personal work.[13]

The tapestry was installed on the end wall of the lift lobby, at the end of a kind of corridor [ILL. 56]. This position allowed the work to be viewed from many different angles and distances. It also enhanced the monumental and visionary character of the work, which was in accord with a building that had been constructed to house the country's government, whose primary task was to create a good society. The intention was for Ryggen to contribute two further works, but in fact she used an older tapestry, *Trojansk hest* (Trojan Horse) (1949), which she sewed together with a new one, *Picassoteppet* (The Picasso Tapestry) (1956). The resulting work was installed in *Statsrådssalen* (the State Council Room) [ILL. 57]. The choice of Picasso as protagonist was symptomatic both of the Picasso fever that had taken over the Norwegian art scene following the major exhibition at The Artists' House in Oslo in 1956, and also of the fact that Viksjø managed to get Picasso involved in the sandblasted decorations for the building. Ryggen's imagery is witness to a certain ambivalence, however, a dubious attitude she was often capable of articulating towards male art-world personalities in prominent positions.

'Himself'

Vi lever på en stjerne became the high point of the collaboration between Hannah Ryggen and Viksjø. It is worth noting the freedom of this commission. In contrast to the stringent constraints imposed on the Bakkehaugen commission, the relationship between architect and artist in this case was more like a mutual collaboration. There were no more commissions, but Ryggen later created a portrait of the architect on the occasion of his 50th birthday [ILL. 58]. Wearing a winged crown, Viksjø is surrounded by ornamental patterns and shapes that may remind us of sculptures by Juan Miró and Picasso. The colour blue suggests an element of the sublime, but the style also contains elements of ironic commentary. The Norwegian title *Sjølen* is a Trondelag expression roughly equivalent to the English 'himself' – a father figure or person with authority.[14] When working collaboratively with artists, Viksjø was ultimately in charge.

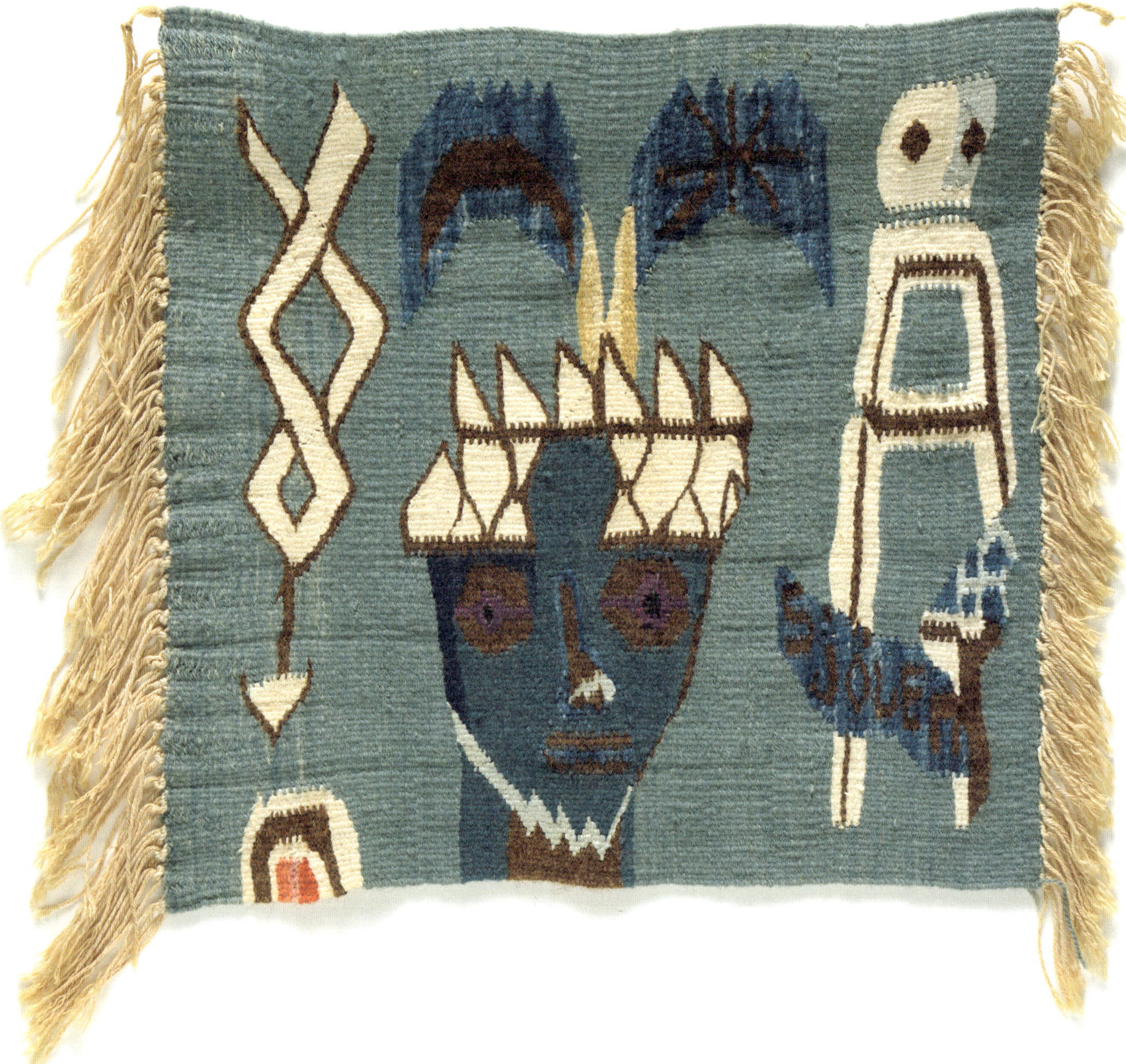

Ill. 58
Hannah Ryggen: *Sjølen / «Himself»*, 1960, billedvev,
44 × 44 cm. Privat eie. Foto: Børre Høstland, Nasjonalmuseet

Veven var en gave fra Hannah Ryggen til Erling Viksjø i forbindelse med hans 50-årsdag i 1960 / The tapestry was a gift from Hannah Ryggen to Erling Viksjø on his 50th birthday in 1960.

Noter

1 Viksjø satt på Grini som fange fra 20. april 1944. Kielland var på Grini fra 14. mars til 30. april 1945. *Norsk fangeleksikon: Grinifangene,* Oslo: J.W. Cappelen forlag, 1945, 378, 648.

2 I en ny bok om Viksjø trekker Espen Johnsen fram noe av dette materialet, se Espen Johnsen: *Erling Viksjø. Eksperimenter i form og betong*, Oslo: Pax forlag, 2019. Et utvalg av maleriene finnes for øvrig publisert på internett: https://erlingviksjo.wordpress.com/

3 Op.cit. *Norsk fangeleksikon*, 469. Hans Ryggen var først plassert på Falstad fangeleir. På Grini var han fra 11. august 1944 til 13. mars 1945, før han igjen ble overført til Mysen konsentrasjonsleir. Henrik Sørensen og Reidar Aulie ble satt på Grini 30. januar 1945 i forbindelse med en kommunistsak. Sørensen slapp fri 7. februar, Aulie 20. mars 1945.

4 Intervju med malermester Arne Pettersen i *Friheten*, 26. januar 1990. For en beskrivelse av livet på Grini fangeleir under krigen, se Ragnvald Jørgensen: *Med blyant på Grini* Bergen: J.W. Eides forlag, 1945.

5 Engasjementet for Bang begynte i forbindelse med Samfunnshuset i Oslo i 1939 (ikke realisert). Ryggen omtaler dette i et brev til Else Christie Kielland, datert 9. november 1939. Brevet er i Nordenfjeldske Kunstindustrimuseums arkiv. Også Kai Fjell og Stinius Fredriksen ble engasjert til å lage kunst i kirken.

6 I boken *Vi lever på ei stjerne. Ein biografi om Hannah Ryggen,* Oslo: Det norske samlaget, 2002, omtaler Inga Elisabeth Næss sistnevnte som «Livets salt» (102–104). Jordens salt stemmer derimot bedre overens med oppdragets bibelske forankring: «Jesus sa også om sine etterfølgere. Dere er jordens salt» (Matteus 5:13, Kilde: Dyre Vaa, upublisert intervju-/notatbok i Nordenfjeldske kunstindustrimuseum). Takk til Steffen W. Holden for en poengtering av dette.

7 Kaj Munk var en dansk prest og dramatiker som ble henrettet av en nazistisk terrorgruppe. Lauritz Sand var en kjent motstandsmann under krigen som ble fengslet, internert på Grini og torturert, men uten å røpe sensitive hemmeligheter.

8 Etter at oppdraget ble kansellert, og Ryggen sto fri til å gjøre hva hun ville med arbeidene, la hun til nye billedfelt som endret komposisjonene vesentlig. I *Den fortapte sønns hjemkomst* ble selve vandringen poengtert gjennom et mønster av spredte fotavtrykk i et underliggende parti. Lauritz Sand ble til en figur i full størrelse. Med unntak av Inga Elisabeth Næss' bok omtalt ovenfor, inntar arbeidene i dag en ganske marginal plass i litteraturen om Ryggen.

9 *Adresseavisen*, 30. oktober 1945.

10 Brev til Dyre Vaa, datert 22. mai 1946. Litt senere betrodde Ryggen seg til sin nære venn Baba Schjoldager: «Men jeg har tröttnat på alla om å menn. Viss jeg begynte med disse teppene ville jeg gjøre alt i en fart. Det bli varken allt eller helt med den s.k. oppgaven som det nu är. Jeg må få bedre arbeidsvilkår». Brev datert 19. juni 1945. Begge kilder i Nordenfjeldske kunstindustrimuseums arkiv.

11 *Nationen*, 12. november 1949.

12 Arne T. Holm: «Dekorasjonene i Regjeringsbygget», *Byggekunst* (Oslo: 1-1959), 24.

13 Marit Paasche: «Unfolded. The Monumental Tapestries of Hannah Ryggen», *Hannah Ryggen. Wowen Manifestos*, Frankfurt: Schirn Kunsthalle, 2019, 32.

14 https://ordoguttrykk.wordpress.com/tag/sjolen/

Notes

1 Viksjø was detained at Grini as a prisoner from April 20, 1944. Kielland was at Grini from March 14 to April 30, 1945. *Norsk fangeleksikon: Grinifangene,* Oslo: J.W. Cappelen forlag, 1945, 378, 648.

2 In a new book about Viksjø, Espen Johnsen brings some of this material to light: *Erling Viksjø. Eksperimenter i form og betong*, (Oslo: Pax Forlag, 2020). A selection of the paintings is also available online: https://erlingviksjo.wordpress.com/

3 Op.cit. *Norsk fangeleksikon*, 469. Hans Ryggen was detained initially at Falstad prison camp. He was at Grini from August 11, 1944 until March 13, 1945, when he was transferred again, this time to Mysen concentration camp. Henrik Sørensen and Reidar Aulie were sent to Grini on January 30, 1945, in connection with a Communist-related case. Sørensen was released on February 7, 1945 and Aulie on March 20, 1945.

4 Interview with master painter Arne Pettersen in *Friheten*, January 26, 1990. For a description of life at Grini prison camp during the war, see Ragnvald Jørgensen: *Med blyant på Grini,* Bergen: J.W. Eides forlag, 1945.

5 The involvement with Bang started with a project (not realized) for the Community Building for the Labour Movement in Oslo in 1939. Ryggen describes this in a letter to Else Christie Kielland, dated November 9, 1939. The letter is held in the archives of the National Museum of Decorative Arts (No: *Nordenfjeldske kunstindustrimuseum*) in Trondheim. Kai Fjell and Stinius Fredriksen were also engaged to make artworks for the church.

6 In her biography of Ryggen, *Vi lever på ei stjerne. Ein biografi om Hannah Ryggen*, Oslo: Det Norske Samlaget, 2002, Inga Elisabeth Næss describes the latter as "the salt of life" (102–104). The "salt of the earth" would seem a better fit with the biblical basis for the commission, however: "Jesus said also of his followers. You are the salt of the earth" (Matthew 5:13, Source: Dyre Vaa, unpublished interview/notepad in the National Museum of Decorative Arts (No: *Nordenfjeldske kunstindustrimuseum*) in Trondheim). The author is grateful to Steffen W. Holden for this information.

7 Kaj Munk was a Danish Lutheran pastor, playwright and poet who was openly critical to the Nazi regime and executed by the Gestapo in 1944. Lauritz Sand was a prominent member of the Norwegian resistance during the war, who was captured, imprisoned at Grini and tortured, but did not reveal secret information.

8 After the commission was cancelled, leaving Ryggen free to do whatever she liked with the work, she added a new pictorial field that significantly altered the compositions. In *The Return of the Prodigal Son*, the actual journey undertaken is highlighted through a pattern of dispersed footprints in the lower part of the composition. Lauritz Sand was portrayed as a lifesize figure. With the exception of Inga Elisabeth Næss's book referred to above, today these works occupy a somewhat marginal place in the literature about Ryggen.

9 *Adresseavisen*, October 30, 1945.

10 Letter to Dyre Vaa, dated May 22, 1946. A little later, Ryggen confided to her close friend Baba Schjoldager: «But I've got tired of all the ifs and buts. If I could get going on these tapestries, I could get them all done in a jiffy. It will be neither all nor everything with this so-called commission as it is now. I must get better working conditions." Letter dated June 19, 1945. Both sources are in the archives of the National Museum of Decorative Arts (No: *Nordenfjeldske kunstindustrimuseum*) in Trondheim.

11 *Nationen*, November 12, 1949.

12 Arne T. Holm: «Dekorasjonene i Regjeringsbygget», *Byggekunst* (Oslo: 1-1959), 24.

13 Marit Paasche: "Unfolded. The Monumental Tapestries of Hannah Ryggen», *Hannah Ryggen: Woven Manifestos* Frankfurt: Schirn Kunsthalle, 2019, 32.

14 https://ordoguttrykk.wordpress.com/tag/sjolen/

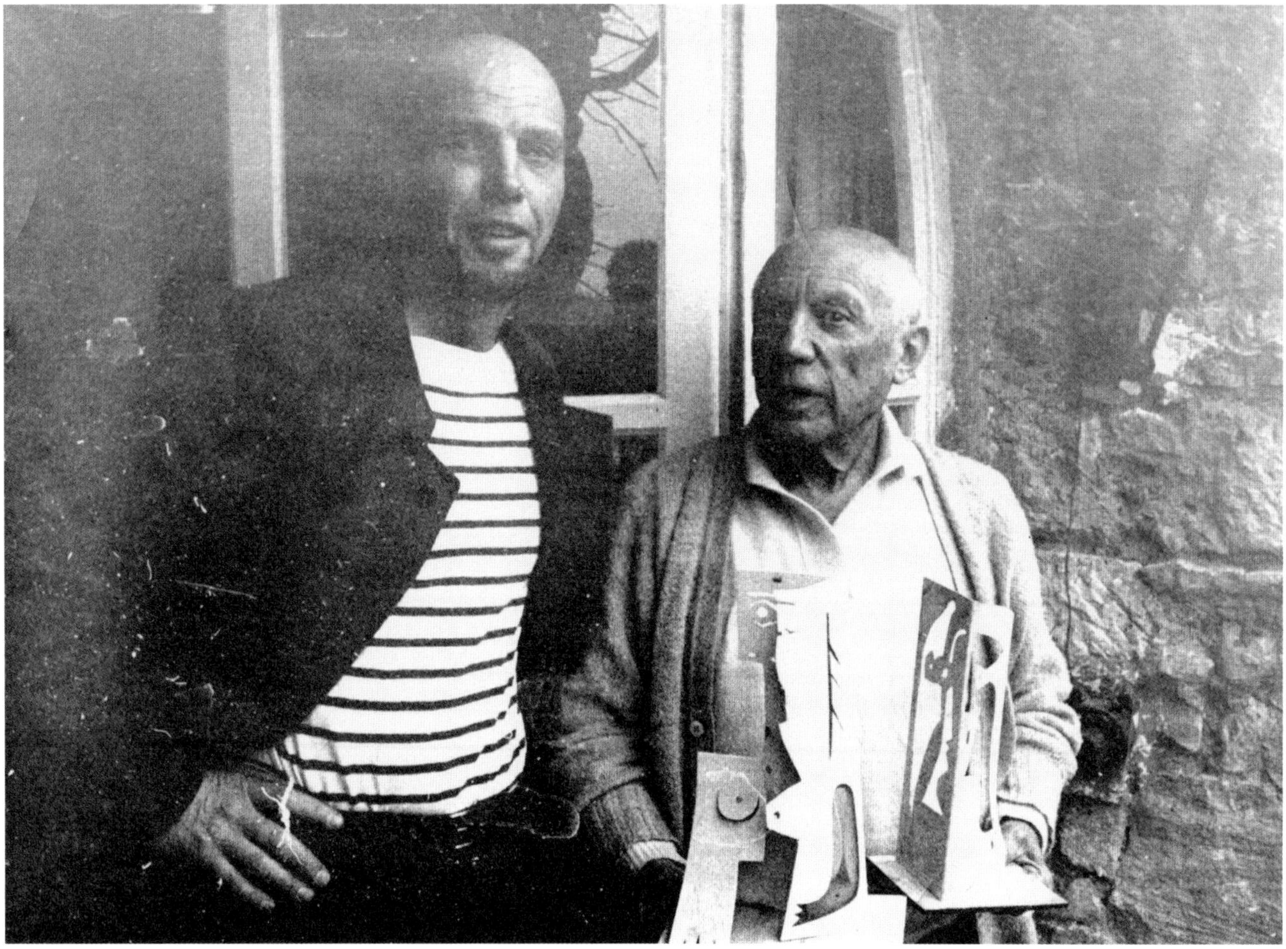

Ill. 59
Carl Nesjar og Pablo Picasso i Frankrike / Carl Nesjar and Pablo Picasso in France. Foto: Erling Viksjø, 1965

Viksjø, Nesjar og Picasso

Øivind Storm Bjerke

Initiativet til å få Pablo Picasso involvert i de kunstneriske arbeidene i Regjeringskvartalet kom fra Erling Viksjø, med Carl Nesjar som sitt sendebud. I forbindelse med utsmykningen av *Y-blokka* er det først og fremst Picassos navn som blir trukket fram. Men egenarten ved arbeidet får vi begrep om ved å se det i lys av samarbeidet mellom aktørene, med Viksjø som dirigenten, Picasso som komponisten og Nesjar som utførende musiker [III. 59].

Det er bred enighet om at bruken av sandblåst naturbetong som materiale for utsmykning av både *Høyblokka* og *Y-blokka* er et sjeldent vellykket eksempel på kunst i det offentlige rom. Det oppfyller ideer knyttet til idealet om å skape en moderne utsmykning av et bygg som en integrert del av det arkitektoniske uttrykket. Gjennom eksponeringen av fasaden sør på *Y-blokka* oppfyller det også et ønske om å bringe den moderne kunsten ut til folket.

I utsmykningen møtes altså to diskusjoner om kunstens rolle i samfunnet, begge karakteristiske for den første etterkrigstiden: Den ene tar for seg forholdet mellom kunstnerisk utsmykning og bygning i lys av et ideal som bryter med at kunstens rolle ikke reduseres til å smykke bygningen, men bidrar til det arkitektoniske uttrykk. Dette krever en arbeidsmetode der arkitekt og kunstner må inngå i et samarbeid, helst fra planstadiet. Den andre tar for seg forholdet mellom kunst og publikum, ved at kunsten ideelt sett skal være tilgjengelig for alle. Ved å gi kunsten en framtredende plass som del av et offentlig bygg

Viksjø, Nesjar and Picasso

Øivind Storm Bjerke

The initiative to secure Pablo Picasso's involvement in the art projects for the new Norwegian government buildings came from Erling Viksjø, with Carl Nesjar as go-between. In discussions about the decorations created for *Y-blokka* (The Y-Block), Picasso's name is usually mentioned most prominently. But the distinctive nature of the projects is easiest to understand if we consider them as a collaboration between the parties involved, with Viksjø as the director, Picasso as the composer, and Nesjar as the performer [III. 59].

There is broad agreement that the use of sandblasted *naturbetong* as the material for the artworks for both the *Høyblokka* (The Highrise) and the *Y-blokka* was crucial to the unusual success of this public art enterprise. It satisfied the Modernist ideal that the artistic decorations for a building should form an integral part of the architectonic expression. Because of the orientation of the southern façade of the *Y-blokka*, it also fulfilled an ambition to bring modern art out into the public realm.

Accordingly, the murals exemplify an encounter between two theories about the societal role of art, both of which were current during the early postwar years. One theory addressed the relationship between artistic decorations and buildings, arguing that art should not be reduced to merely decorating buildings, but should rather contribute to the architectonic expression. This approach required the architect and artist to enter into a collaboration, preferably from the initial planning stage. The other theory addressed

med en sentral plassering i bybildet, oppfylte utsmykningen av fasaden på *Y-blokka* begge disse idealene.

Bakgrunnen for Nesjars rolle i utsmykningen av regjeringsbygningene

Nesjars tette bånd mot samtidens norske og franske kunstscene var forutsetningen for rollen han fikk i utsmykningen av regjeringsbygningene. Med bakgrunn fra kunststudier i USA og Norge, var det en selvfølge for Nesjar å søke ut over et norsk miljø da han i årene 1950–56 i hovedsak oppholdt seg i Frankrike og Spania. Sammen med Inger Sitter var han i Spania våren og sommeren 1955. I Norge var paret blitt kjent med Ramon Isern, som flyttet til Norge i 1954. I Spania kom de i kontakt med lokale modernister, med Antoni Tàpies i spissen.[1] Den spanske forbindelsen var altså etablert allerede før kontakten med Picasso. I Paris vanket Nesjar og Sitter med Anna-Eva Bergman, Hans Hartung, Zao Wou-Ki, Pierre Soulages og en ny generasjon radikale, unge kunstnere og intellektuelle.

Nesjar tok i 1956 kontakt med foreningen Aktuell kunst, med tanke på å overtale dem til å kjøpe grafiske opplag utført av hans venner i Paris.[2] Foreningen var dannet av medlemmer av Arbeiderpartiet og et resultat av tanken om å bringe samtidskunsten ut i det moderne arbeiderhjem, til en rimelig pris. Arbeiderpartiets tradisjon med å bruke moderne kunst som symbolsk uttrykk for en ny tid, gikk tilbake til mellomkrigstiden. Den fikk sin kulminasjon med den modernistiske utforming av regjeringsbygningene.

Styret i Aktuell kunst var skeptisk til tanken på å kjøpe grafikk fra unge franske kunstnere, men mente at det ville være en god idé å forsøke å overtale Picasso til å lage et litografi. Nesjar mente ideen var urealistisk, men da Viksjø fikk høre om planen, oppmuntret han Nesjar til å gjøre et forsøk på å kontakte Picasso. Han ønsket at Nesjar samtidig skulle presentere Picasso for forsøkene som var gjort med naturbetong med tanke på muligheten av at han skulle benytte teknikken i eget arbeid.[3] Nesjar fikk audiens hos Picasso 20. januar 1957, og Picasso påtok seg oppdraget med å lage et litografi mot foreningens standardhonorar på kr 6000. Nesjar fikk også anledning til å vise fotografier Viksjø hadde sendt med ham og som viste eksperimenter

the relationship between art and the general public, arguing that art should ideally be accessible to all. By giving art a prominent place as a part of a public building with a central location in the urban landscape, the decoration on the *Y-blokka*'s façade satisfied both of these ideals.

The background to Nesjar's role in the art for the new government buildings

Nesjar's close links with the contemporary Norwegian and French art scenes were crucial for the role assigned to him in the commissioning of the artworks for the new government buildings. Given his background of art studies in the United States and Norway, it seemed obvious to Nesjar that he should look beyond Norwegian circles in 1950–56, when he was living mainly in France and Spain. He and Inger Sitter spent the spring and summer of 1955 together in Spain. In Norway, the couple had got to know Ramon Isern, a Spanish artist who had moved to Norway in 1954. In Spain they came into contact with local Modernists, of whom the most prominent was Antoni Tàpies.[1] Accordingly, this Spanish connection was established even before contact was made with Picasso. In Paris, Nesjar and Sitter spent time with Anna-Eva Bergman, Hans Hartung, Zao Wou-Ki, Pierre Soulages and a new generation of radical young artists and intellectuals.

In 1956, Nesjar contacted the Norwegian art club *Aktuell kunst*, with the idea of persuading it to purchase editions of prints made by his friends in Paris.[2] *Aktuell kunst* had been founded by members of the Labour Party, who aimed to bring contemporary art into modern working class homes, at a reasonable price. The Labour Party's tradition of using modern art to symbolize the arrival of a new era went back to the interwar years and culminated with the Modernist designs of Oslo's government buildings.

The board members of *Aktuell kunst* were sceptical about buying prints by young French artists, but were interested in persuading Picasso to create a lithograph. Nesjar thought this plan was unrealistic, but when Viksjø heard about it, he encouraged Nesjar to attempt to contact Picasso. He wanted Nesjar to take the opportunity also to show Picasso the experiments that had been conducted with *naturbetong*, with a view to his potentially using the technique for a new work.[3] Nesjar was granted an audience with Picasso on 20 January 1957, and Picasso accepted the commission to create a lithograph for the society's standard fee of NOK 6,000. Nes-

med å overføre tegninger til sandblåste flater. Vi vet ikke hvilke fotografier som ble framvist, men Picasso ble begeistret for det han så. Da Nesjar besøkte ham mot slutten av juni 1957, i forbindelse med at Picasso skulle signere de 270 eksemplarene av fargelitografiet *Tete de Femme / Kvinnehode* [ill. 60], med et kvinnehode i profil, fikk han tegningene til «Stranden» og «Fiskerne» med seg tilbake til Viksjø. De skulle utføres som et eksperiment, og dersom Picasso var fornøyd, skulle de bli stående. Vurderingen fant sted på grunnlag av fotografier.[4] I det videre samarbeidet mellom Picasso og Nesjar ble verkenes plassering og godkjenningen av de ferdige arbeidene foretatt på grunnlag av fotografier som Picasso signerte og attesterte med Nesjars navn.[5] [ill. 61, 62] Arbeidsmåten ble ført videre til alle prosjektene Nesjar og Picasso senere hadde sammen. Det er uvisst om det var Viksjøs eller Nesjars idé å bruke fotografi på denne måten, men uansett falt det naturlig for Nesjar. Han viste seg som en meget dyktig og avansert fotograf allerede i bildene han tok under sine studier ved Pratt Institute i New York i 1936–38, der han hadde lyttet til forelesninger om fotografi av blant andre László Moholi-Nagy.[6] Vi mer enn aner at Moholy-Nagys innflytelsesrike bøker *Malerei, Photographie, Film*, 1925 og *The New Vision, from Material to Architecture*, 1932 har preget Nesjars fotografiske billedspråk og tilnærming til de ulike kunstformer allerede fra denne tiden.

jar also took the opportunity to show Picasso the photographs Viksjø had sent with him, showing experiments with transferring drawings to sandblasted concrete surfaces. We do not know which photographs were involved, but Picasso was enthusiastic about what he saw. Towards the end of June 1957, Nesjar visited Picasso again in connection with the signing of the 270 impressions of his colour lithograph *Tete de Femme* [ill. 60], depicting a woman's head in profile, for *Aktuell Kunst*. During this visit, Picasso also gave Nesjar drawings for *Stranden* (The Beach) and *Fiskerne* (The Fishermen) to take back to Viksjø. These were to be sandblasted onto the buildings as an experiment, and if Picasso was happy with the results, the decorations would remain in place. Picasso's evaluation of the results was based on photographs.[4] In the further collaborations on the government buildings between Picasso and Nesjar, the positioning of the works and the approval of the final results was conducted by means of photographs that Picasso signed and certified with Nesjar's name.[5] [ill. 61, 62] This method of working continued in all the later collaborations between Nesjar and Picasso. We do not know whether it was Viksjø's or Nesjar's idea to use photography in this way, but in any event the approach came naturally to Nesjar. He had already proved himself to be a highly competent and progressive photographer in the pictures he took while studying at the Pratt Institute in New York in 1936–38, where he had attended lectures on photography by László Moholy-Nagy, among others.[6] It seems very likely that Moholy-Nagy's influential books *Malerei, Photographie, Film*, 1925 and *The New Vision, from Material to Architecture*, 1932, from early on had an impact on the visual language of Nesjar's photography and his approach to different forms of visual art.

Picassos fem motiver

De fem motivene Picasso forsynte Nesjar og Viksjø med, er knyttet til viktige arbeider av ham fra 1950-tallet, men motivene relaterer seg ikke åpenbart til et program knyttet til utsmykningens innhold. Et unntak er bildet av fiskerne, som kan knyttes til fiskeriets store rolle i både oppfatningen av Norge og i landets økonomi. Det første motivet som ble benyttet i *Høyblokka*, var basert på triptyket «Satyr, Faun og Kentaur», der hver av figurene i originalen er tegnet på separate lerreter [ill. 63]. Kentauren, som er betydelig større enn de øvrige figurene, ble fjernet av Nesjar. Picasso aksepterte det, var godt fornøyd

Picasso's five motifs

The five motifs that Picasso supplied to Nesjar and Viksjø for the government-building decorations were linked to some of his major works from the 1950s, but the motifs were not related to any defined programme for the content of the works. An exception is the image of the fishermen, which can be linked to the major importance of fisheries both for Norway's image internationally and the country's economy. The first motif, which was used in the *Høyblokka*, was based on Picasso's triptych *Satyr, Faun and Centaur*, in which each of the figures appeared on a separate canvas [ill. 63]. The centaur, which

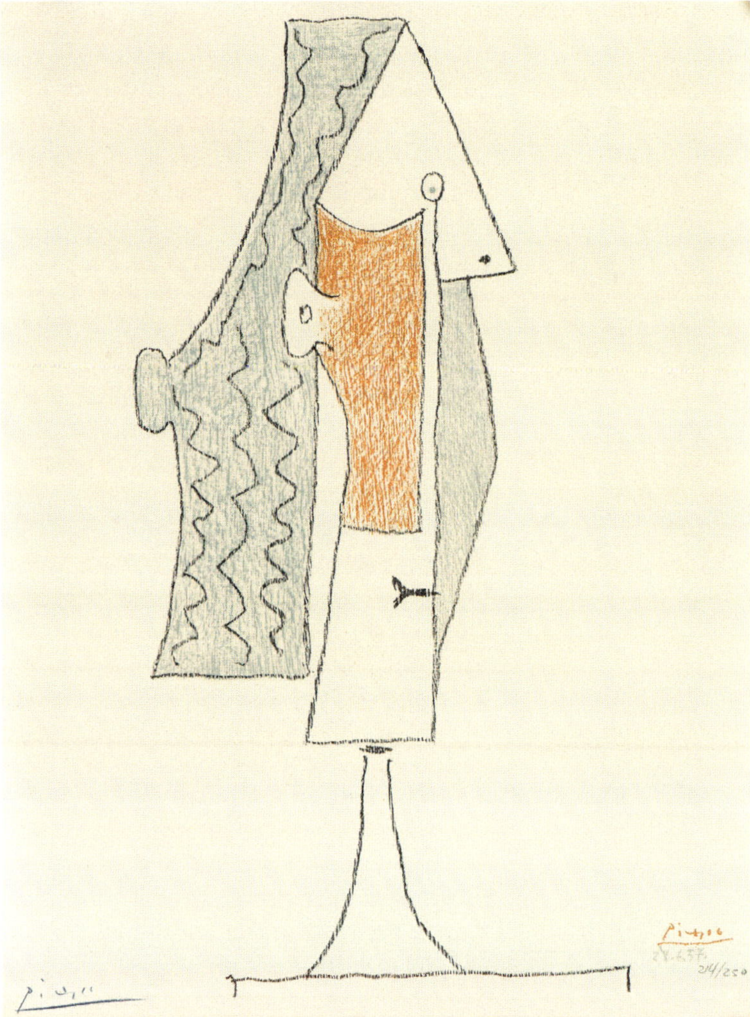

Ill. 60
Pablo Picasso: *Tete de Femme / Kvinnehode*, 1957, litografi, 60,8 × 38 cm / 66 × 50,5 cm. Produsert av Landslaget Aktuell Kunst. Foto: Grev Wedels auksjoner

Ill. 61
Fra arbeidet med Pablo Picassos utsmykning *Stranden* i *Høyblokka* / Work in progress on Pablo Picasso's site-specific artwork "The Beach" at *Høyblokka*. Foto: Carl Nesjar. Nasjonalmuseet, NAMF.00603.036

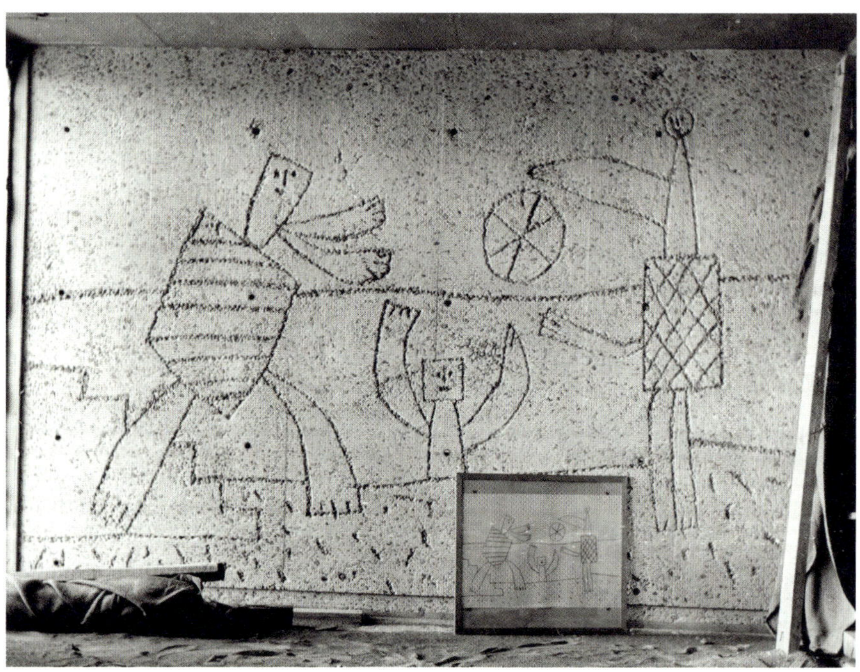

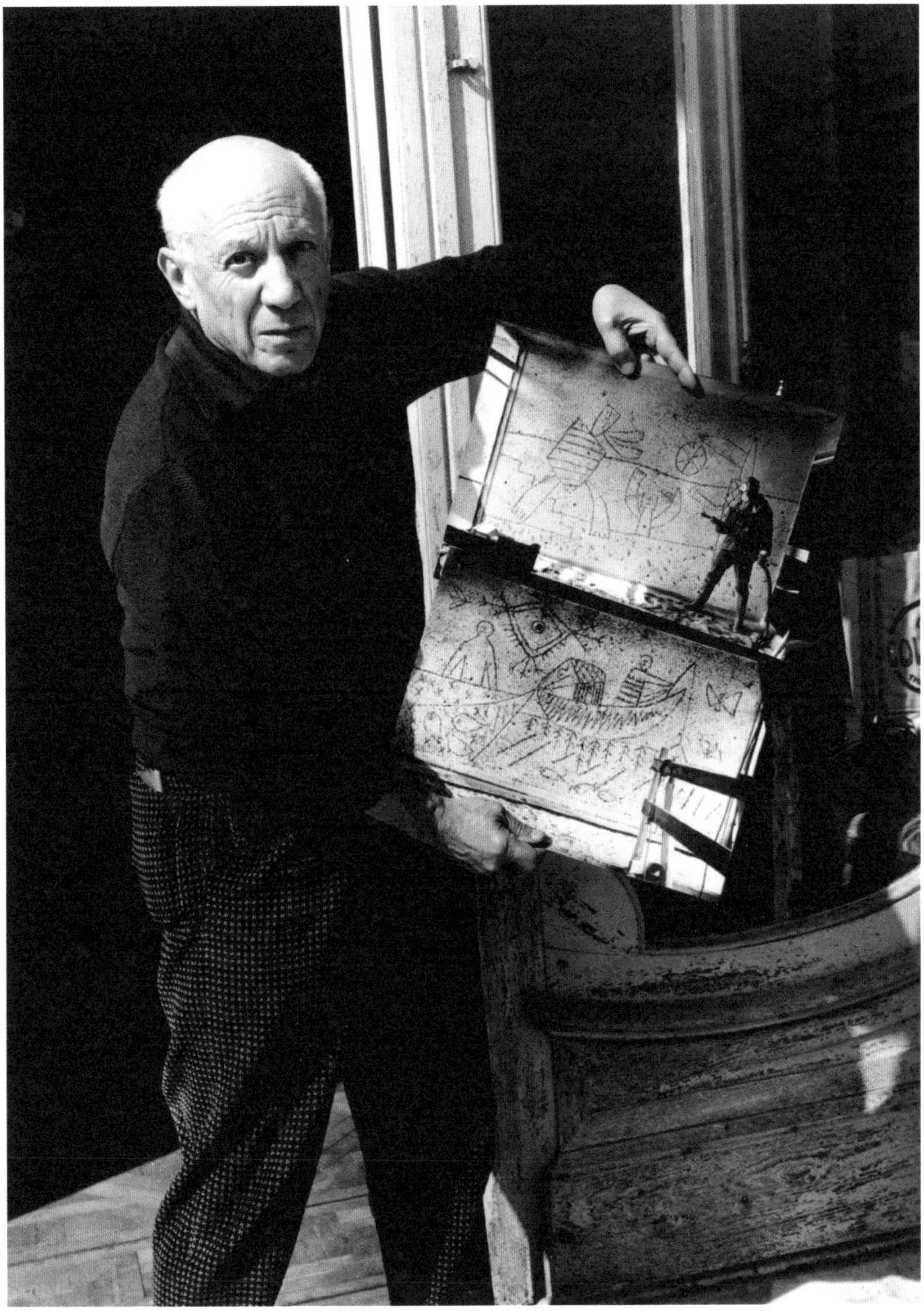

Ill. 62
Pablo Picasso med billedmateriale knyttet til *Høyblokka* /
Pablo Picasso with photos of work in progress at *Høyblokka*.
Foto: Carl Nesjar. Nasjonalmuseet NAMF.00603.057

Ill. 63 (neste oppslag / next spread)
Erling Viksjø ved utførelsen av Pablo Picassos verk *Satyr, Faun og Kentaur* i *Høyblokka* / Erling Viksjø beside one of the Picasso works at *Høyblokka*. Fotograf ukjent (unknown photographer). Nasjonalmuseet NAMF.00603.076

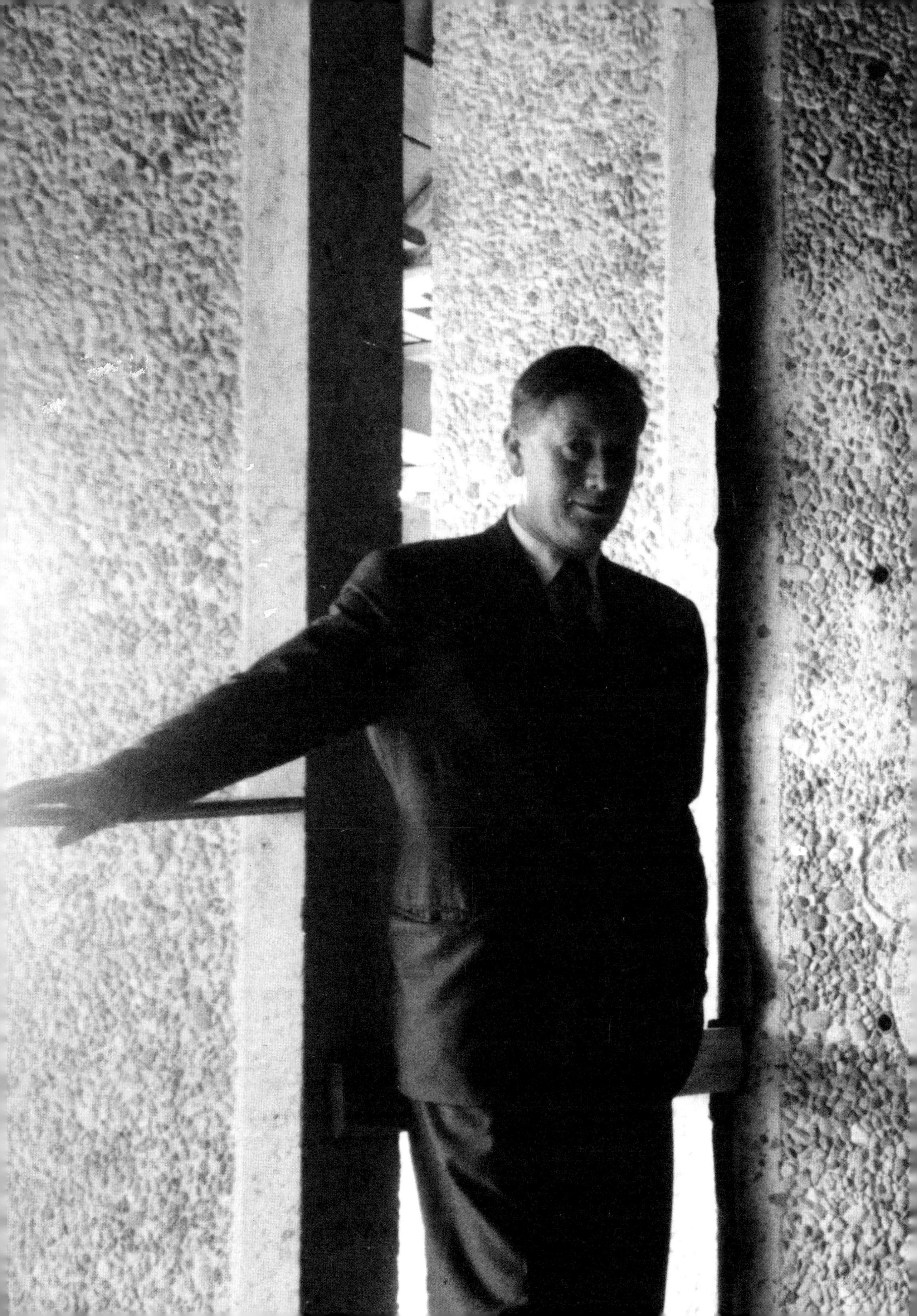

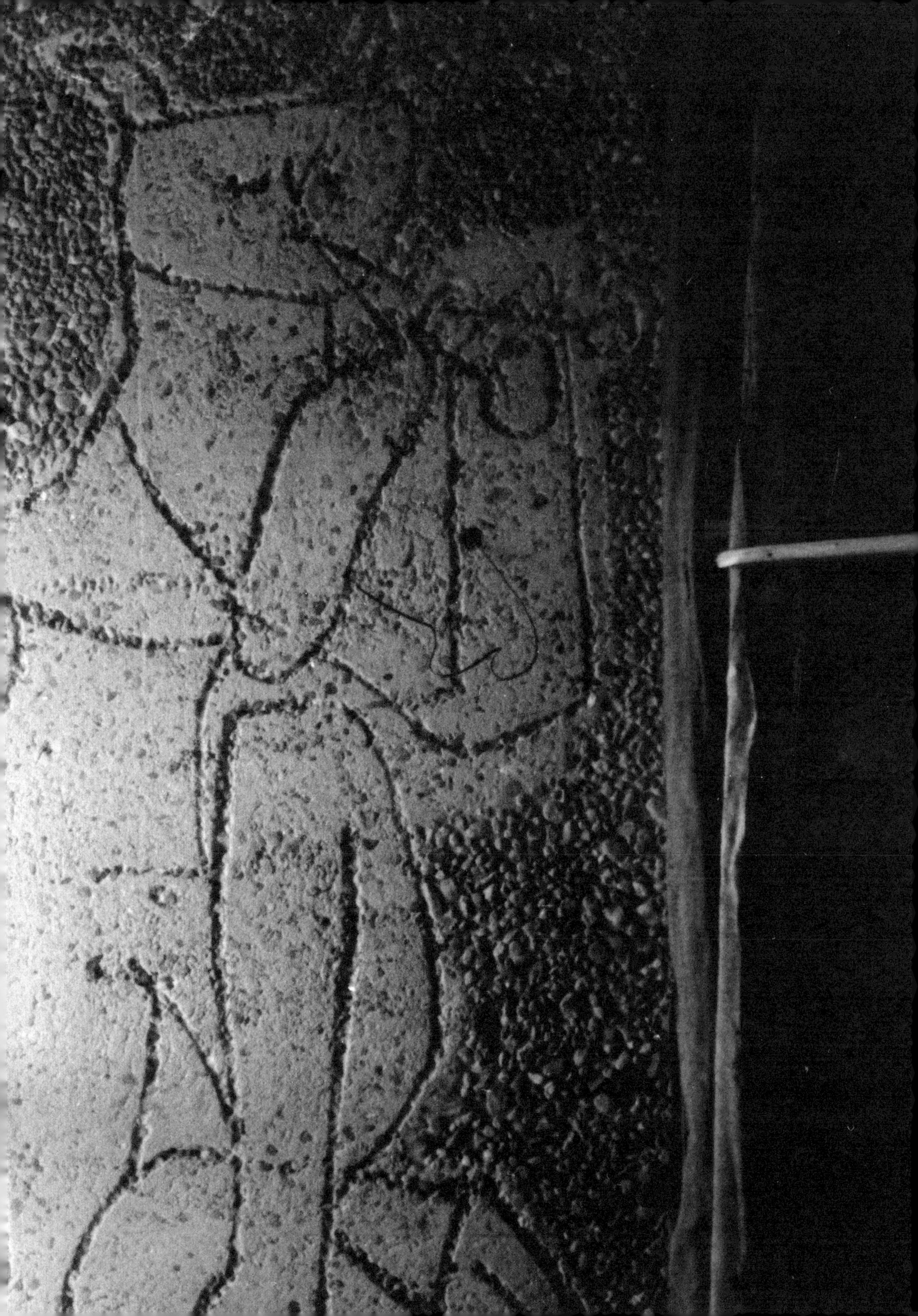

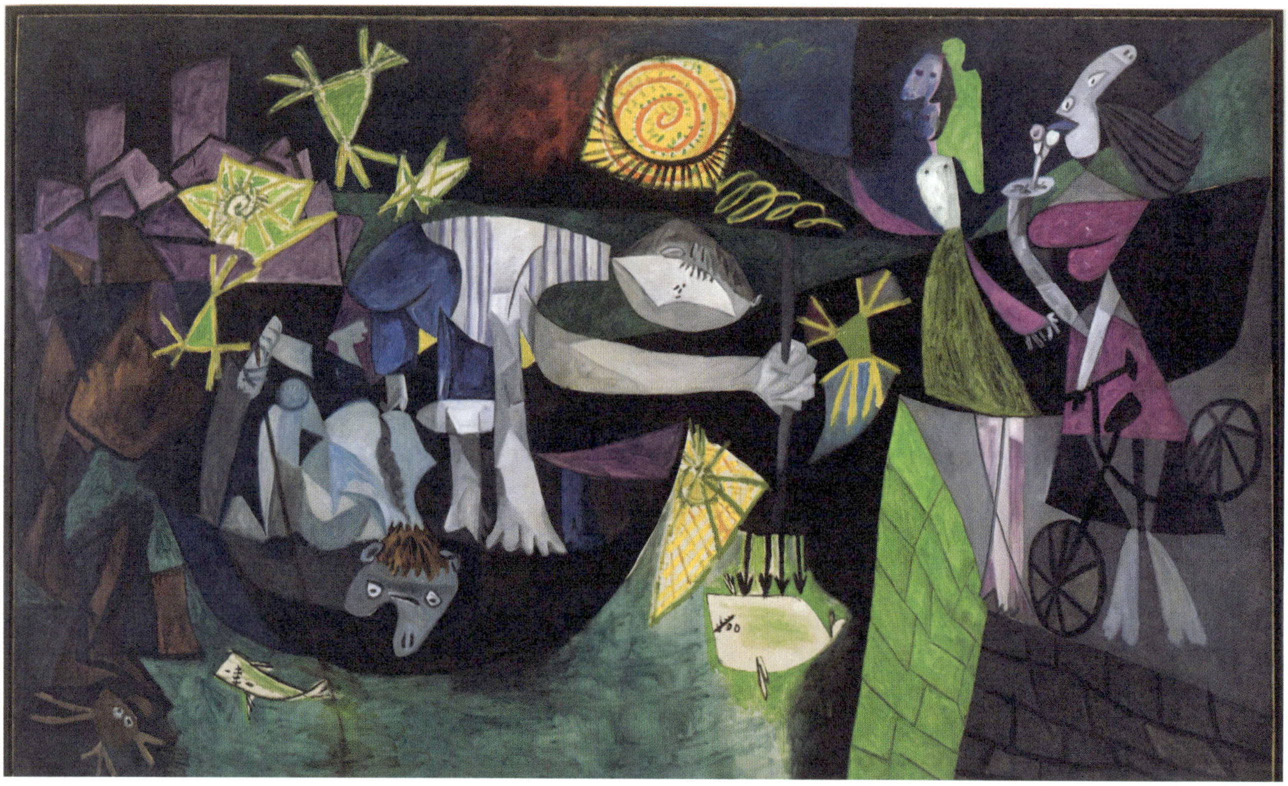

Ill. 64
Pablo Picasso: *Nattfiske i Antibes / Night Fishing at Antibes*, 1939, olje på lerret, 205,8 × 345,4 cm. Mrs. Simon Guggenheim Fund, MoMA. © 2020 Estate of Pablo Picasso / ARS, New York. Foto: The Museum of Modern Art, New York / Scala, Firenze

med eksperimentet og ga grønt lys for å fortsette arbeidet. Da Picasso og Nesjar møttes i 1957, hadde Picasso nylig avsluttet en gruppe badere skåret ut som plane skiver av finér, som han samlet til et tablå av figurer på en strand. Han utførte også malerier og tegninger knyttet til motivet.[7] Det tredje motivet viser fiskere og knytter seg stilistisk til arbeidet med de plane figurene han eksperimenterte med i metall på samme tid, mens det motivisk er knyttet til det monumentale maleriet «Lystring» (*Nattfiske i Antibes*), fra 1939 [ILL. 64]. Disse to motivene ligger tett opp mot forleggene i den endelige utførelsen. De to siste motivene ble først sandblåst da de ble aktuelle for *Y- blokka*; fiskerne på fasaden og måken som fanger en fisk i resepsjonen. Stilistisk er begge arbeidene tett knyttet opp mot de øvrige tre.

was significantly larger than the other figures, was removed by Nesjar when the image was sandblasted onto the wall. Picasso accepted this decision, was very pleased with the result of the experiment, and gave a green light for work to continue. When Picasso and Nesjar met in 1957, Picasso had recently finished making a group of bathers cut out of flat sheets of plywood, which he brought together to form a tableau of figures on a beach. He had also created paintings and drawings linked to this beach tableau and these formed the basis for the second motif.[7] The third motif depicts fishermen and is linked stylistically to Picasso's contemporaneous experiments with making figures out of flat sheets of metal, but in its subject it is linked to his monumental painting *Night Fishing at Antibes*, from 1939 [ILL. 64]. The sandblasted versions of these second and third motifs, as finally executed, are very close to Picasso's original sketches. Picasso's two final motifs were sandblasted only when they became relevant for the *Y-blokka*: the fishermen on the façade and the gull catching a fish in the reception area. Stylistically, both these works are closely linked to the other three.

Tre selvstendige aktører i samarbeid om materialiseringen av en idé

Overføringen fra Picassos tegninger til vegg krevde visse omforminger og endringer. De er resultat av et samarbeid, men et samarbeid der Picasso hadde sanksjonsmyndighet. Om arbeidet skriver Nesjar: «Picasso har alltid erkjent at et slikt samarbeid er et fifty-fifty-foretagende og stilte meg fritt med hensyn til detaljoppbyggingen. Det var ikke spørsmål om noe så forholdsvis enkelt som å kopiere i en annen målestokk. Utkastene måtte rett og slett gjenskapes i et annet materiale.»[8]

Nesjar var velkjent med arbeidsdeling mellom «skapende» og «utførende» parter i prosjekter, gjennom sin far, Olaf Carlsen, i rollen som ingeniør. Det ligger i dette en forskyvning av oppfatningen av hva som kan – og kanskje også bør – ligge i kunstnerrollen i samspillet mellom Viksjø, Nesjar og Picasso, fra ensidig å legge vekt på idéskaperen til å skape en balanse mellom oppdragsgiver, i dette tilfellet Viksjø, idéskaper og utførende aktør, i dette tilfellet Nesjar, og de håndverkerne han impliserte i arbeidet. En oppdeling som også er resultat av en arbeidsdeling knyttet til de ulike fasene av en produksjon. Forståelse av egen rolle i produksjonen danner en forutsetning for at samarbeidet kunne

Three independent actors collaborating to realize a concept

Transferring Picasso's drawings onto walls necessitated certain modifications. The murals are the result of a collaborative process, but a process where Picasso had the right of veto. Nesjar wrote about the process: "Picasso had always recognized that this kind of collaboration is a 50:50 enterprise, and gave me a free hand with regard to details. It wasn't a question of anything so relatively simple as making a copy at a different scale. Quite simply, the sketches had to be recreated in a different material."[8]

Nesjar was very familiar with the allocation of work between the "creative" and "technical" parties in projects through his father, Olaf Carlsen, who was an engineer. In this situation, the perception of the possible, or perhaps indeed proper, role of artist in the collaboration between Viksjø, Nesjar and Picasso shifted. From a model that unilaterally attributed importance to the concept-creator, the collaboration shifted to creating a balance between Viksjø as the commissioning party, Picasso the concept-creator and Nesjar and his technical crew as the performers. This division also resulted from the division of labour linked to the different phases of the production. An understanding of one's own role in the

gå så godt. Nesjar var ikke den eneste Picasso gjennom sitt liv som kunstner gikk inn i denne typen symbiotisk forhold til. Som ung hadde han samarbeidet tett med Georges Braque om utviklingen av kubismen og av collage-teknikken, og senere arbeidet han tett sammen med billedhuggeren Julio González om utvikling av jernskulpturer i 1928.

Ideen om kunstverket som et produkt av en kollektiv innsats, der den enkelte kunstner samarbeider tett med en gruppe andre kunstnere og teknisk kyndige aktører knyttet til produksjon, med en tydelig arbeidsdeling mellom aktørene, ser ut til å ha vært motiverende for Nesjar. Flere av hans største innsatser er knyttet til kunstneriske produkter som var et resultat av at han arbeidet med teknikker som i større og mindre grad krevde et samarbeid. Eller han opptrådte i rollen som den som utførte verket på bakgrunn av andres skisser. Det gjelder generelt for sandblåsingen i regjeringsbygningene med utgangspunkt i utkast av Viksjø, Picasso, Sitter, Tore Haaland og Odd Tandberg. Også hans arbeid med fotografi, film, grafikk og helårsfontener kan betraktes i et perspektiv av at han foretrekker kunstformer som krever involvering og assistanse av andre.

Debatt rundt offentliggjøringen av Picassos deltakelse i utsmykningen 8. mai 1958

Picassos navn har i ettertid tilført utsmykningen av *Høyblokka* og *Y-blokka* betydelig kulturell kapital. Men verken dette eller den presumptive pengeverdien av Picassos signatur ble brukt som noen brekkstang for å få det nødvendige tilsagn for det relativt betydelige beløpet som gikk med til utsmykningen. Picasso tok prinsipielt ikke betalt for de verker han stilte til disposisjon for offentlige monumenter. Kostnadene var knyttet til materialer og lønn. Dette var et prinsipp han la til grunn første gang i forbindelse med utførelsen av *Guernica*, som skildrer den tyske terrorbombingen av den baskiske byen. Verket var Picassos bidrag til utsmykning av republikken Spanias paviljong på Verdensutstillingen i Paris 1937 [ill. 65]. Utsmykningen av *Høyblokka* og *Y-blokka* var ikke forankret i noen konkurranse, og det var nok viktig å holde en lav profil så langt man kunne av hensyn til dette faktum. Det var

production process was crucial for ensuring a successful collaboration. Nesjar was not the only person with whom Picasso entered into this kind of symbiotic relationship during the course of his career. As a young man he had collaborated closely with Georges Braque on the development of Cubism and their collage technique, and later, in 1928, he had worked closely with the sculptor Julio González on the development of iron sculptures.

The idea of an artwork as the product of a collective endeavour, where the individual artist collaborates closely with a group of other artists and technical specialists in the production process, with a clear division of labour between the different parties, seems to have been motivating for Nesjar. Several of his greatest achievements were linked to projects that were the result of his work with techniques that required collaboration, to a greater or lesser extent, or in which he assumed the role of the party who fabricated the work based on sketches made by others. This latter approach applies generally to the projects that involved sandblasting on the government buildings, taking as his starting point sketches by Viksjø, Picasso, Sitter and Tore Haaland. Nesjar's work with photography, film, printmaking and all-weather fountains can also be considered from the perspective that he preferred working in media that required the involvement and assistance of others.

Debate following the revelation on 8 May 1958 of Picasso's involvement in the murals

Over time, Picasso's name has endowed the artworks commissioned for the *Høyblokka* and the *Y-blokka* with significant cultural capital. But neither this recognition nor the presumptive monetary value of Picasso's signature was used as a lever to gain the necessary approval for the relatively large sum of money needed for the artworks. These significant costs related to materials and wages. Picasso himself had a principle of not taking payment for works he made available for public monuments. He had first adopted this principle in connection with the creation of *Guernica*, which depicted the German terror bombing of the Basque town of the same name. The painting was Picasso's contribution to the Spanish Republican government's pavilion at the Paris World Exposition in 1937 [ill. 65]. The decorations for the *Høyblokka* and the *Y-blokka* were not the result of any kind

ikke ønskelig at det kom opp en diskusjon om prosessen rundt utsmykningen.

Uansett hvor berømt Picasso allerede var, representerte han en modernisme som fortsatt ikke hadde noen generell folkelig aksept. Dessuten kunne det brukes som et argument mot ham at han var kommunist. De kommunistiske partiene var av de ledende skikkelser i Arbeiderpartiet sett på som en ideologisk hovedfiende. Picasso var medlem av det franske kommunistpartiet fra 1944 fram til sin død. En forbindelse som mange franske intellektuelle hadde på denne tiden. Picassos modernisme, og hans kommunisme, var imidlertid ikke det som ble trukket fram da det oppsto debatt om at han skulle bidra til utsmykningen.

Involveringen av Picasso ble offentlig kjent da *Dagbladet* offentliggjorde det på førstesiden 8. mai 1958 under overskriften «Picasso dekorerer Regjeringsbygget i Oslo. Tre store veggflater i arbeid, muligens en fjerde» og ingressen: «Hemmelige forhandlinger i ett år under dekknavnet Pedersen». Nyheten ble illustrert av et fotografi av Picasso med tegningen av badere på en strand. Inne i avisen var det en stor reportasje, illustrert med bilder av veggene under arbeid, med referanser til Nesjar som viser Picasso som hovedinformant om nyheten. To dager senere, 10. mai, meldte *Aftenposten* på forsiden at «Rasende Picasso husker ikke avtale om Regjeringsbygget. Alt arbeide med Picasso-motiver innstilles i Regjeringsbygget.» Det framgår at det som gjorde Picasso rasende, var at en rekke franske aviser hadde slått saken opp, og han kunne ikke huske at han hadde gitt noe tilsagn til et slikt dekorasjonsoppdrag. Hans galleri, Galleri Louis Leiris, istemte at et slikt oppdrag var ukjent for dem, og at de i så fall ville ha kjent til saken. Viksjø påpekte at Picasso antakelig hadde oppfattet *Dagbladet* slik at han hadde utført dekorasjonen under dekknavnet Pedersen i Oslo, og at det var dette som gjorde ham rasende, og som han dementerte.

Fra kunstnerhold kom to innvendinger av prinsipiell natur, som fortsatt har relevans for debatten om kunstnerisk utsmykning. Den ene rettet seg mot hemmeligholdelse av prosessen og at den kunstfaglige vurderingen ikke fulgte en oppsatt og avtalt prosedyre, noe som senere ble innført ved utsmykning av offentlige bygg. Den andre innvendingen var at det ferdige verket ble utført på grunnlag av en tegning av Picasso uten opphavsmannens deltakelse i den fysiske utførelsen.[9] Nesjar og Viksjø skriver i en redegjørelse for arbeidet at «Det ligger i sakens natur at Picassos dekorasjoner ikke kan betraktes som

of competition, a fact which no doubt made it important to keep as low a profile as possible. Any kind of public debate about the process regarding the decorations would have been undesirable.

Even though Picasso was already quite famous at the time, he represented a kind of modern art that had still not gained general public acceptance. In addition, an argument that could be used against him was that he was a communist. Leading figures in the Norwegian Labour Party saw communist parties as their main ideological enemy. Picasso was a member of the French Communist Party from 1944 until his death. Many French intellectuals were also party members at that time. Picasso's modernism, and his communism, were not however the main focus of the debate that emerged about whether he should contribute art for the buildings.

Picasso's involvement in the project became public knowledge when the daily newspaper *Dagbladet* ran the story on its front page on 8 May 1958 with the headline "Picasso decorates the Government Building in Oslo. Three large wall surfaces in progress, possibly a fourth". The introduction read: "Secret negotiations for a year under the pseudonym Pedersen". The story was illustrated with a photograph of Picasso with a drawing of bathers on a beach. Inside the newspaper there were extensive reports, illustrated with photographs of the murals in progress, with references to Nesjar that point to Picasso as the main source of the story. Two days later, on 10 May, another daily newspaper, *Aftenposten*, announced on its front page that "A furious Picasso does not remember an agreement for the Government Building. All work on the Picasso motifs is halted in the Government Building". It appears that the reason for Picasso's fury was that a number of French papers had taken up the story, and he could not remember having given any consent to such a decorative commission. Picasso's gallery, Galleri Louis Leiris, commented that they knew nothing about any such commission, and that if there had been an agreement, they would have known about it. Viksjø asserted that Picasso had probably understood *Dagbladet* as reporting that he had created the Oslo decorations using Pedersen as a pseudonym, and that it was this reporting that had made him furious and that he was denying.

Artists put forward two principled objections to the project, both of which are still relevant to debates about public art. One objection concerned the secrecy of the process and the failure to adhere to a formal and agreed procedure of expert artistic evaluation. Subsequently, such

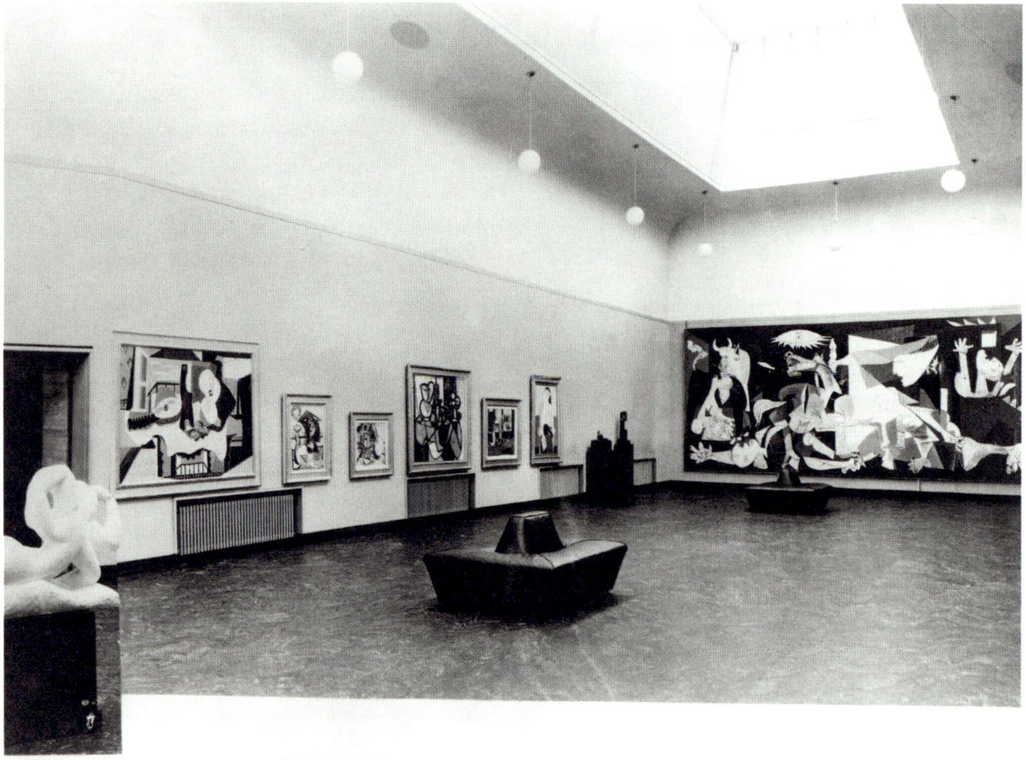

Ill. 65
Pablo Picassos *Guernica*, 1937, utstilt i Kunstnernes Hus i Oslo (til høyre), 1938 / Exhibited at Kunstnernes Hus in Oslo, 1938. Foto: O. Væring

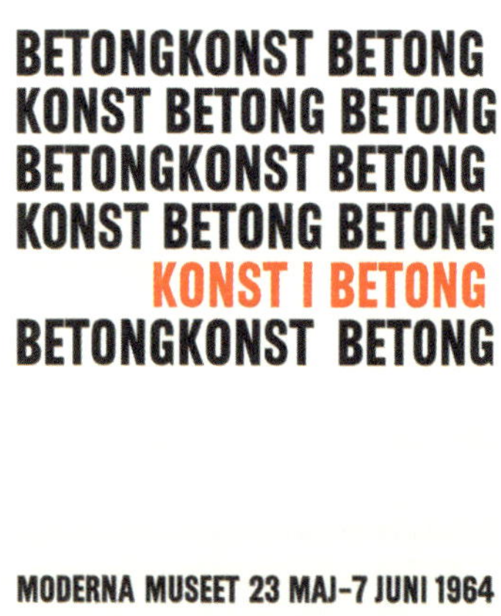

Ill. 66
Plakat til utstillingen «Kunst i betong» i Moderna Museet 1964 / Poster for the exhibition «Kunst i betong» (Art in Concrete) at Moderna Museet 1964. Foto: Moderna Museet, Stockholm

Ill. 67
Gösta Hammarlund: *Erling Viksjø & Carl Nesjar*, tegning publisert i *Dagbladet* 7. juni 1958 / Drawing published in the newspaper *Dagbladet* June 7, 1958. Foto: Nasjonalbiblioteket

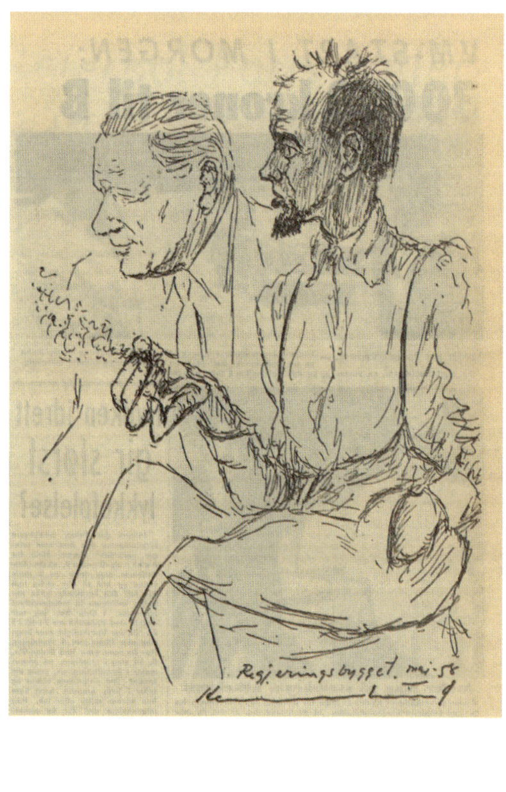

originalarbeider for så vidt som Picasso ikke har utført selve sandblåsingen, eller vært tilstede under arbeidet».[10] Odd Hølaas gikk i rette med forståelsen av de sandblåste tegningene som «kopier» i artikkelen «Et kunstartenes konglomerat» og påpeker at innenfor en rekke kunstformer som grafikk, teppekunst og arkitektur, er utgangspunktet arbeidstegninger som legges til grunn for den materialisering som er det ferdige kunstverket.[11] [ILL. 67]

Utsmykning i et grenseland mellom flate og rom

I katalogen for utstillingen «Kunst i betong», vist i Stockholm og Oslo 1964–65, vies omtale og gjengivelse av Nesjars arbeider bred plass [ILL. 66]. Omslaget til den norske publikasjonen gjengir en detalj fra relieffet «OUI», på en frittstående vegg oppført for utstillingen i Stockholm 1964. Blant de øvrige illustrasjonene er et relieff fra 1956, som i billedteksten blir omtalt som det første eksemplet på kunst i naturbetong. Dette er et av prøverelieffene som ble laget for å demonstrere teknikken for Viksjø. Komposisjonen bygger på en figur som går igjen i samtidens norske maleri; flaten deles inn på en måte som skaper en tydelig markering av vertikale og horisontale akser med flatens midtpunkt som krysningspunktet. Nesjar graderer overflatevirkningen mellom partier der overflaten av betong står ubearbeidet og glatt – og frilegging av singelen i varierende grad i ulike partier. I ett felt blir kontrasten tematisert ved at han risser et felt med horisontale striper av betong der vi skimter den frilagte singelens runde former i det underliggende laget. De figurative innslagene i bidragene fra Kai Fjell og Picasso skiller dem ut fra hva kunstnerne i Nesjars egen generasjon strebet etter, men spiller på de samme materialeffektene som gjør seg gjeldende i de abstrakte arbeidene fra den unge generasjonens hånd. Den konstruktivistiske formen framhevet hvordan den nye teknikken tillot kunstneren å arbeide med de estetiske effektene som kom fram i møtet mellom materialet og lyset. Det reiser spørsmålet om hvilken betegnelse dette nyskapende bidraget til europeisk kunst skulle gis.

procedures were introduced for art for public buildings. The other objection was that the finished works were created on the basis of a drawing by Picasso, but without his participation in the physical execution of the works.[9] Nesjar and Viksjø wrote in a report on the project that "[I]t is in the nature of the case that Picasso's decorations cannot be considered as original works to the extent that Picasso has not been personally involved in the sandblasting, or present while the work was carried out".[10] Odd Hølaas objected to the interpretation of the sandblasted drawings as "copies" in his article "A conglomerate of art forms", in which he pointed out that in several branches of the visual arts, such as printmaking, tapestry and architecture, working drawings are used as the basis for fabricating the final artwork.[11] [ILL. 67]

Public art in the borderland between surface and space

The catalogue for the exhibition "Art in Concrete", shown in Stockholm and Oslo in 1964–65, devotes much space to discussion and reproductions of Nesjar's work [ILL. 66]. The cover image for the Norwegian version of the catalogue is a detail of the relief "OUI", on a freestanding wall created for the exhibition in Stockholm in 1964. The other illustrations include a relief from 1956, which the caption describes as the first example of art in *naturbetong*. This is one of the test reliefs that was made to demonstrate the technique to Viksjø. The composition is based on a figure that was a recurrent feature in Norwegian painting at that time; the surface is divided up in a way that creates a clear indication of the vertical and horizontal axes, with the centre of the surface as the point of intersection. Nesjar gradates the surface effect between areas where the concrete surface is unsandblasted and smooth, and areas that reveal the gravel aggregate to various degrees. In one area, he emphasizes the contrast by engraving a field of horizontal stripes in the concrete surface, in which we glimpse the rounded forms of the underlying gravel. The figurative elements in the contributions by Kai Fjell and Picasso distinguish them from what the artists of Nesjar's own generation were trying to achieve, but play on the same materials-based effects that are important in the abstract works created by the younger generation. The constructivist-like shape emphasized how the new technique allowed the artist to work with aesthetic effects that emerged in the encounter between the material and the light. This raises the

I forbindelse med utsmykningen av regjeringsbyggene inngår de sandblåste dekorasjonene som støpte og kunstnerisk bearbeidete overflater som blir del av den arkitektoniske strukturen. De utgjør verken frittstående relieffer eller skulpturer, men tar opp i seg elementer fra begge kunstformene. Viksjø sto selv for piktogrammene som skal illustrere de ulike departementene og som er felt inn i et rutenett som utsmykker gavlveggene på *Høyblokka*. De ble sandblåst av håndverkere ved hjelp av sjablonger på et tidspunkt da den teknikken som senere ble forfinet av Nesjar var på et begynnerstadium [ILL. 68, 69].

Nesjar bruker selv betegnelsen «betongfriser» om de sandblåste veggene for Arkitektenes hus i Barcelona, et annet samarbeidsprosjekt med Picasso, i en artikkel fra 1962.[12] Når han velger betegnelsen frise på dette arbeidet som ble utført i 1960–61, er det nok ikke knyttet til teknikken, men til formen. Utsmykningen utgjør et bilde som løper rundt tre sider av et framspring.[13] I andre sammenhenger benytter Nesjar betegnelsene gravyrer og relieffer. Mens frise peker på at det dreier seg om et veggfelt, peker gravyr og relieff på mønstrene som oppstår ved å bearbeide overflaten gjennom at noe av overflatematerialet blir fjernet. Betegnelsen gravyr understreker bruken av sandblåsingen som en måte å grave seg ned i materialet på for å avdekke et underliggende lag av stein i annen farge og stofflighet i en støpemasse. Det knytter teknikken til en prosess som kan forbindes med grafikken, mens relieff understreker tredimensjonaliteten og skaper en tilknytning til skulpturen ved at lyskilde og retning får en avgjørende rolle for mønstrene som oppstår. Betoningen av det tredimensjonale ved arbeidene peker på en prosess der samarbeidet mellom Picasso og Nesjar beveget seg i retning av å arbeide med skulptur, der deler av skulpturene ble forsynt med tegninger ved hjelp av sandblåsing.

question what term should be used to describe this innovative contribution to European art.

In connection with the decorations for the government buildings, the sandblasted decorations constitute cast and artistically treated surfaces that form part of the architectonic structure. They are neither free-standing reliefs nor sculptures but incorporate elements from both these art forms. Viksjø himself was responsible for the pictograms, designed to illustrate the work of the various government ministries, that were inserted into the grid that decorates the side exterior walls of the *Høyblokka*. These pictograms were sandblasted by construction workers with the help of stencils at a time when the technique, which would later be refined by Nesjar, was in its infancy [ILL. 68, 69].

In an article dating from 1962, Nesjar himself used the term "concrete friezes" to describe the sandblasting on the walls of the College of Architects in Barcelona, another collaboration with Picasso.[12] Nesjar's use of the word frieze to refer to this work, which was executed in 1960–61, was doubtless inspired not by the technique, but by the form. The decoration consists of an image that runs around three sides of an overhang.[13] In other contexts, Nesjar uses the terms "engravings" and "reliefs". While "frieze" suggests a connection with a wall surface, "engraving" and "relief" suggest patterns that emerge by manipulating the surface through the removal of some of the surface material. The term "engraving" emphasizes the use of sandblasting as a way of digging into the material in order to reveal an underlying layer of stones of a different colour and composition than the cement mix binding them together. It links the technique to a process that can be associated with printmaking, while "relief" emphasizes three-dimensionality and creates a link to sculpture, in that the source and direction of light play a decisive role in the patterns that emerge. This emphasis on the three-dimensional aspects of the works points towards a process whereby the collaboration between Picasso and Nesjar was moving towards working with sculpture, with elements of the sculptures having drawings added with the assistance of sandblasting.

Nesjars forståelse av begrepet om «integrert utsmykning»

Samhandlingen mellom de ulike aktørene var et viktig tema for arkitekter og kunstnere på den tiden arbeidene i regjeringsbyggene ble utført.

Nesjar's understanding of the concept of "integrated artworks"

Collaboration between different parties was an important topic for architects and artists at the time the works for the government buildings

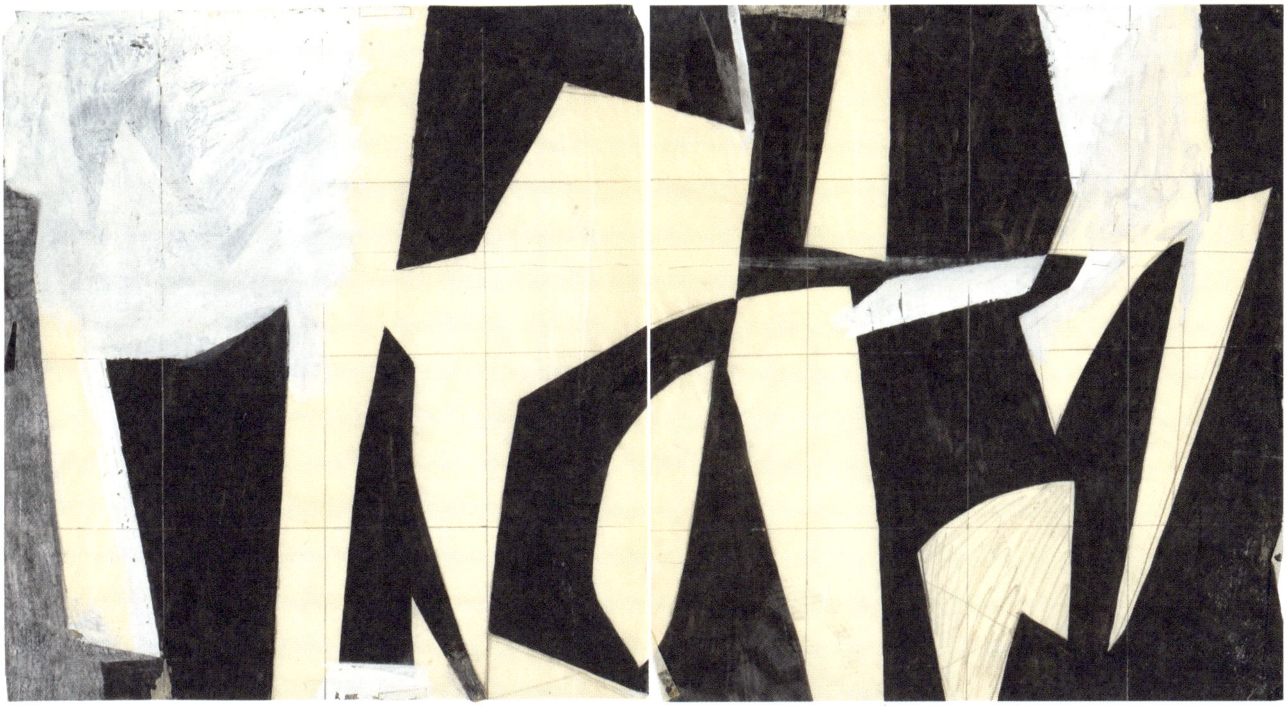

Ill. 68
Inger Sitter og Carl Nesjar: Skisse til utsmykning i sandblåst betong i *Høyblokka*, trolig 1957, blyant og gouache på papir, 44 × 88,3 cm / Sketch for decoration in sandblasted concrete for *Høyblokka*, probably 1957. Nasjonalmuseet NG.K&H.1958.0075-001 og -002. Foto: Morten Thorkildsen, Nasjonalmuseet

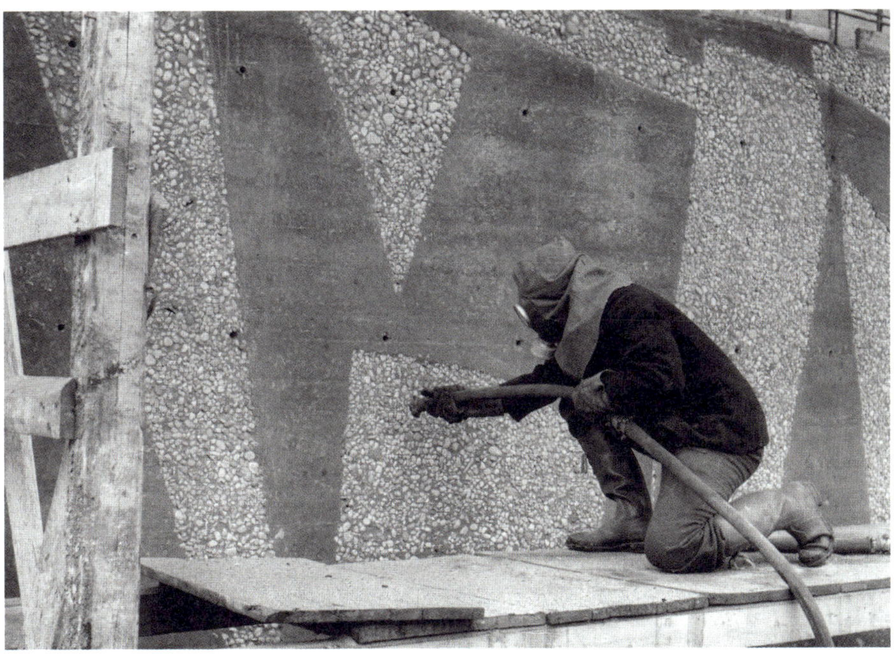

Ill. 69
Carl Nesjar sandblåser et av veggarbeidene i *Høyblokka*, 1957 eller 1958 / Carl Nesjar sandblasting one of the site-specific works at *Høyblokka*, 1957 or 1958. Foto: Erling Viksjø? Nasjonalmuseet NAMF.00603.091

Ill. 70 (neste oppslag / next spread)
Carl Nesjar danser på stillaser med sandblåsingsredskap under arbeidene i *Høyblokka*, 1957 eller 1958 / Carl Nesjar in sandblasting equipment dancing on scaffolding during work at *Høyblokka*, 1957 or 1958. Foto: Erling Viksjø? Nasjonalmuseet NAMF.00603.039

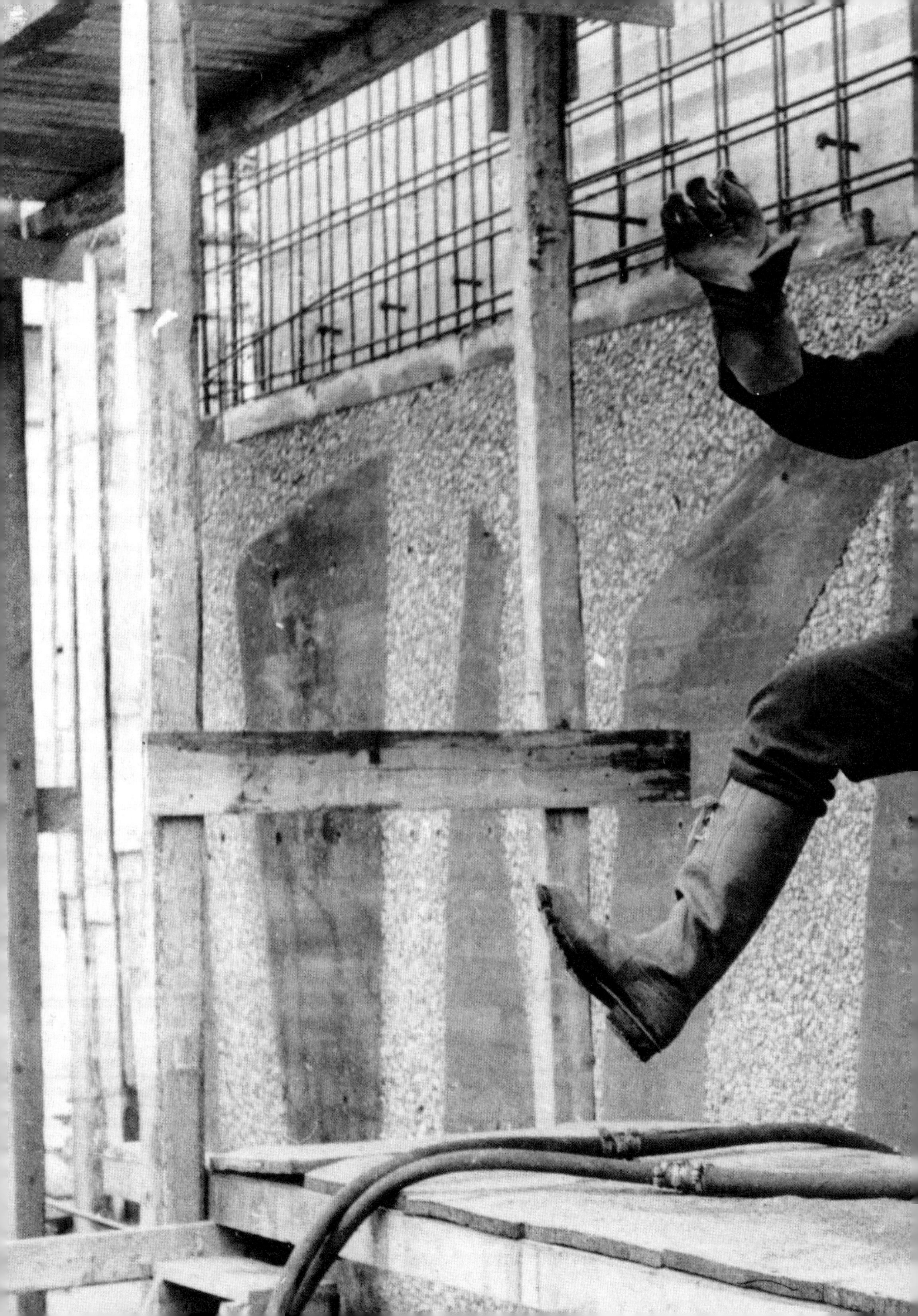

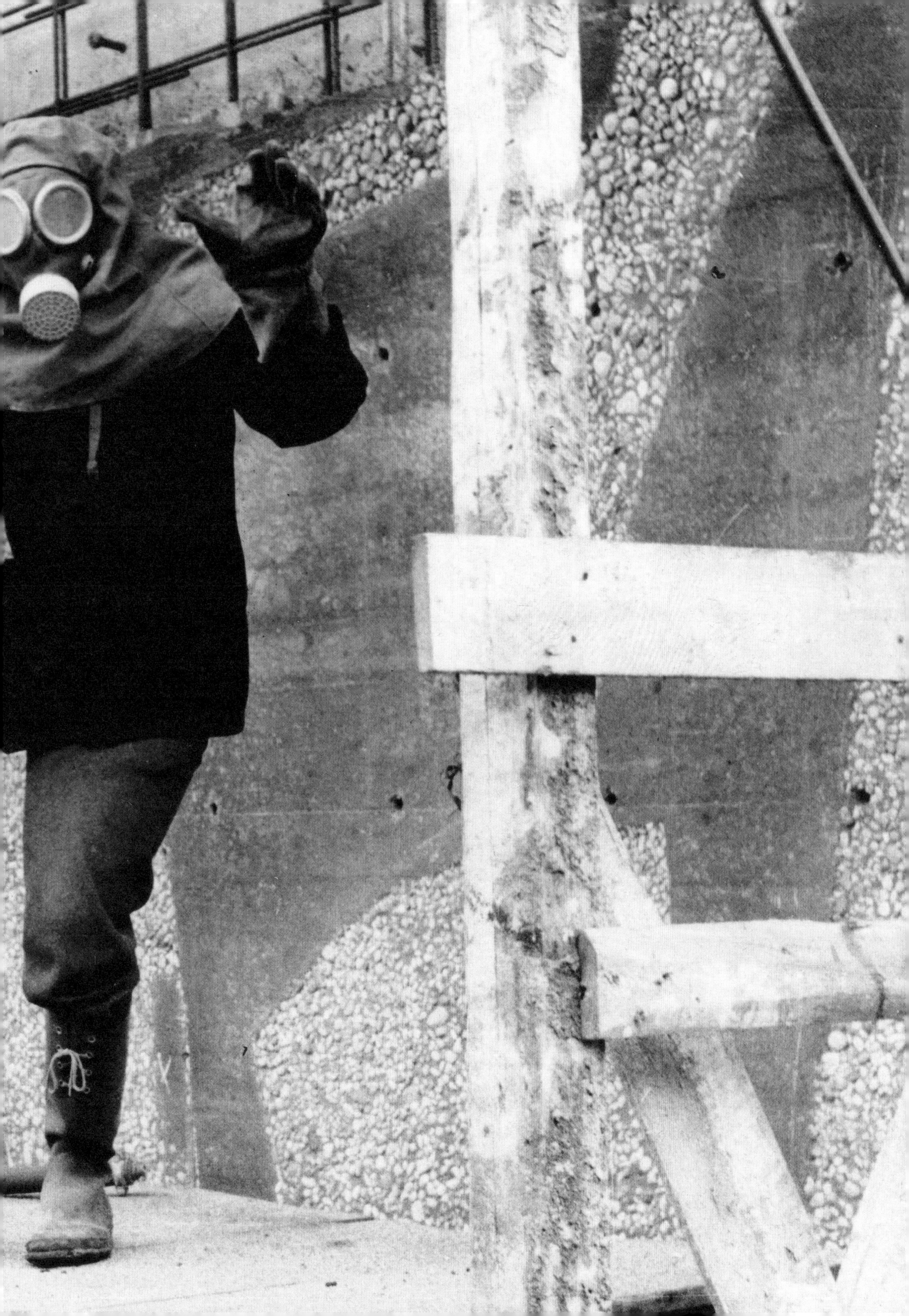

I både samtid og ettertid ble utsmykningen av *Høyblokka* og *Y-blokka* oppfattet som et lysende eksempel på en såkalt «integrert utsmykning». I begrepet ligger det at utsmykningen ikke bare skulle være pynt enten den var veggfast eller kjøpt inn og hengt opp mer eller mindre tilfeldig i bygninger, men ideelt planlegges som en del av bygningene fra planprosessen ble innledet. Det ga arkitekten en overordnet rolle, som tilfellet er med Viksjø. Forstått på denne måten, er integrert kunst en underliggende kategori av det mer omfattende og mindre tidsspesifikke begrepet «Gesamtkunstwerk», som har sitt opphav allerede på 1800-tallet i tilknytning til musikk, scenekunst og arkitektur. Når det kan være grunn til å skille de to begrepene fra hverandre, er det for å antyde en intensjon om å understreke andre aspekter enn de som ofte blir forbundet med «Gesamtkunstwerk».

Begrepet om integrert utsmykning forstått som noe annet enn «Gesamtkunstwerk», savner en utdypende utredning innen litteraturen. En slik utredning bør ta for seg to hovedområder; funksjon – form – materiale – sted relatert til arkitekturen samt kunstens sosiale funksjoner og den rolle omgivelser og brukere spiller. Som oftest blir dette forstått ensbetydende med samarbeid mellom arkitekt og kunstner, uten noen tydeliggjøring av hva samarbeidet kan og bør bestå i og hvordan prosessen skal foregå. Viksjøs kuratering av kunsten i bygget peker dessuten på et ønske om at verkene ikke skulle frigjøre seg fra bygningskroppen fysisk, men være en del av den. Noe som skiller dette prosjektet fra det meste av hva som går under betegnelsen integrert kunst i litteraturen om fenomenet.[14]

En nøkkel til hva som ble lagt i begrepet om integrert kunst i Norge på denne tiden, finner vi i Arne E. Holms artikkel «Dekorasjonene i regjeringsbygget».[15] Holm er her på bølgelengde med en forståelse av modernismen som en bevisstgjøring om betydningen av materialegenskaper og den estetiske opplevelsen av dem, som utgangspunktet for formgivning. Utgangspunktet for å smykke veggene ligger hos Holm i de ulike delenes arkitektoniske funksjon som danner grunnlaget for hvilke materialer, mønstre og stoffvirkninger utsmykningen tar i bruk. Han knytter også valg av plassering til funksjon når han peker på at de rommene som ble dekorert innvendig var gjennomgangsrom der publikum passerer forbi dekorasjonen og bare oppholder seg en kort tid. Holm var selv utdannet både som maler og arkitekt og ble professor ved NTH fra 1947. Han fikk betydning for et nærmere samarbeid mellom kunstnere og arkitekter.[16]

were being created. Both at the time and subsequently, the murals for the *Høyblokka* and *Y-blokka* have been considered highly successful examples of so-called integrated artworks. The term "integrated artwork" encompasses the idea that the art should not only be decorative, whether permanently attached to a wall or purchased and hung more-or-less randomly in a building, but ideally should be planned as part of the building right from the earliest stages of the architectural process. This concept gave the architect a superior role, as was the case with Viksjø. Understood in this way, integrated art is a sub-category of the more wide-ranging and less era-specific concept of a *Gesamtkunstwerk* ("total work of art"), which had its origins as early as the 19th century in relation to music, theatrical design and architecture. When there may be reason to distinguish the two concepts from each other, it is to suggest an intention to emphasize aspects other than those that are often associated with a *Gesamtkunstwerk*.

The literature lacks any detailed discussion of the concept of an integrated artwork understood as something other than *Gesamtkunstwerk*. Such a discussion should address two main areas: firstly, function, form, materials and place related to the architecture; and secondly, the art's social functions and the role played by the surroundings and users. Most often the concept of integrated artwork is understood as synonymous with the collaboration between architect and artist, with no clarification of what that collaboration could and should consist of and how the process should be conducted. Viksjø's curation of the artworks for the building is also evidence of a desire for the works not to be physically separate from the body of the building, but to be part of it. This aspect of the project distinguishes it from most descriptions of integrated art in the literature.[14]

Arne E. Holm's article «Dekorasjonene i regjeringsbygget» ["The Decorations in the Government Building"] provides a key to what was covered by the concept of integrated art in Norway at that time.[15] Here Holm echoes an understanding of Modernism as raising awareness of the importance of the properties of materials and our aesthetic experience of them, as the starting point for design. According to Holm, the starting point for decorating the walls lies in the various elements' different architectonic functions, which form the starting point for which materials, patterns and material influences are used for the artwork. He also links the choice of positioning to function when he points out that

I forbindelse med utførelsen av arbeidene som sandblåste relieffer, uttalte Erling Viksjø: «I hendene på en kunstner blir sandblåsemaskinen et kunstredskap». Men han var samtidig nøye med å understreke at dette redskapet hadde en unik egenskap; det var også «… en måte å berike arkitekturen på som trekker kunstnerne mer direkte inn i byggearbeid og i intimere kontakt med arkitekturen»[17]

I et spesialnummer av tidsskriftet *Byggekunst* fra 1964 om «kunstartenes samarbeid», finner vi et fotografi som viser Nesjar utstyrt med støvmaske. Han danser på et stillas [ILL.70]. Bildeteksten lyder: «Krever vår tid en ny type kunstner?»[18] Artiklene i heftet er skrevet av den tyske kunsthistorikeren Udo Kultermann og den italienske arkitekten og eksperten på italiensk barokkarkitektur, Paolo Portoghesi. Av artiklene kan vi slutte at det fra forfatternes side ikke dreier seg om et forsøk på å gjenoppvekke idealet om det såkalte «Gesamtkunstwerk», slik dette ikke minst hadde satt sitt preg på jugendstilen og på art deco, som hadde et lavmål av popularitet på 1950-tallet. Det bekrefter at for flere av datidens modernister, var denne formen for bestrebelser på å skape en syntese av kunstarter forfeilet, og man hadde behov for et nytt begrep som skilte ut den samtidige praksisen som spesifikt modernistisk. I den gjengse oppfatning var på dette tidspunkt verken jugendstil eller art deco forstått som en del av modernismen.

Eksemplene som trekkes fram i artiklene i *Byggekunst*, er Michelangelo i renessansen og i samtiden Hans Scharouns konserthus i Berlin. For øvrig hevdes det at man savner vellykkede eksempler på integrert billedkunst i samtidens arkitektur. Kunstneriske løsninger som trekkes fram av Kultermann, er knyttet til samtidens tyske nonfigurative kunst i form av arbeider av Norbert Kricke og Günther Uecker. Felles for arbeidene av de unge tyske og de norske kunstnerne, er ønsket om å arbeide med utsmykning ved hjelp av nye materialer.

Dette ønsket sprang ut av behov diktert både av tilgjengelighet og økonomi. Det var her Viksjø og Nesjar hadde et håp om at skulpturelt bearbeidet naturbetong var del av framtiden. Det har imidlertid vist seg at utenom de arbeidene Nesjar gjorde i samarbeid med Picasso, er det knapt noen arbeider i dette materialet som inngår i en senere kunsthistorisk kanon.[19] Når det gjelder bruken av sement, peker Henry Moores bruk av materialet seg ut. Moore laget 21 skulpturer i sement i perioden 1924–34. Nesjar utførte ingen egne tredimensjonale arbeider i naturbetong. Det foretrukne materialet for det

the spaces that were decorated internally were areas where people would pass by the artworks, and generally spend only a short time. Holm had trained as both a painter and an architect and became a professor at the Norwegian Institute of Technology (NTH) in 1947. He became important to the development of a closer collaboration between artists and architects.[16]

In connection with the execution of the works as sandblasted reliefs, Viksjø stated: "In the hands of an artist, a sandblasting machine becomes an artist's tool." But he was also careful to emphasize that this tool had a unique quality; it was also "… a way of enriching architecture that draws artists more directly into the building work and into more intimate contact with the architecture."[17]

In a special edition of the architectural journal *Byggekunst* from 1964 on "collaboration between the branches of the arts", we find a photograph of Nesjar wearing a dust mask. He is dancing on some scaffolding [ILL.70]. The caption reads: "Do our times require a new type of artist?"[18] The articles in the issue were written by the German art historian Udo Kultermann and the Italian architect and expert on Italian baroque architecture, Paolo Portoghesi. We can conclude from these articles that the authors were not interested in attempting to revive the ideal of the so-called *Gesamtkunstwerk*, at least as it had influenced the Jugendstil and Art Deco movements, which were both held in very low esteem in the 1950s. This conclusion confirms that for several Modernists at that time, the endeavour of *Gesamtkunstwerk* to create a synthesis of arts was misdirected, and a new concept was needed – one that would distinguish contemporary practice as specifically Modernist. The prevailing view at that time was that neither Jugendstil nor Art Deco was a part of Modernism.

The articles in *Byggekunst* cite as examples Michelangelo in the Renaissance and the Hans Scharoun's contemporary concert hall in Berlin. In addition, the articles claim a lack of successful examples of integrated visual art in contemporary architecture. As artistic solutions, Kultermann cites examples linked to contemporary German non-figurative art in the form of works by Norbert Kricke and Günther Uecker. The young German and Norwegian artists shared a desire to work on projects for public buildings with the use of new materials.

This desire sprang out of a need dictated by both accessibility and economics. This need led Viksjø and Nesjar to hope that sculpturally manipulated *naturbetong* would be part of the future. As it has turned out, however, apart from the

meste av den nye utendørskunsten innenfor et modernistisk uttrykk, ble utført i jern og stål. Det er nok en årsak til at det norske bidraget knyttet til bruken av naturbetong, med unntak av Nesjars samarbeid med Picasso, ikke har fått noen plass i den internasjonale litteraturen.

Et annet fellestrekk for de unge kunstnerne Viksjø trakk inn i arbeidet med regjeringsbygningene, var en forkjærlighet for et konstruktivistisk formspråk. Spesielt bidragene til Nesjar og Tandberg har til felles at deres tilnærming til den konstruktivistiske arven viser en forståelse for den ikke først og fremst som en stil, men som en metodikk. En metodikk som tar utgangspunkt i materialer og teknikker uavhengig av om de inngår i en etablert oppfatning av hva som egner seg for kunstnerisk bearbeiding. Det er en praksis- og prosessorientert kunst som på samme tid er udogmatisk og fristilt fra etablerte hierarkier mellom kunstformer. For Nesjars del spilte nok dette en viktig rolle for hans åpne holdning til valg av materialer, medier og form.

Gjennom oppveksten delt mellom Brooklyn og Larvik, sine studier i USA og senere studieoppholdene i Paris, tilegnet Nesjar seg en innsikt i ulike kulturer, kunst og språk. Dette muliggjorde den rollen han fikk i møtet med Viksjø og Picasso, nemlig å realisere arbeidet med utsmykningen av regjeringsbygningene. Her fikk hans brede kunstneriske orientering og kontaktnett inn i sentrale miljøer i Oslo, Paris og Barcelona betydning. Ikke minst fikk hans språkkunnskaper avgjørende betydning for kontakten med Picasso. Det ble et samarbeid som løftet ham inn i en rolle på en internasjonal scene han hadde bedre forutsetninger enn de fleste til å fylle.

works that Nesjar created in collaboration with Picasso, the later art-historical canon includes scarcely any works made with this material.[19] In relation to the use of cement, Henry Moore's use of the material is particularly noteworthy. Moore created 21 cement sculptures in the period 1924–34. Nesjar made none of his own three-dimensional works in *naturbetong*. The preferred materials for most new outdoor artworks in the Modern style were iron and steel. This is no doubt one reason why the Norwegian contribution, linked to the use of *naturbetong*, has received no attention in the international literature, with the exception of Nesjar's collaboration with Picasso.

The young artists that Viksjø involved in the work on the government buildings also shared a fondness for the visual language of Constructivism. In particular, the contributions by Nesjar and Tandberg share an approach to the heritage of Constructivism that shows an understanding for the movement not primarily as a style, but as a method. A method that takes its starting point in materials and techniques regardless of whether they form part of an established view of what is appropriate for an artistic treatment. This is a practice- and process-oriented approach to art that is simultaneously undogmatic and liberated from established hierarchies among art forms. This approach no doubt played an important role in Nesjar's open attitude to choices of materials, media and design.

Having grown up partly in Brooklyn and partly in Larvik, and having studied in the United States and later in Paris, Nesjar had acquired an insight into various cultures, approaches to art, and languages. This diverse background enabled him to take on the role of intermediary between Viksjø and Picasso, namely the role of realizing the murals for the government buildings. In this role his broad artistic orientation and network of contacts in key artistic communities in Oslo, Paris and Barcelona became important. Not least his linguistic abilities were of crucial importance for his contact with Picasso. This collaboration lifted him into a role on the international scene for which he was better qualified than most.

Noter

1 Svein Aamold, «Ramon Iserns skulpturer», *Acta Humaniora*, Universitetsforlaget, Oslo, 1998, 198.

2 Nesjar forteller om forholdet til Aktuell kunst og hvordan denne forbindelsen ble avgjørende for at Picasso ble trukket inn i utsmykningen av Viksjøs regjeringsbygg, ved flere anledninger. Per Hovdenak (red.): *Picasso besøker Norge*, Oslo: Grøndahl og Dreyers forlag, 1992, 120–122.

Notes

1 Svein Aamold, "Ramon Iserns skulpturer", *Acta Humaniora*, Universitetsforlaget, Oslo, 1998, 198.

2 Nesjar explains about the relationship with *Aktuell kunst* and how this connection was decisive for Picasso's involvement in the art for Viksjø's government buildings, on several occasions. Per Hovdenak (ed.): *Picasso besøker Norge*, Oslo: Grøndahl og Dreyers forlag, 1992, 120–122.

3 Sylvia A. Antoniou; «Samarbeide med Picasso om utsmykninger og skulpturer» i Einar Wexelsen (red.): *Carl Nesjar*, Oslo: Labyrinth Press, 2008, 59, 64.
4 Den første redegjørelse om samarbeidet mellom Viksjø, Nesjar og Picasso ble offentliggjort i *Verdens Gang* 11. mai 1958. Den er en detaljert beskrivelse av samarbeidet i tidsrommet juni 1957 til offentliggjøringen.
5 Sally H. Fairweather: *Picasso's Concrete Sculptures*, New York: Hudson Hills Press, Inc., 1982, er fortsatt standardverket om samarbeidet mellom Picasso og Nesjar. Samarbeidet og prosessen knyttet til utvikling og godkjenning av skulpturer er behandlet av Sylvia A. Antoniou: *Et samarbeid i betong, Carl Nesjar & Pablo Picasso*, Oslo: Icefount Publishing, 2013. Boken inneholder også en katalog over samarbeidsprosjektene. Felles for alle publikasjonene, er at Carl Nesjar er den sentrale kilden for de fleste opplysninger og vurderinger.
6 Hanne Holm-Johnsen, «Fotografi», i Einar Wexelsen (red.) *Carl Nesjar*, Oslo: Labyrinth Press, 2008, 41.
7 Ann Temkin / Anne Umland: *Picasso Sculpture*, New York: The Museum of Modern Art, 2015, 250 flg.
8 *Byggekunst*, 1962, 226.
9 *Aftenposten*, 10. mai 1958, 2. Håkon Stenstadvold, styreformann i BKS, uttalte at han var forbauset over at BKS, som var statens rådgivere i kunstspørsmål, ikke var blitt spurt om utsmykningen av regjeringsbygget. Han stilte seg skeptisk til en kopiering etter tegninger av Picasso, noe Alf-Jørgen Aas, formann i direksjonen for Kunstnernes Hus og Gunnar Janson, formannen i den faste jury, sluttet seg til.
10 «Picasso og regjerningsbygget, En redegjørelse fra Erling Viksjø og Carl Nesjar», i *Dagbladet* 11. mai 1958, 2. Kunngjort også i *Aftenposten* og *Verdens Gang*.
11 Odd Hølaas: «Et kunstartenes konglomerat», i illustrasjoner av skulptur i betong utført for Viksjø i Larvik og Hammarlunds portrettegning av Nesjar og Viksjø. *Dagbladet*, 7. juni 1958, 9–10.
12 *Byggekunst*, 1962, nr. 8, 223.
13 Fairweather, 1977, 41–48.
14 Jessica Sjöholm Skrubbe: *Skulptur i folkhemmet. Den offentlige skulpturen institutionalisering, referentialitet och rumsliga situationer 1940–1975*, Göteborg og Stockholm: Makadam Förlag, 2007, tar for seg periodens svenske offentlige skulpturer med særlig vekt på deres ideologiske og sosiale rolle i forbindelse med oppbyggingen av etterkrigstidens sosialdemokratiske samfunn. En svært liten andel av materialet viser noen forsøk på den form for sammensmelting av arkitektonisk og kunstnerisk uttrykk som Viksjø tilstrebet i sine valg av kunstnere.
15 *Byggekunst*, 1959, 23 flg.
16 Blant kunstnerne som på 1950-tallet ble knyttet til NTH, var Ramon Isern, som arbeidet under Arne Korsmo. Isern er en av dem som arbeidet mest konsekvent med teoretiske og praktiske problemstillinger knyttet til samarbeidet mellom arkitekter og kunstnere, ut fra en idé om integrert kunst som ledd i utsmykning. Svein Aamold: *Ramon Isern*, avhandling for graden Dr. Art. Universitetet i Oslo, 1998, behandler integrert utsmykning s. 336–339 og 343–351.
17 *Byggekunst*, 1959, 5.
18 *Byggekunst*, 1964, 141.
19 Fenomenet med integrert kunst som utsmykning på 1950-tallet blir ikke nevnt i den innflytelsesrike boken *Passages in Modern Sculpture* av Rosalind E. Krauss, fra 1977.

3 Sylvia A. Antoniou; "Samarbeide med Picasso om utsmykninger og skulpturer" in Einar Wexelsen (ed.): *Carl Nesjar*, Oslo: Labyrinth Press, 2008, 59, 64.
4 The first account of the collaboration between Viksjø, Nesjar and Picasso was published in the daily newspaper *Verdens Gang* on 11 May 1958. This account provided a detailed description of the collaboration in the period June 1957 until it became public knowledge.
5 Sally H. Fairweather: *Picasso's Concrete Sculptures*, New York: Hudson Hills Press, Inc., 1982, remains the standard work on the collaboration between Picasso and Nesjar. The collaboration and the process connected with the development and approval of the sculptures is considered in Sylvia A. Antoniou: *Et samarbeid i betong, Carl Nesjar & Pablo Picasso*, Oslo: Icefount Publishing, 2013. Antoniou's book also contains a catalogue of the collaborative projects. A shared feature of all these publications is that Carl Nesjar is the central source of most information and assessments.
6 Hanne Holm-Johnsen, "Fotografi", in Einar Wexelsen (ed.) *Carl Nesjar*, Oslo: Labyrinth Press, 2008, 41.
7 Ann Temkin / Anne Umland: *Picasso Sculpture*, New York: The Museum of Modern Art, 2015, 250 et seq.
8 *Byggekunst*, 1962, 226.
9 *Aftenposten*, 10 May 1958, 2. Håkon Stenstadvold, chair of the Board of Visual Artists (BKS), expressed surprise that the BKS, which was the government's adviser on artistic matters, had not been asked about the artworks for the new government building. He expressed scepticism about copying drawings by Picasso, and gained the support of Alf-Jørgen Aas, chair of the board responsible for running Kunstnernes Hus and Gunnar Janson, chair of the jury for the annual Autumn Exhibition.
10 "Picasso og regjeringsbygget, En redegjørelse fra Erling Viksjø og Carl Nesjar", in *Dagbladet* 11 May 1958, 2. Also announced in the daily newspapers *Aftenposten* and *Verdens Gang*.
11 Odd Hølaas: "Et kunstartenes konglomerat", in illustrations of sculptures in concrete produced forViksjø in Larvik and Hammarlund's portrait drawing of Nesjar and Viksjø. *Dagbladet*, 7 June 1958, 9–10.
12 *Byggekunst*, 1962, no. 8, 223.
13 Fairweather, 1977, 41–48.
14 Jessica Sjöholm Skrubbe: *Skulptur i folkhemmet. Den offentlige skulpturen institutionalisering, referentialitet och rumsliga situationer 1940–1975*, Gothenburg and Stockholm: Makadam Förlag, 2007, considers sculptures in Swedish public art during this period, with a particular focus on the sculptures' ideological and social role in the building of the country's postwar social-democracy. Only an extremely small part of the material exhibits any attempt to achieve the kind of merging of architectonic and artistic expressions that Viksjø strove for in his choice of artists.
15 *Byggekunst*, 1959, 23 et seq.
16 The artists associated with the Norwegian Institute of Technology (NTH) in the 1950s included Ramon Isern, who worked for Arne Korsmo. Isern is one of those who worked most consistently on theoretical and practical issues relating to collaborations between architects and artists, based on the idea of integrated art as part of a building's overall artistic decoration. Svein Aamold: *Ramon Isern*, thesis submitted for the degree of Dr. Art. at the University of Oslo, 1998, discusses integrated artworks pp. 336–339 and 343–351.
17 *Byggekunst*, 1959, 5.
18 *Byggekunst*, 1964, 141.
19 The phenomenon of integrated artworks being commissioned for public buildings in the 1950s is not mentioned in the influential book *Passages in Modern Sculpture* by Rosalind E. Krauss, published in 1977.

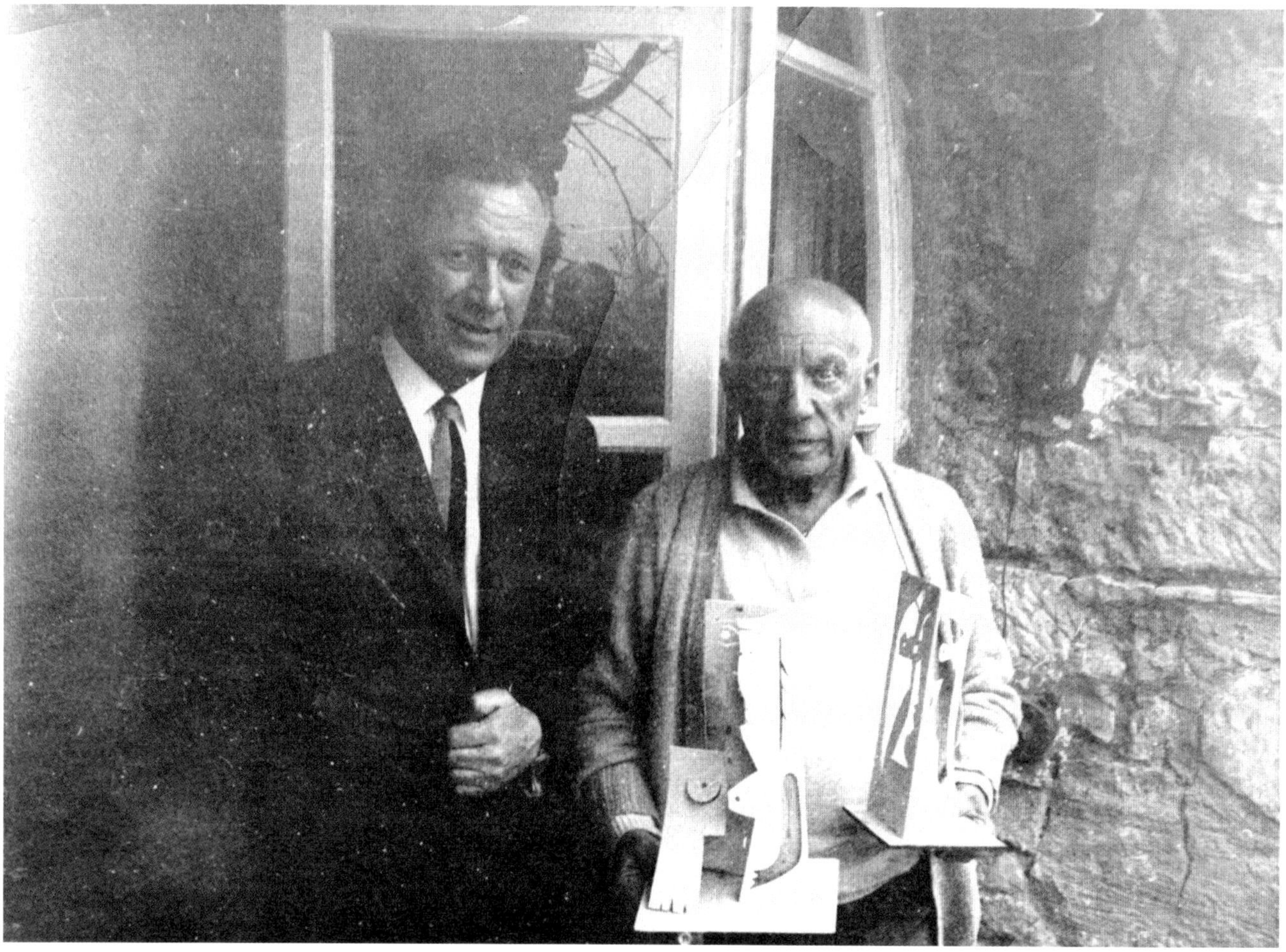

Ill. 71
Erling Viksjø og Pablo Picasso. Foto: Carl Nesjar, 1965

Viksjø og Picasso: Noen mindre kjente forbindelser

Espen Johnsen

Arkitekten Le Corbusiers betydning for Viksjø er velkjent, men hva med billedkunstneren Pablo Picasso? I en skissebok fra 1965 skriver Erling Viksjø at han sitter i Cannes «sammen med Carl Nesjar og venter på å slippe inn til Picasso.»[1] [ill. 71] I notatet skriver Viksjø videre litt om det nåværende samarbeidet mellom Nesjar, Picasso og ham selv. I faglitteraturen er samarbeidet mellom Nesjar og Picasso godt belagt.[2] Mindre vet vi om Picassos betydning for Viksjøs arkitektur og kunst. Den norske arkitekten hadde en sterk fascinasjon for Picasso, og Viksjø opptrer som den helt avgjørende initierende oppdragsgiveren i det banebrytende samarbeidsprosjektet om *Høyblokka* (1952–58) i Regjeringskvartalet. I denne teksten behandles Viksjøs mer ukjente interesse for Picasso i arkitektens egne utsmykningsideer før samarbeidet ble formalisert, så vel som enkelte samarbeidsprosjekter mellom Viksjø, Nesjar og Picasso.[3]

Etter Viksjøs død, skrev hans kone Kiss Viksjø til Picasso-eksperten Sally Fairweather at hennes mann hadde to helter: «Le Corbusier, den store arkitekten, og Picasso, århundrets geni». Og tilføyde at «samarbeidet med Picasso var en av hans største opplevelser».[4] Andre kunstnere han var opptatt av, var eksempelvis Henri Matisse, Fernand Legér og norske Kai Fjell og Hannah Ryggen. Gjennom hele livet var Viksjø interessert i både moderne arkitektur og i billedkunst. «Jeg er glad i kunst, har også malt mye selv. Derfor er jeg opptatt av å få til en forening mellom arkitektur og kunst. Jeg ser det først og fremst som en måte å berike arkitekturen på», uttalte han i 1970.[5]

Viksjø and Picasso: Some lesser-known links

Espen Johnsen

It is well known that the architect Le Corbusier was important to Erling Viksjø, but what about the artist Pablo Picasso? In a sketchbook from 1965, Viksjø wrote that he was sitting in Cannes "together with Carl Nesjar and waiting to be admitted to Picasso."[1] [ill. 71] In his note, Viksjø went on to write a little about the current collaboration between Nesjar, Picasso and himself. The art-historical literature covers collaborations between Nesjar and Picasso well,[2] but we know less about Picasso's significance for Viksjø's architecture and art. The Norwegian architect had a strong fascination with Picasso, and Viksjø's role as the initiating client was completely decisive for the groundbreaking collaborative project for *Høyblokka* (The Highrise) (1952–58) in the Government Quarter. In this article we discuss not only Viksjø's lesser-known interest in Picasso, as evidenced in the architect's own ideas about art for the building before the collaboration was formalized, but also specific collaborative projects involving Viksjø, Nesjar and Picasso.[3]

After Viksjø's death, his widow, Kiss Viksjø, wrote to the Picasso expert Sally Fairweather that her husband had two heroes: "Le Corbusier, the great architect, and Picasso, the century's genius." She added that "the collaboration with Picasso was one of his greatest experiences."[4] Other artists that Viksjø was interested in included, for example, Henri Matisse and Fernand Legér, and the Norwegian artists Kai Fjell and Hannah Ryggen. Viksjø had a lifelong interest in modern architecture and in visual art. "I am fond of art, and I've also done a lot of painting myself.

Picassos muser for Stortingsmenn

Viksjøs samling av arkitektur- og kunstbøker inneholder flere om Picasso og indikerer at interessen spente seg over tid.[6] Hans første møte med Picassos kunst *a priori* var på Kunstnernes Hus i 1938 i anledning en omfattende utstilling av fransk kunst. Det store krigsmaleriet *Guernica* (1937) skal ha gjort et sterkt inntrykk på de besøkende, inkludert Viksjø.[7] [ILL. 65] Utstillingen ble ansett som betydningsfull ved å vise en annen kunstretning enn den dominerende norske normen.[8]

En direkte inspirasjon fra Picasso synes å komme fram hos Viksjø fra 1953–54 og framover. I forbindelse med *Hybelhus* for *Stortingsmenn* (1950–54) eksperimenterte han med sandblåste småskala-utsmykninger. En av disse ble illustrert på omslaget til tidsskriftet *Byggekunst* (nr. 5/6 1954) og viste en «muse».[9] [ILL. 42] Redaktøren roste bidraget som «et smukt tegn på nye tider for arkitektenes personlighetsutfoldelse».[10] Motivet var en tilbakelent sittende kvinnelig figur med hevede armer, risset inn med streker og sandblåste felt med knudrete overflater. Flere skisser foreligger, hvorav en er komponert med et innviklet linjemønster, der ulike former for linjespill, prikker og skraveringer ville bidratt til et avansert uttrykk [ILL. 72]. Resultatet ble langt enklere. I stil og motiv framstår Viksjø inspirert av Picassos berømte vridde, vakre figurer i kompliserte stillinger, deriblant hans malerier (1952–54) av sin senere ektefelle, Jaqueline Roque. Også noen fotografier av Picasso og Françoise Gilot med hevede armer og slynget hår kan ha inspirert. Fra denne tiden har vi også malerier og collager av Viksjø som viser kvinner med kompliserte armstillinger [ILL. 2, 73]. Viksjøs niese, Edith Jæger, med langt rødt flagrende hår, synes å ha vært modell for flere av de eksperimentelle portrettene.

Accordingly I'm interested in achieving a union between architecture and art. I see this first and foremost as a way of enriching the architecture," he said in 1970.[5]

Picasso-esque muses for members of the Storting

Viksjø's collection of books on architecture and art included several about Picasso and indicate that his interest spanned a long period.[6] His first encounter with Picasso's art was at Kunstnernes Hus (The Artists' House) in Oslo in 1938 as part of a major exhibition of French art. Picasso's enormous anti-war painting *Guernica* (1937) made a strong impression on visitors to the exhibition, including Viksjø.[7] [ILL. 65] The exhibition was seen as significant in that it showed a trend in the visual arts that differed from the dominant norm in Norway.[8]

From 1953–54 onwards, Viksjø's work seems to show direct inspiration from Picasso. For *Hybelhus for Stortingsmenn* (1950–54), a block of bedsits for members of the Storting (the Norwegian parliament), he experimented with small-scale sand-blasted artistic decorations. One of these, depicting a "muse", was shown on the cover of the Norwegian architectural journal *Byggekunst* (no. 5/6 1954).[9] [ILL. 42] The journal's editor praised Viksjø's contribution as "a fine sign of a new era for architects' personal self-expression."[10] The image, which showed a seated, semi-reclining female figure with her arms raised, consisted of lines scratched into the surface along with uneven sandblasted areas. Several sketches exist, including one composed of a complex linear pattern, whose varied linear interplay of dots and cross-hatching would have contributed to an advanced expressive style [ILL. 72]. The final version was far simpler. In both style and subject, Viksjø appears to have been inspired by Picasso's famous elegantly twisting figures in complicated poses, including his paintings (1952–54) of his future wife, Jaqueline Roque. Viksjø may also have been inspired by some photographs of Picasso and Françoise Gilot, in which the latter had raised arms and tousled hair. From this period we also have paintings and collages by Viksjø that depict women with their arms held in complicated positions [ILL. 2, 73]. Viksjø's niece, Edith Jæger, who had long, wavy red hair, seems to have been the model for several of his experimental portraits.

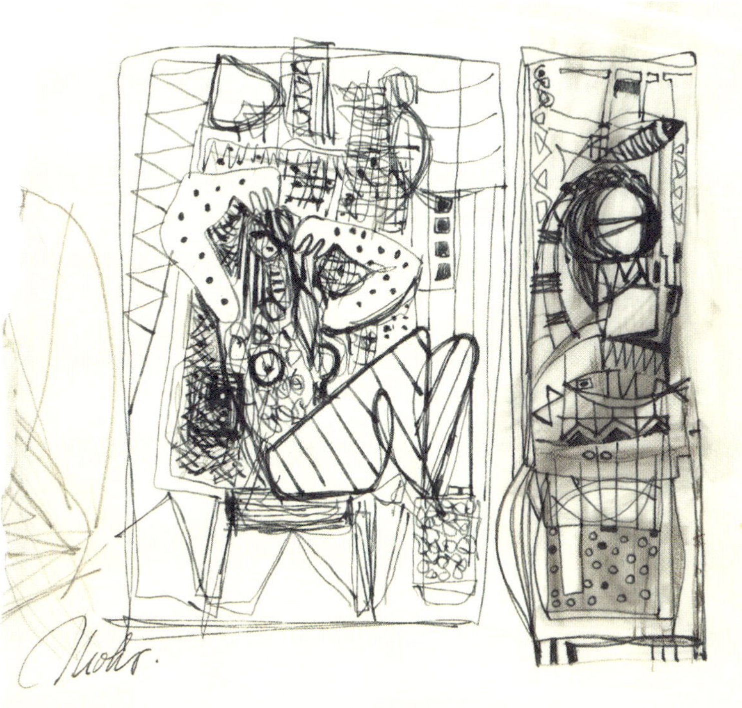

Ill. 72
Erling Viksjø: *Skisse til utsmykning / Sketch for decoration*.
Privat eie. Foto: Børre Høstland, Nasjonlmuseet

Ill. 73
Erling Viksjø: *Studie av kvinne (blå versjon) / Study of a Woman (blue version)*, ca. 1951, olje på lerret, ca 60 × 45 cm.
Privat eie. Foto: Børre Høstland, Nasjonalmuseet

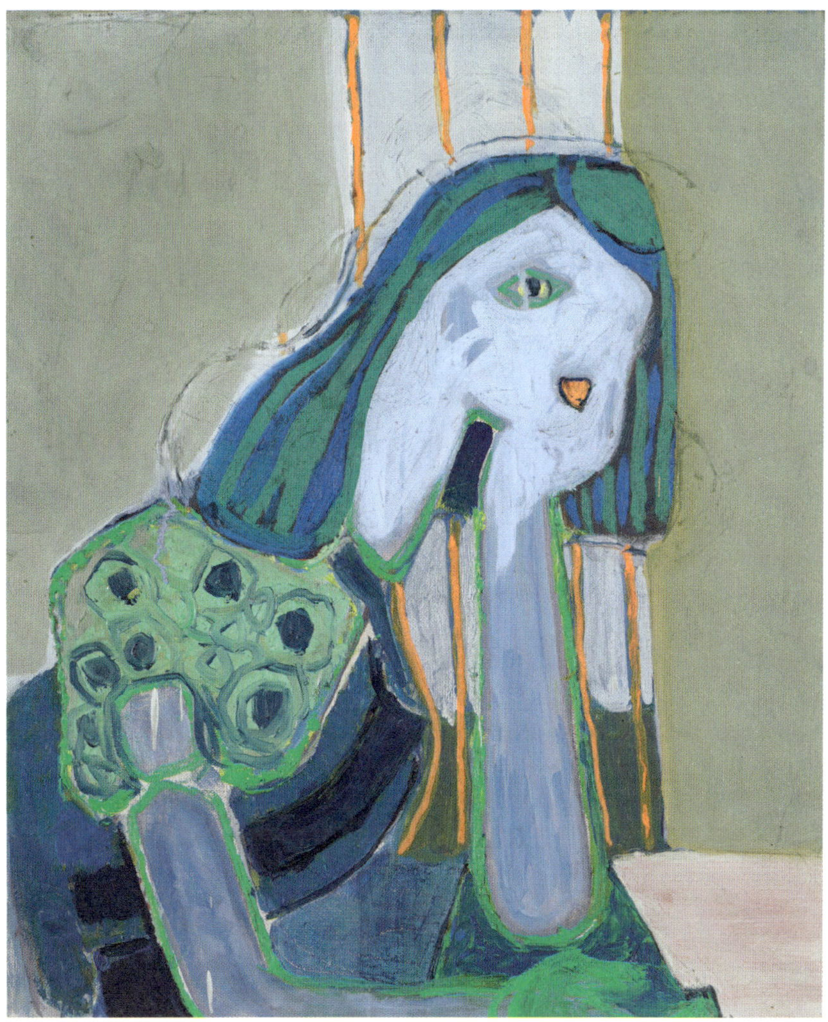

Forstudier til *Høyblokka*?

I 1955 viste Viksjø interesse for Picasso under studiereisen til Spania og Frankrike, deriblant for Picasso-veggen i kunstnerpensjonatet René Pous i Collioure i Sør-Frankrike. På samme tur kom han i kontakt med Inger Sitter og Carl Nesjar i den spanske kystbyen Cadaqués. Året etter var det en Picasso-mønstring i Kunstnernes Hus,[11] og sent i 1956 ba Viksjø Nesjar om å ta kontakt med Picasso med henblikk på utsmykningen i *Høyblokka*.

Rundt denne tiden ser vi også andre spor etter Picasso. I Nasjonalmuseets Viksjø-samling er det en mappe med udaterte ark, hvorav flere antakeligvis var forstudier til utsmykninger. Blant dem er en gruppe sort-hvitt-skisser som framstår påfallende inspirert av Picassos *La Joie de vivre* (1946). Viksjø hadde Wilhelm Boecks bok om Picasso (1955), der dette og andre arbeider fra 1946 er illustrert. Proporsjoner, linjeføring og kontrastvirkninger indikerer at skissene kan ha vært tiltenkt et større rektangulært, sandblåst utsmykningsfelt i *Høyblokka*. Samtlige er variasjoner over et opptog [ILL. 74]. En gruppe lykkelige mennesker som i komposisjonen med horisonten og lekenheten i ikonografien og andre detaljer har referanse til *La Joie de vivre*. Men der Picasso sammenstilte antikke mytologiske figurer som kentaurer etc., opererte Viksjø i en norsk kontekst [ILL. 76].

Fra Viksjøs hånd har vi også en liten gruppe elegante minimalistiske strektegninger. Det presise formspråket minner om Picassos enkle strek av menneskefigurer, eksempelvis av Françoise Gilot og *Kvinnehode* fra 1946.[12] Picassos karakteristiske hender er også et typisk stiltrekk på skissene. Flere utkast har en mor-barn-problematikk med religiøse undertoner.[13] [ILL. 75]

Lek på stranden og *Kvinnehode*

Sommeren 1957 begynte samarbeidet med Picasso om *Høyblokka* å ta form, og de første tegningene ble overlevert, deriblant *Stranden* og *Fiskerne*.[14] Parallelt ble Viksjøs *Sommerhus i Larvik* (1956–57) oppført. På en av ytterveggene ble det sandblåst en idyllisk scene av Viksjøs familie, med hans kone og deres to barn i et

Preparatory studies for *Høyblokka*?

During his study trip to Spain and France in 1955, Viksjø showed an interest in Picasso, including the wall of Picasso paintings at the pension and restaurant run by René Pous in the artists' colony of Collioure in the south of France. On the same trip, Viksjø came into contact with Inger Sitter and Carl Nesjar in Cadaqués, a small town in Spain. The following year there was a Picasso exhibition at Kunstnernes Hus,[11] and in late 1956, Viksjø asked Nesjar to contact Picasso about artistic designs for *Høyblokka*.

Around this time, we see other traces of Viksjø's interest in Picasso. The National Museum's Viksjø collection contains a portfolio of undated sheets of paper, of which several were probably preparatory studies for decorative works. These papers include a group of black-and-white sketches that seem clearly inspired by Picasso's painting *La Joie de Vivre* (1946). Viksjø owned Wilhelm Boeck's book about Picasso (1955), which contains photographs of this painting and other works of Picasso from 1946. The proportions, line and contrasting effects indicate that Viksjø's sketches may have been intended for a large, rectangular sandblasted area in *Høyblokka*. All of them show variations on a procession of cheerful people, whose compositional relationship with the horizon, along with the playful iconography and other details, bear references to *La Joie de Vivre* [ILL. 74]. But while Picasso assembled figures from classical mythology such as centaurs and similar creatures, Viksjø operated in a Norwegian context [ILL. 76].

From Viksjø's hand we also have a small group of elegantly minimalist line drawings. Their stylistic precision is reminiscent of Picasso's simple line drawings of figures, for example his drawings of Françoise Gilot, including his *Tête de femme* of 1946.[12] Picasso's characteristic hands is also a typical stylistic feature in Viksjø's sketches. Several sketches are of mother-and-child images with religious undertones.[13] [ILL. 75]

La Famille and *Kvinnehode* (Head of a Woman)

In the summer of 1958, the *Høyblokka* collaboration with Picasso began to take shape, and Picasso delivered his first drawings for the project, including *Stranden* (The Beach) and *Fiskerne* (The Fishermen).[14] At the same time, Viksjø's *Sommerhus i Larvik*, his own summer house, was under construction (1956–57). Sand-

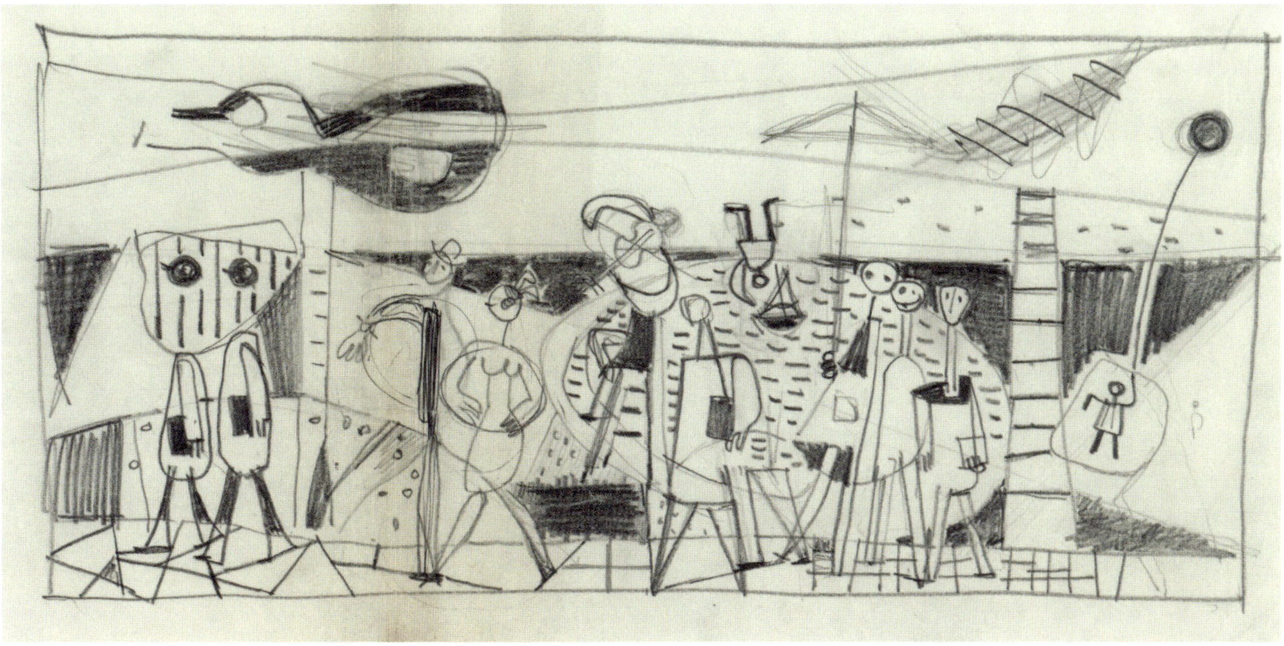

Ill. 74
Erling Viksjø: Skisser til utsmykning, udatert / Sketch for decoration. Nasjonalmuseet NAMT.evi187. Foto: Andreas Harvik, Nasjonalmuseet

Ill. 75
Erling Viksjø: Skisse. Antakeligvis tiltenkt utsmykning / Sketch, probably for decoration. Foto: Børre Høstland, Nasjonalmuseet

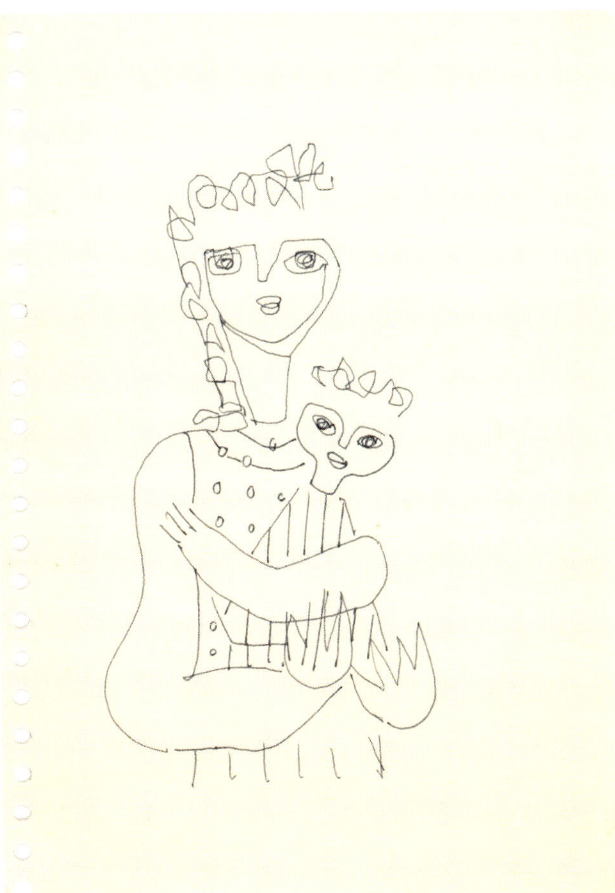

Ill. 76 (neste oppslag / next spread)
Picasso/Nesjar: Utsmykning i Høyblokka / Decoration in *Høyblokka*. Foto: Ukjent, ca. 1957. Detalj av NAMF.00603.037

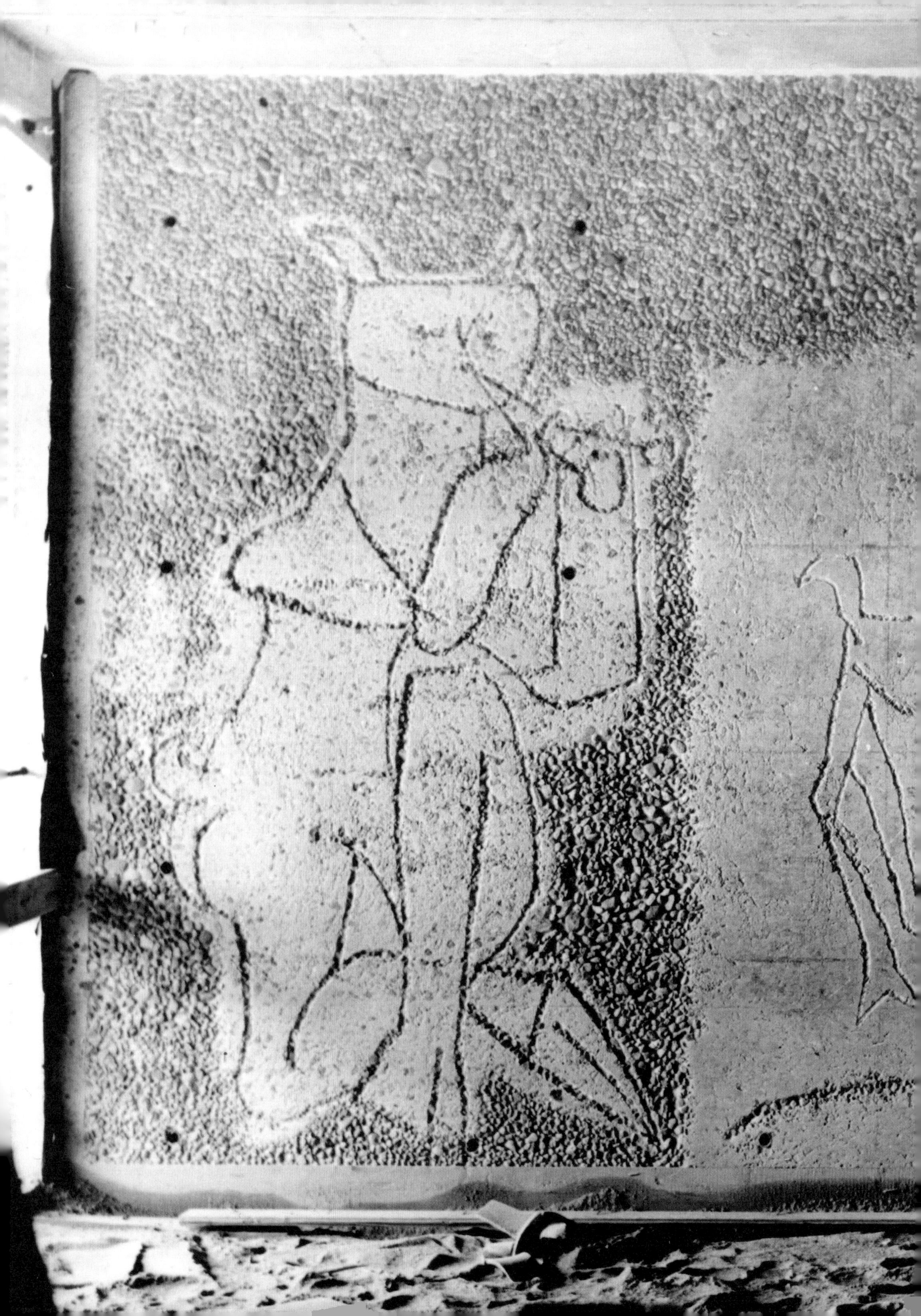

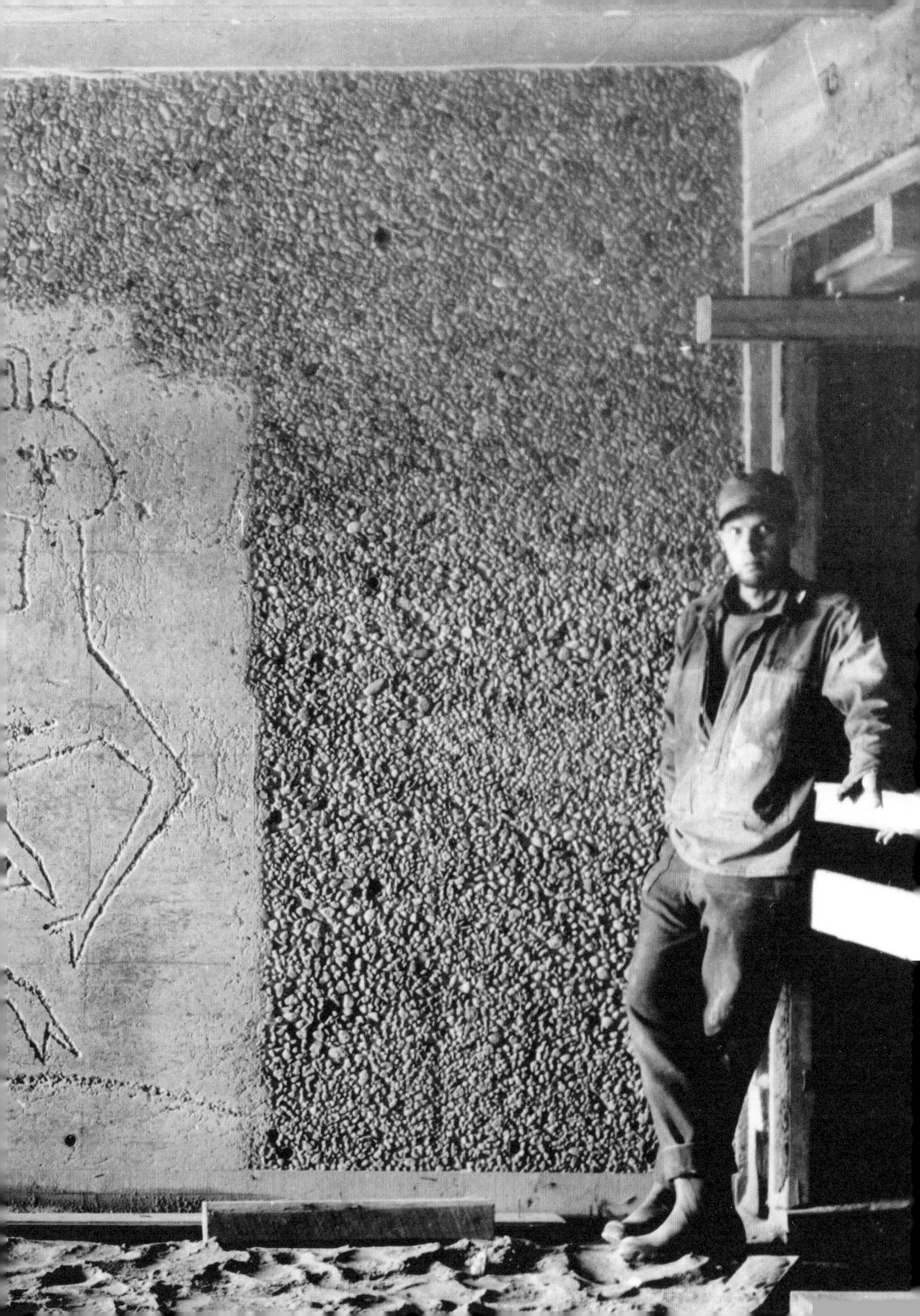

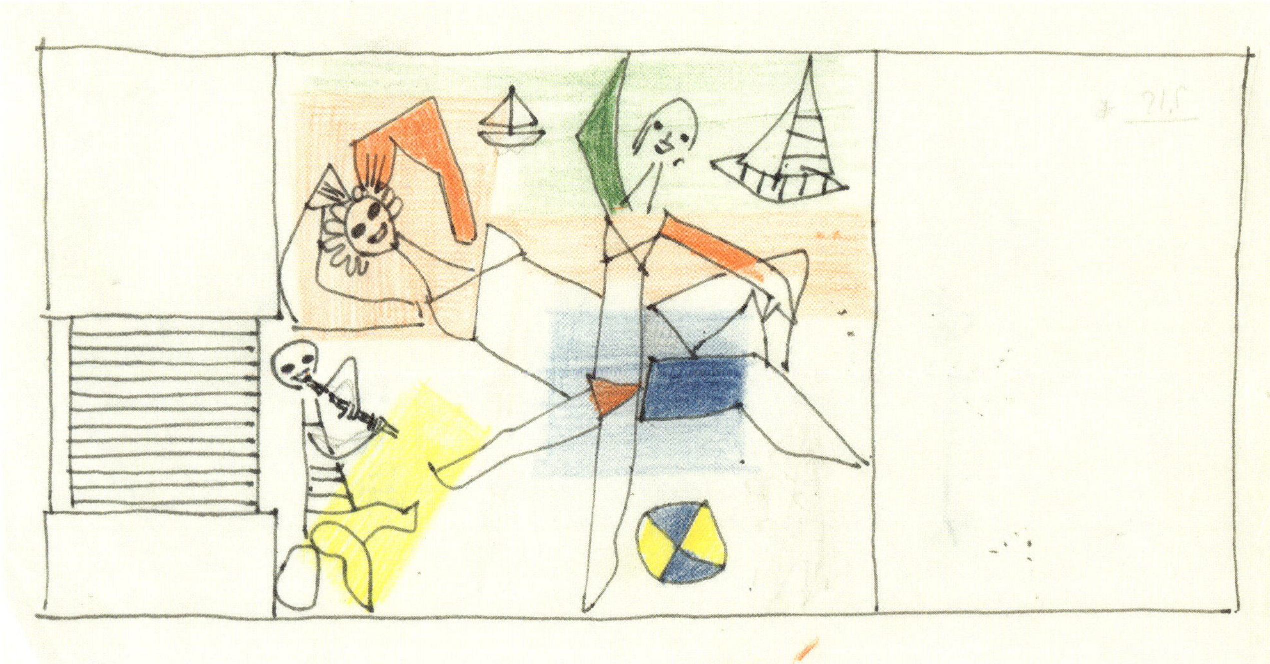

Ill. 77
Erling Viksjø: *Lek på stranden / La Famille*. Utkast til fasade-utsmykning for eget sommerhus i Larvik, 1957 / Sketch for façade decoration for Viksjø's own summer house in Larvik. Privat eie. Foto: Børre Høstland, Nasjonalmuseet

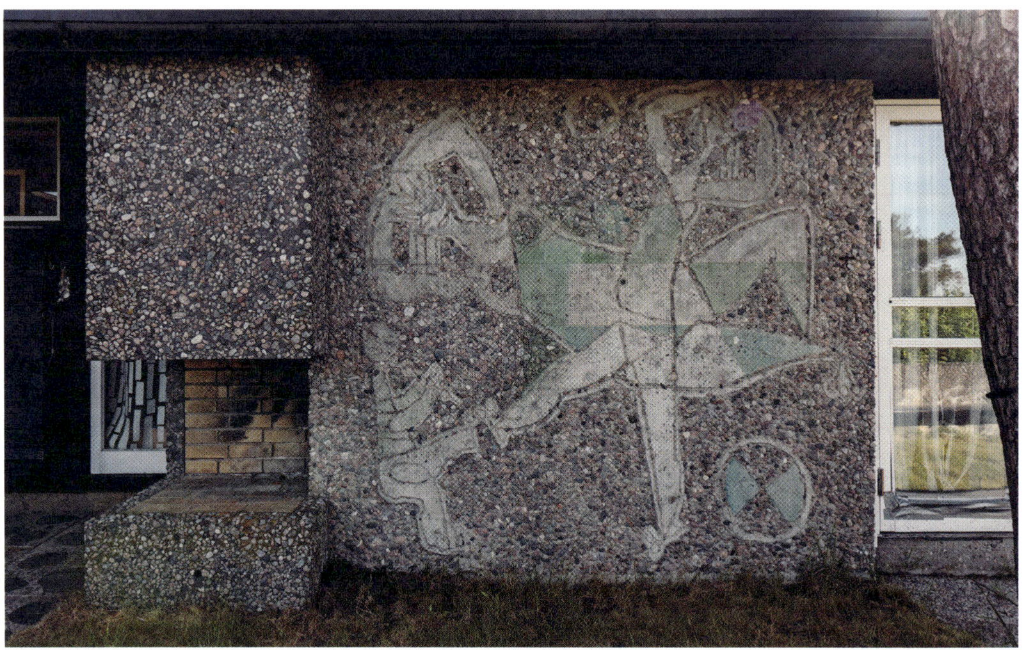

Ill. 78
Erling Viksjøs *Sommerhus i Larvik*. Foto: Annar Bjørgli, Nasjonalmuseet

motivisk slektskap med Picasso [ill. 77, 78]. Den stilistisk mer konvensjonelle utsmykningen minner blant annet i framstillingen av den fløytespillende sønnen Hans Kristian om Picassos *Satyr* med dobbeltfløyte i triptykonet i Chateau Grimaldi i Antibes. Datteren Tone lekende med en ball gir assosiasjoner til Picassos *Stranden* fra *Høyblokka*s 8. etasje.

Nesjar og Viksjø fikk også tidlig ideen om å oppføre en frittstående skulptur av Picasso i betong (Betograve-teknikk), plassert på Viksjøs tomt til sommerhuset [ill. 79]. Mens man tidligere, basert på Nesjars datering, antok at skulpturen *Kvinnehode / Head of a Woman* ble realisert i 1958, har Catherine Craft nylig datert den til oktober 1957.[15] Craft viser til Nesjars besøk hos Picasso i juni 1957, med påfølgende brev fra Nesjar i juli med ønske om å realisere en figur av Picasso basert på en av hans modeller i jern og med en mulig høyde på fem–seks meter.[16] Picassos positive respons resulterte i den første *totemic*-skulpturen (av Picasso) i betong, 3,05 meter høy. Den lysegrå skulpturen med mørkere kontraster viser kvinnehodets ulike profiler, og Craft hevder at skulpturen synes å være en kombinasjon av en modell i malt stål av et hode Picasso utførte da Nesjar besøkte ham, og en modell i bemalt tre.[17]

Fotografier fra prosessen dokumenterer at Viksjø tok aktivt del i den. På et fotografi studerer han modellen av hodet i 1:1, samtidig som det indikeres at Viksjø selv utførte overføringen [ill. 80]. På et annet foto betrakter Viksjø betongplatene montert opp med et stillas rundt. Mens Nesjar var misfornøyd og ønsket å destruere skulpturen, var Viksjø uenig: «Det er et eksperiment, og det bør forbli uendret».[18] Eksperimentet ble beholdt. Kilder indikerer at Viksjø var med på besøk til Picasso 30. oktober 1957, kort tid etter at skulpturen var ferdig. «Vi spiste lunsj sammen med Carl og dro etterpå til P. Stor dag. Carl ble igjen ...», skriver Kiss i sine notater.[19] Er Crafts datering korrekt, var det trolig under dette møtet Nesjar viste fram fotografier av skulpturen. Men ifølge Fairweather skjedde dette i 1958.[20] Picasso skal ha studert fotografiene omstendelig før han og Jacqueline begeistret snakket om resultatets monumentale virkning.[21] Viksjø selv framstår opptatt av skulpturens relasjon til husets eksperimentelle betongmurer. Andre fotografier formidler plasseringen på naturtomten, der skulpturen blander seg inn blant slanke furustammer.

blasted onto one of the house's external walls was an idyllic scene of Viksjø's family, with his wife and their two children in an image clearly related to the work of Picasso [ill. 77, 78]. This decoration, while stylistically more conventional than Picasso's work, reminds us of other Picasso images as well. For example, Viksjø's depiction of his son Hans Kristian playing the flute is reminiscent of Picasso's *Satyr* playing a double flute in his triptych at Château Grimaldi in Antibes. The portrayal of Viksjø's daughter Tone playing with a ball also seems to relate to Picasso's *Stranden* on the seventh floor of Høyblokka.

Nesjar and Viksjø had the idea early on of making a freestanding Picasso sculpture in concrete (the Betograve technique), to be placed on the plot of Viksjø's summerhouse [ill. 79]. While it was previously believed (based on Nesjar) that this sculpture, called *Kvinnehode / Head of a Woman*, was realized in 1958, Catherine Craft recently fixed its date as October 1957.[15] Craft refers to Nesjar's visit to Picasso in June 1957, and to subsequent letters from Nesjar in July expressing a wish to realize a sculpture based on one of Picasso's iron models, with a possible height of five-to-six metres.[16] Picasso's positive response resulted in the first totemic sculpture in concrete (by Picasso), but with an approximate height of only three metres (3.05 m). The sculpture in light-gray riverbed gravel and contrasted off-black represents a woman's head in various profile views. Craft suggests that the sculpture seems to have been a combination of two of Picasso's model sculptures of heads: one in painted steel that he had created during Nesjar's visit and one in painted wood.[17]

Photographs of the fabrication process provide documentation of Viksjø's active participation. In one photograph he studies a lifesize model of the head [ill. 80]. The photo suggests that Viksjø himself transferred the drawing to the sculpture. Another photograph shows Viksjø gazing at the concrete slabs, now installed but still surrounded by scaffolding. While Nesjar was dissatisfied with the result and wanted to destroy the sculpture, Viksjø disagreed: "It is an experiment, and it should remain unaltered".[18] The experiment was granted a reprieve. Sources suggest that Viksjø accompanied Nesjar when he visited Picasso on 30 October 1957, shortly after the sculpture was completed. "We ate lunch together with Carl and afterwards went to P. A big day. Carl stayed on ...", wrote Kiss in her notes.[19] If Craft's dates are correct, it was probably during this meeting that Nesjar presented his photographs of the sculpture. But according

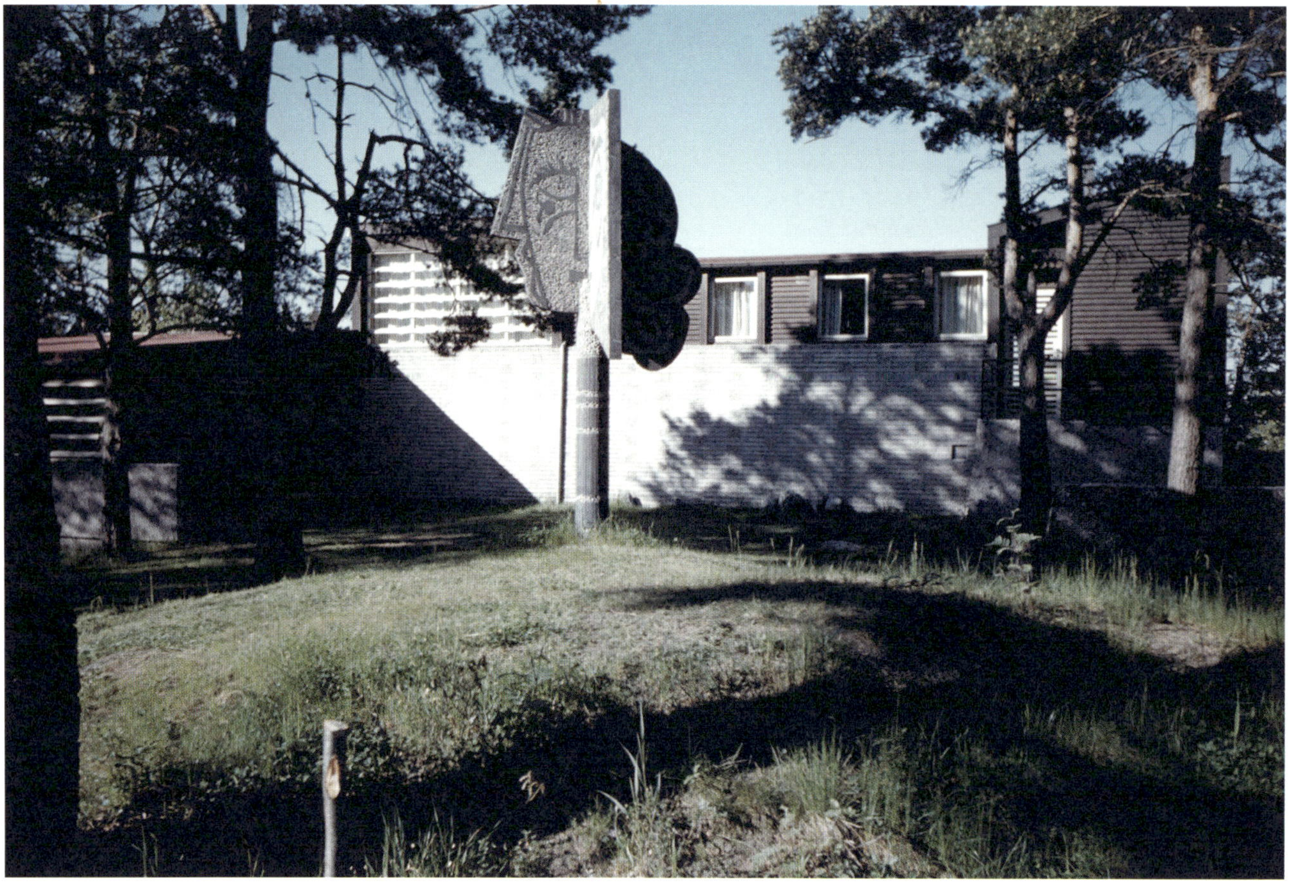

Ill. 79
Kvinnehode. Ved sommerhuset i Larvik / *Head of a Woman* at Viksjø's summer house in Larvik. Foto: Erling Viksjø, ca. 1957. Nasjonalmuseet NAMF.02285.019

Ill. 80
Foto av Viksjø som studerer modellen 1:1 / Photo of Viksjø studying the 1:1 model for the head. Foto: Ant. Carl Nesjar, ca. 1957. Nasjonalmuseet

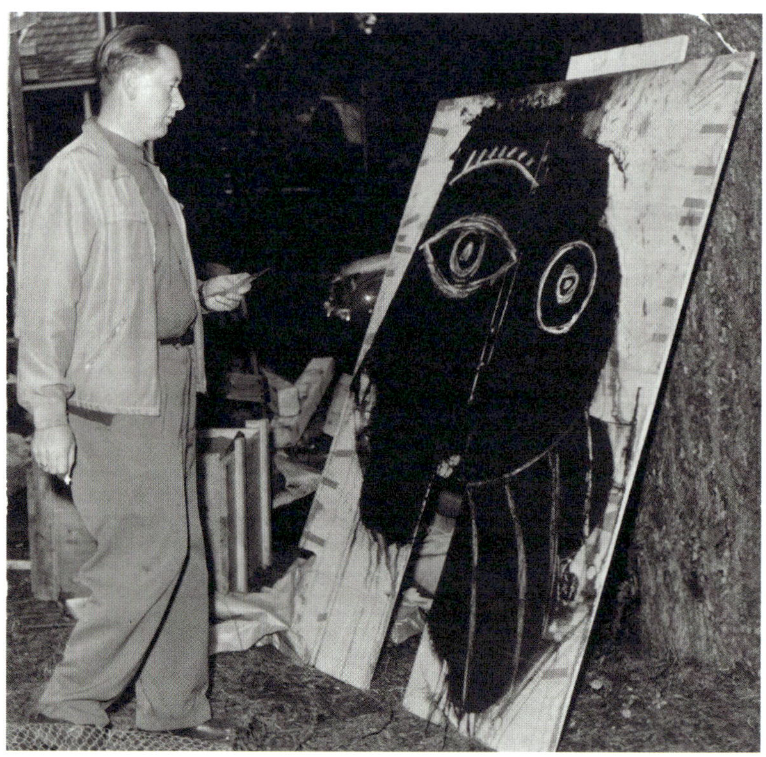

to Fairweather this happened in 1958.[20] Picasso apparently studied the photographs carefully before he and Jacqueline spoke enthusiastically about the monumental effect of the result.[21] Viksjø himself seems to have been interested in the relationship of the sculpture to his summer house's experimental concrete walls. Other photographs show the sculpture in its garden site, blending with the slender trunks of the pine trees behind.

Utstillinger og monumentalskulpturer

Etter 1958 er det lite å finne om Viksjøs relasjon til Picasso. Viksjø opptrer mer som en bakmann og støttespiller for Nesjar. Men i 1965 er sporene tydeligere. Da Viksjø i desember 1964 og januar 1965 lanserte planer for et *Nytt Nasjonalgalleri på Tullinløkka*, plasserte han inn Picasso-liknende skulpturer i skissene.[22] Viksjø ønsket et felles gulv på hele Tullinløkka, slik at det ble en sammenhengende åpen plass fra tilbygget og sørover til Universitetshagen. Et uterom med både trappeavsatser, beplantning, patioer og Picasso-liknende friluftskulpturer flere steder [ill. 81]. Skulpturene var muligens bare løse ideer, men antyder Picassos høye posisjon på den norske kunstscenen.

Tidspunktet for lanseringen var trolig ikke tilfeldig. Like etter åpnet utstillingen «Kunst i betong og dekorative betongplater» i Kunstnernes Hus. Utstillingen, som kom fra Moderna Museet i Stockholm, var dominert av kunst i naturbetong med Picasso–Nesjar, men ble i Oslo utvidet med blant annet conglobord og -vegger og kunst i metallbetong.[23] Intendant Jørgen Skaare framhevet Nordens ledende posisjon på feltet, deriblant i samarbeidet Picasso–Nesjar–Viksjø.[24] Skulpturen *The Cut-out Figure* (1965), utformet av Picasso, der Nesjar hadde overvåket støpningen, ble laget til utstillingen. Skulpturen, utformet som et oksehode, sto først foran *Elkemhuset* (1959–65) før den ble flyttet til Slottsparken foran Kunstnernes Hus. Pressen omtalte det som noe Nesjar og Viksjø eide i fellesskap,[25] men andre kilder støtter ikke dette.[26] «Er det en skulptur, er det et relieff eller en diger tegning?» spurte kritikeren Fredrik Michelet i *Verdens Gang*.[27] Hans kommentar berørte implisitt også problemet med Picassos ekspressive skulpturer. Hvor lett kunne de tilpasses arkitekturen?

Eller naturen? I 1965 ble det også foreslått av Nesjar, og muligens Viksjø, hvordan en 30 meter høy Picasso-skulptur kunne plasseres i Oslofjorden. Referansen var opplagt fra Kristine-

Exhibitions and monumental sculptures

For several years after 1958, there is little to be found about Viksjø's relationship with Picasso. Viksjø seems to have acted more as a backer and supporter of Nesjar. But more clues emerge in 1965. In December 1964 and January 1965, when Viksjø launched his plans for a *Nytt Nasjonalgalleri på Tullinløkka* (a new National Gallery at Tullinløkka), he included Picasso-esque sculptures in his sketches.[22] Viksjø wanted the whole of Tullinløkka to form a single floor, so that there would be a continuous outdoor space from the extension southwards to the University Gardens. This outdoor space would have steps leading to alcoves, planting, patios and Picasso-esque open-air sculptures in several places steder [ill. 81]. The inclusion of these sculptures may only have been a vague idea, but is indicative of the value that the Norwegian art scene placed on Picasso.

The timing for the launch of the Tullinløkka project was probably not random. Shortly afterwards, the exhibition *Kunst i betong og dekorative betongplater* (Art in concrete and decorative concrete panels) opened at Kunstnernes Hus in Oslo. The exhibition, which had travelled from Moderna Museet in Stockholm, was dominated by artworks in *naturbetong* by Picasso–Nesjar, which in Oslo were augmented with items including tables and walls made of *conglobetong* and art made from *metallbetong* ("metal concrete").[23] The curator Jørgen Skaare emphasized the leading position of the Nordic countries in this field, including the Picasso–Nesjar–Viksjø collaboration.[24] The sculpture titled *The Cut-out Figure* (1965), designed by Picasso and cast under Nesjar's supervision, was made for the exhibition. The sculpture, shaped like the head of an ox, first stood in front of *Elkemhuset* (The Elkem Building) (1959–65) before being moved to Slottsparken opposite Kunstnernes Hus. The press described the sculpture as something Nesjar and Viksjø owned jointly,[25] but other sources do not support this.[26] "Is it a sculpture,

hamn (1965), der en skulptur på 15 meter som viste hodet til Picassos ektefelle Jacqueline var plassert ved bredden av innsjøen Vänern. Også Picasso skal ha vist interesse for at Norge fikk en monumental skulptur.[28] Oslos daværende ordfører Brynjulf Bull støttet ideen, NRK fikk laget en fotomontasje med en Picasso-skulptur plassert på Huk badestrand på Bygdøy [ill. 82] og Viksjø framhevet at de naturlige forutsetningene var gode.[29] En monumental Picasso-skulptur ville befeste Oslo som en kunstby.

Museet i Kiruna

En annet radikalt forslag kom med Viksjøs involvering i et museumsprosjekt i Kiruna i Nord-Sverige. Mot slutten av 1964 ble Viksjø, Picasso og Nesjar engasjert i planer det sveitsiske selskapet A.K.A.B. hadde for Kiruna.[30] Ved siden av selskapets hovedkontor, vurderte firmaet å bygge et museum for samisk kunst og kultur. Spillet mellom den horisontale arkitekturen og den vertikale skulpturen ble eksponert både i Viksjøs tegninger og modell [ill. 83]. En begeistret Nesjar skrev til Picasso i januar 1965 at Viksjøs planer ville få de gamle egypterne til å blekne.[31] Picasso og Nesjar skal på denne tiden ha hatt dristige ideer om å oppføre Picasso-skulpturer som hus over flere etasjer. Men Viksjøs tegninger støtter ikke en slik tilnærming. Ideen var å oppføre den gigantiske kvinnefiguren *Seated Woman* ved siden av museet, eller som Viksjø skrev, «slik at skulpturen danner inngangspartiet». Utgangspunktet var en brystfigur Picasso hadde utført i 1961, først i utklippet form og siden i papir, før den var blitt utført i jernplate. Picassos modell var 33,5 cm høy, og det skulle ganges med 100, slik at den ville bli hele 33,5 meter høy.[32] Viksjø antyder at komplekset skulle bygges for det «svenske stålets regning». «Det er opprinnelig Picassos idé med en eller annen arkitektonisk utnyttelse av hans skulpturer – så vi håper vi

is it a relief or a giant drawing?" asked the critic Fredrik Michelet in the tabloid *Verdens Gang*.[27] His comment touched implicitly on a problem with Picasso's expressive sculptures. How easily could they fit in with architecture?

Or in a natural landscape? In 1965, Nesjar, perhaps in conjunction with Viksjø, proposed installing a 30-metre-high Picasso sculpture in the Oslo Fjord. The inspiration undoubtedly came from the Swedish town of Kristinehamn (1965), where a 15-metre-high Picasso sculpture, depicting the head of his wife Jacqueline, had been installed on the shores of Lake Vänern. Picasso also appears to have shown interest in the idea of a monumental sculpture for Norway.[28] Oslo's then-mayor, Brynjulf Bull, supported the idea; the national broadcaster NRK made a photomontage showing a Picasso sculpture on the beach at Huk on the Bygdøy peninsula [ill. 82]; and Viksjø claimed that the natural conditions were favourable.[29] A monumental Picasso sculpture would strengthen Oslo's status as an artistic capital. The proposal was never realized, however.

A museum for Kiruna

Another radical proposal came with Viksjø's involvement in a museum project in Kiruna in northern Sweden. Towards the end of 1964, Viksjø, Picasso and Nesjar were engaged in the plans the Swiss company A.K.A.B. had for Kiruna.[30] The company was considering building a museum of Sámi art and culture next to its headquarters. Viksjø's drawings and models for the museum feature a clear interplay between the proposed horizontal architecture and a vertical sculpture [ill. 83]. An enthusiastic Nesjar wrote to Picasso in January 1965 that ancient Egyptian monuments would pale beside Viksjø's plans.[31] While Picasso and Nesjar appear to have had audacious ideas about realizing Picasso sculptures as multi-storey buildings, Viksjø's drawings do not support such an approach. Instead, the idea was to realize the enormous sculpture *Seated Woman* next to the museum, or as Viksjø wrote, "so that the sculpture forms the entrance". The starting point was a bust that Picasso had made in 1961, first as a cut-out shape, and then as a paper sculpture, before it was finally realized as a model in sheet iron. Picasso's model was 33.5 centimetres in height, and this was to be multiplied by 100, so that the final height of the sculpture would be 33.5 metres.[32] Viksjø suggested that the complex should be built "at

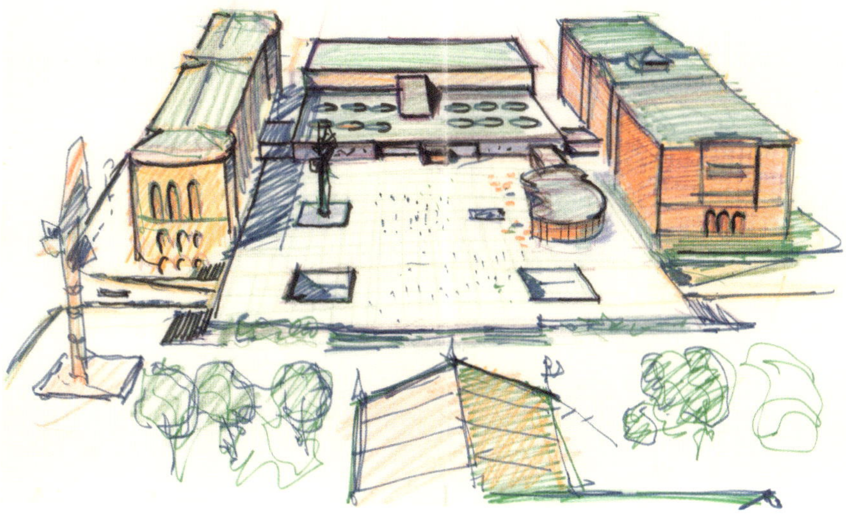

Ill. 81
Erling Viksjø: Utkast til tilbygg til Nasjonalgalleriet (1964–65), Oslo / Plan for a new National Gallery at Tullinløkka, Oslo. Nasjonalmuseet NAMT.evi087.001. Foto: Børre Høstland, Nasjonalmuseet

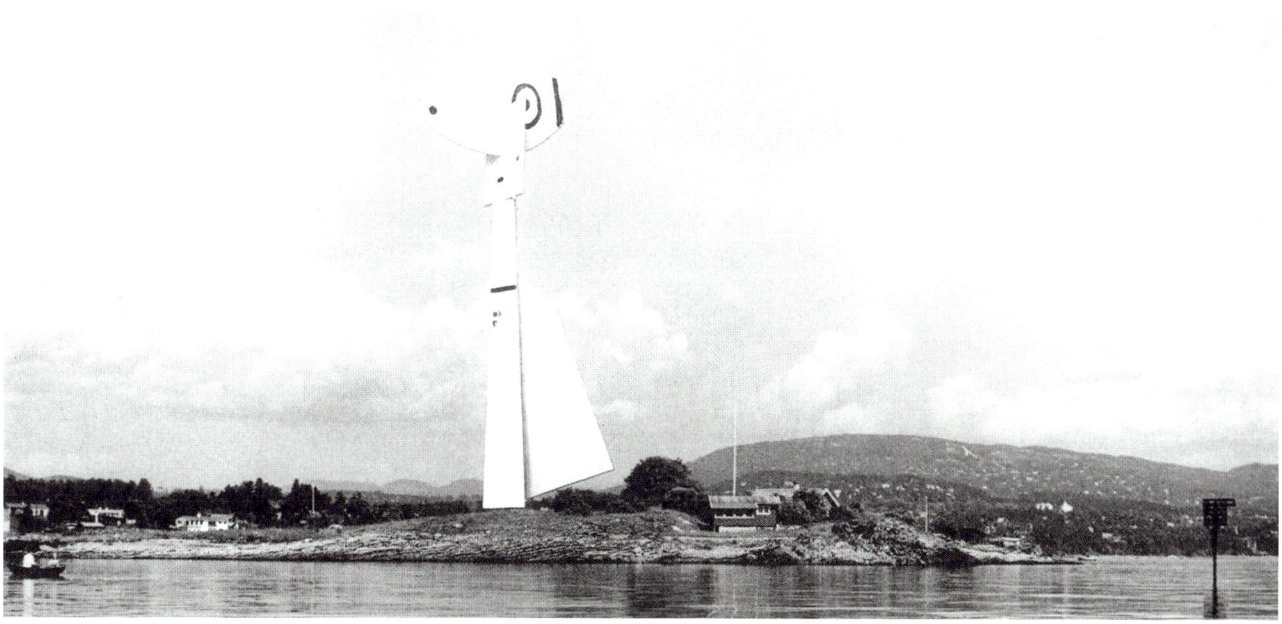

Ill. 82
Picasso/Nesjar og trolig Viksjø: Utkast til skulptur ved Huk, Oslo, 1965 / Photomontage of sculpture on the beach at Huk, Oslo. (Gjengitt fra Bo Wingren, *Picasso i det offentliga rummet*, Stockholm: Carlssons Bokforlag, 2003, 35)

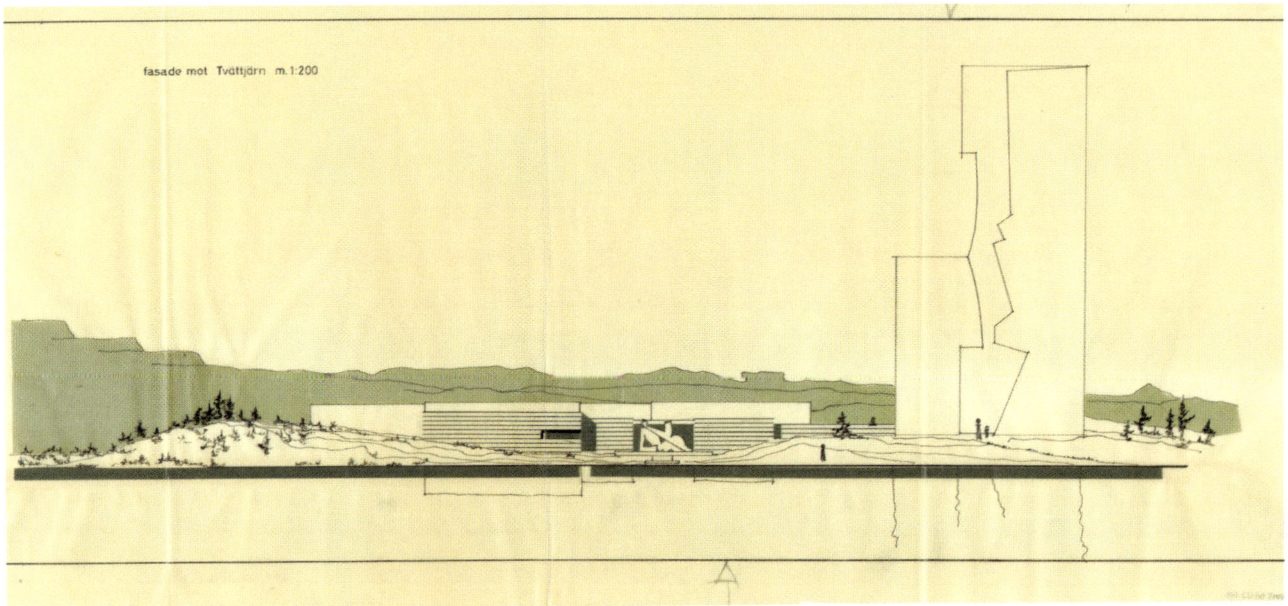

Ill. 83
Erling Viksjø, Carl Nesjar og Pablo Picasso: «Seated Woman». Utkast til Museum for samisk kunst og kultur i Kiruna / Plan for Museum for Sámi Art and Culture in Kiruna, Sweden, 1965. Nasjonalmuseet NAMT.evi123.001. Foto: Børre Høstland, Nasjonalmuseet

får godkjennelse på forslaget,» skrev Viksjø om hensikten med deres møte i 1965.[33]

På Viksjøs tegninger ser vi en bygningsmasse tilpasset landskapets topografi med en rekke av kubiske bygninger med horisontal utstrekning. Spesielt fasaden mot øst ville gitt en slående monumental virkning, der den enorme skulpturen i sin kantede form også ville fått et samspill med horisonten og arkitekturen. Den lave kubiske bygningsmassen og bruken av skivemurer var beslektet med Mies van der Rohes tidlige arbeider. Dette er formale trekk vi ser i parallelle prosjekter av Viksjø, slik som utkast til Norges ambassade i Moskva i rød tegl. Men det slående i tegninger og modellfotografier er prosjektets silhuettvirkninger med den gigantiske Picasso-skulpturen. På et vis viser Kiruna-prosjektet også det arkitektoniske ytterpunktet for hvor langt Viksjø var villig til å gå for å framheve Picassos figurative skulpturer. Skulptur og arkitektur er i samspill, men arkitekturen er gitt en underordnet rolle.

Til møtet med Picasso i 1965 hadde Viksjø med seg Kiruna-modellen. Men manglende fransk- og spanskkunnskaper gjorde dialogen vanskelig da de møttes i Picassos atelier. Nesjar, i rollen som tolk, har beskrevet møtet som «en slags empati – de likte hverandre. Picasso var fornøyd med å ha Viksjø i sitt hjem, og Viksjø var beæret og glad for å være der».[34] Da Viksjø fem år senere, i 1970, fikk spørsmålet om det 20. århundrets største arkitekt, svarte han: «Corbusier. Han har vært det samme for arkitekturen som Picasso for den bildende kunsten».[35] Sitatet indikerer hvordan arkitektur og billedkunst for Viksjø framsto som to likestilte kunstarter. En holdning han var ganske alene om å ha i Norge.

Swedish steel's expense." "It is originally Picasso's concept to have some form or other of architectonic exploitation of his sculptures – so we hope we get approval for this suggestion," wrote Viksjø on the purpose of their meeting in 1965.[33]

In Viksjø's drawings we see a design adapted to the topography of the landscape with a series of cubic buildings with a horizontal appearance. In particular, the east-facing façade would have had a strikingly monumental effect, and the enormous sculpture with its angular shape would also have interacted with the horizon and the architecture. The low-rise cubic buildings and the use of freestanding walls was reminiscent of the early works of Mies van der Rohe. This form is characteristic of parallel projects by Viksjø, such as his proposal for a red-brick building to house the Norwegian embassy in Moscow. But the most striking feature of the drawings and photographs of the models is the Kiruna project's silhouette, with the gigantic Picasso sculpture. In a way the Kiruna project also shows the furthest architectonic extreme to which Viksjø was prepared to go to call attention to Picasso's figurative sculptures. The sculpture and the architecture interact, but the architecture has a subordinate role.

Viksjø took his Kiruna model along with him for his meeting with Picasso. But his lack of knowledge of French and Spanish made conversation difficult when they met in Picasso's studio at his home. Nesjar, who acted as interpreter, later described the meeting as having "a kind of empathy – they liked each other. Picasso was happy to have Viksjø in his home, and Viksjø was honoured and happy to be there".[34] When Viksjø was asked five years later, in 1970, who was the 20th century's greatest architect, he replied: "Corbusier. He has been the same for architecture as Picasso has been for visual art".[35] This quotation shows how Viksjø considered architecture and visual art to be two equal branches of the arts. This attitude was pretty much unique in Norway.

Noter

1 Skisseboken er i privat eie og inneholder både skisser og notater. Ovennevnte sitat framstår som et utkast til brev.

2 For forholdet mellom Nesjar og Picasso, se bl.a.: Sally Fairweather; *Picasso's Concrete Sculptures*, New York: Hudson Hills Press, 1992 og Bo Wingren: *Picasso i det offentliga rummet*, Stockholm: Carlsssons, 2003. Sylvia A. Antoniou: *A concrete partnership. Carl Nesjar & Pablo Picasso*, Oslo: Icefount Publishing, 2009 og nyere utgaver og Sylvia A. Antoniou: *Samtaler med Carl Nesjar. Betongdekorasjonene i Regjeringsbygningene i Oslo*, Oslo: Icefount Publishing, 2012.

3 Picassos involvering i *Høyblokka* og *Y-blokka* er godt dokumentert og behandles ikke i denne sammenheng, selv om vi

Notes

1 The privately-owned sketchbook contains both sketches and notes. The quotation mentioned above appears to be from a draft letter.

2 On the relationship between Nesjar and Picasso, see among others: Sally Fairweather; *Picasso's Concrete Sculptures*, New York: Hudson Hills Press, 1992; Bo Wingren: *Picasso i det offentliga rummet*, Stockholm: Carlsssons, 2003; Sylvia A. Antoniou: *A concrete partnership. Carl Nesjar & Pablo Picasso*, Oslo: Icefount Publishing, 2009 and more recent editions; and Sylvia A. Antoniou: *Samtaler med Carl Nesjar. Betongdekorasjonene i Regjeringsbygningene i Oslo*, Oslo: Icefount Publishing, 2012, 41.

gjerne skulle hatt studier av motivkretsens mulige betydning. Se bl.a. Sylvia Antoniou 2009 og 2012. Også Viksjøs mulige politiske undertoner med å trekke Picasso inn i utsmykningen av Regjeringsbygningen blir berørt andre steder. Se Espen Johnsen, *Erling Viksjø. Eksperimenter i form og betong*, Oslo: Pax Forlag, 2020, 85, 86.

4 Framkommer i et brev Kiss Viksjø skrev til Sally Fairweather. Sally Fairweather; *Picasso's Concrete Sculptures*, New York: Hudson Hills Press, 1992, 99.

5 Erling Viksjø, 4. juli 1970 til *Dagbladet*.

6 Her kan nevnes Ramón Gómez de la Serna, *Completa y verídica historia de Picasso y el cubismo*, Torino: Chiantore, 1945, Wilhelm Boeck, *Picasso*, Stuttgart: Verlag Kuhlhammer, 1955, David Douglas Duncan, *Picasso's Picasso*, Macmillan & Co Ltd, 1961.

7 Ifølge datteren Tone Viksjø, fleipet Viksjø i ettertid om at han den gangen hadde mulighet til å kjøpe *Guernica*.

8 Siktes her til profilerte norske billedkunstnere med mye makt og innflytelse og som bl.a. samtidig ble tildelt utsmykningsoppdrag til Oslo rådhus, eksempelvis Henrik Sørensen, Alf Rolfsen og Axel Revold.

9 Se også Bente Solbakken: «Tekstur som ornamenter. Erling Viksjøs eksperimenter med sandblåst betong på 1950-tallet.» I Espen Johnsen (red.): *Brytninger. Norsk arkitektur 1945–65*. Oslo: Nasjonalmuseet, 2010, 262–63.

10 Odd Stein Andersen, «En muse», *Byggekunst* 1954, 6, tillegget, 21.

11 Øivind Storm Bjerke: «Picasso og Norsk kunst». I *Picasso besøker Norge*. Oslo: Grøndahl Dreyer, 1992, 112.

12 Pikehode («Mädchenkopf») fra 1946 er bl.a. avbildet i en av Viksjøs bøker om Picasso. Se Boeck, *Picasso*, 1955, 57.

13 Hvor skissene var tiltenkt som utsmykning er ukjent. Kan de være forstudier til Bakkehaugen kirke? Som kjent ble Maria med krybben et sentralt motiv i Kai Fjells utsmykning? Fjells egne skisser viser dog at han selv utformet dette temaet.

14 Antoniou 2009, 18–19.

15 Catherine Craft: «From Steel to Concrete: Head of a Woman», (2018). https://www.nashersculpturecenter.org/read-watch/articles/article/id/85

16 Brev fra Nesjar til Picasso, 18. juli, 1957, Archives Picasso, Musée Picasso, Paris, boks 107 (Nesjar).

17 Begge modellene ble trolig skapt ut fra samme pappmodell (maquette), påpeker Craft, og viser til et fotografi av David Douglas Duncan fra Picassos atelier tatt de samme junidagene som Nesjar var på besøk. Craft, Ibid. Modell nr. 2 er i dag i Nasher Sculpture Center, mens modellen i bemalt tre er i Musée Picasso de Paris.

18 Fairweather; *Picasso's Concrete Sculptures*, 38.

19 Sitat fra Kiss Viksjøs notatbok, 1957–58. P.e. Kun «P» ble brukt for å skjule Pablo Picassos fulle navn, siden dette ennå var hemmelig. Datoene i notatboken er utydelige, og møtet kan ha funnet sted i 1958.

20 Fairweather, *Picasso's Concrete Sculptures*, 39.

21 Ibid.

22 Prosjektet har blitt arbeidet med over en periode, antakeligvis fra ca. 1962 og framover. Underveis i prosessen fikk Viksjø i oppdrag av Eiendomsdirektoratet å lage et forprosjekt. Arkivene viser alternative løsninger bl.a. et år tidligere. En hovedutfordring for museet var at de bare kunne vise ¼ av samlingen på 2600 malerier. Prosjektets hovedidé var å bygge utstillingssaler over bakken og et større parkeringshus under bakken. Universitetsgaten skulle bli overbygd med nedfart til parkeringshuset i begge ender.

23 Notat (brevutkast I av Ering Viksjø i skissebok, 1965. P.e.

24 *Verdens Gang*, 22.01.1965.

25 «Picasso for hagebruket», *Dagbladet*. 14.03.1965, 16. Skulpturen var nå flyttet til Frognerparken i anledning en hagebruksutstilling. Skulpturen inngår i en serie merkelige dyrefigurer under betegnelsen *Figure découpée*, vist fram på utstillinger uten å ha vært tiltenkt en bestemt plassering. (Wingren, 78.) En av skulpturene synes senere å ha blitt plassert (1966) ved noen studentboliger i Kungshamra i Sverige.

26 Antoniou omtaler det kun som et samarbeid mellom Nesjar og Picasso, 2009, 63.

27 *Verdens Gang*, 22.01.1965.

3 Picasso's involvement in *Høyblokka* and *Y-blokka* is well documented and is not discussed in this connection, although we would have liked to have included studies of the possible significance of this group of motifs. See among others Sylvia Antoniou 2009 and 2012. Also Viksjø's possible hidden political motives for involving Picasso in the artworks for the government buildings are touched on in other places. *See* Espen Johnsen, *Erling Viksjø. Eksperimenter i form og betong*, Oslo: Pax Forlag, 2020, 85, 86.

4 Appears in a letter from Kiss Viksjø to Sally Fairweather. Sally Fairweather; *Picasso's Concrete Sculptures*, New York: Hudson Hills Press, 1992, 99.

5 Erling Viksjø, 4 July 1970, to the Norwegian newspaper *Dagbladet*.

6 Examples include Ramón Gómez de la Serna, *Completa y verídica historia de Picasso y el cubismo*, Torino: Chiantore, 1945; Wilhelm Boeck, *Picasso*, Stuttgart: Verlag Kuhlhammer, 1955; and David Douglas Duncan, *Picasso's Picasso*, Macmillan & Co. Ltd., 1961.

7 According to his daughter Tone Viksjø, Viksjø joked in later life that he had once had the opportunity to purchase *Guernica*.

8 Here we are alluding to high-profile Norwegian artists with a lot of power and influence, who at this same period were being commissioned to paint murals for Oslo City Hall, among other things. Examples include Henrik Sørensen, Alf Rolfsen and Axel Revold.

9 *See also* Bente Solbakken, "Tekstur som ornamenter. Erling Viksjøs eksperimenter med sandblåst betong på 1950-tallet", in Espen Johnsen (ed.), *Brytninger. Norsk arkitektur 1945–65*, Oslo: The National Museum, 2010, 262–63.

10 Odd Stein Andersen, "En muse", *Byggekunst* 1954, 6, supplement, 21.

11 Øivind Storm Bjerke, "Picasso og Norsk kunst", in *Picasso besøker Norge*, Oslo: Grøndahl Dreyer, 1992, 112.

12 Head of a Girl ('Mädchenkopf") from 1946, is illustrated, among other places, in one of Viksjø's books on Picasso. *See* Boeck, *Picasso*, 1955, 57.

13 It is unknown what building's walls the sketches were intended for. Could they be preparatory studies for Bakkehaugen church? As we know, the Virgin Mary by the manger is a central motif in the designs of Kai Fjell. Fjell's own sketches, however, show that he developed this theme himself.

14 Antoniou 2009, 18–19.

15 Catherine Craft: "From Steel to Concrete: Head of a Woman", (2018). https://www.nashersculpturecenter.org/read-watch/articles/article/id/85

16 Letter from Nesjar to Picasso, 18 July, 1957, Archives Picasso, Musée Picasso, Paris, box 107 (Nesjar).

17 Craft points out that both models were probably created on the basis of the same cardboard maquette, referring to photographs that David Douglas Duncan took of Picasso's studio on the same days in June as when Nesjar was visiting. Craft, *ibid*. Today *Model No. 2* is in the collection of the Nasher Sculpture Center, while the model in painted wood is in the Musée Picasso de Paris.

18 Fairweather, *Picasso's Concrete Sculptures*, 38.

19 Quotation from Kiss Viksjø's notebook, 1957–58. P.C. Only the initial "P" was used in order to conceal Pablo Picasso's full name, since his involvement was still a secret. The dates in the notebook are unclear, and the meeting may in fact have taken place in 1958.

20 Fairweather, *Picasso's Concrete Sculptures*, 39.

21 Ibid.

22 Work had been continuing for a while on this project, probably from around 1962 onwards. During the process, Viksjø was commissioned by *Eiendomsdirektoratet* (the government construction agency) to create a preparatory project. The archives show alternative solutions, including from a year earlier. A major problem for the museum was that it only had space to display a quarter of its collection of 2,600 paintings. The project's main concept was to build exhibition galleries above ground and a large car park underground. The street running along the front of the National Gallery, Universitetsgaten, would be built over with ramps down to the underground car park at both ends.

28 «Fattig svensk by kjøpte Picasso-skulptur på avbetaling», *Dagbladet*, 03.09.1965, 6.
29 «La oss få en Picasso-skulptur til Oslofjorden», *Dagbladet*, 28.08.1965, 15.
30 Fairweather, 99.
31 Wingren, 38.
32 Viksjøs arkiv i Nasjonalmuseet, NAMTevi123. Arkivet viser flere varianter som gjør målene noe usikre.
33 Notat (brevutkast) av Erling Viksjø i skissebok, 1965. P.e.
34 Fairweather, 100.
35 «Konstruktiv nedriver», *Dagbladet*, 04.07.1970, 7.

23 Note (draft correspondence) by Erling Viksjø in a sketchbook, 1965. P.C.
24 *Verdens Gang*, 22 January 1965.
25 "Picasso for hagebruket", *Dagbladet*. 14 March 1965, 16. The sculpture had now been moved to Frognerparken in connection with a horticultural exhibition. The sculpture is included in a series of strange animal figures titled *Figure découpée*, and was displayed at exhibitions without having been intended for a particular site. (Wingren, 78.) Later one of the sculptures appears to have been moved to a site (1966) at some student accommodation blocks in Kungshamra in Sweden.
26 Antoniou describes this as a collaboration between Nesjar and Picasso only, 2009, 63.
27 *Verdens Gang*, 22 January 1965.
28 «Fattig svensk by kjøpte Picasso-skulptur på avbetaling», *Dagbladet*, 3 September 1965, 6.
29 «La oss få en Picasso-skulptur til Oslofjorden» *Dagbladet*, 28 August 1965, 15.
30 Fairweather, 99.
31 Wingren, 38.
32 Viksjø's archive in the National Museum, NAMTevi123. The archive contains several variations, making the dimensions somewhat uncertain.
33 Note (draft correspondence) by Erling Viksjø in a sketchbook, 1965. P.C.
34 Fairweather, 100.
35 «Konstruktiv nedriver», *Dagbladet*, 4 July 1970, 7.

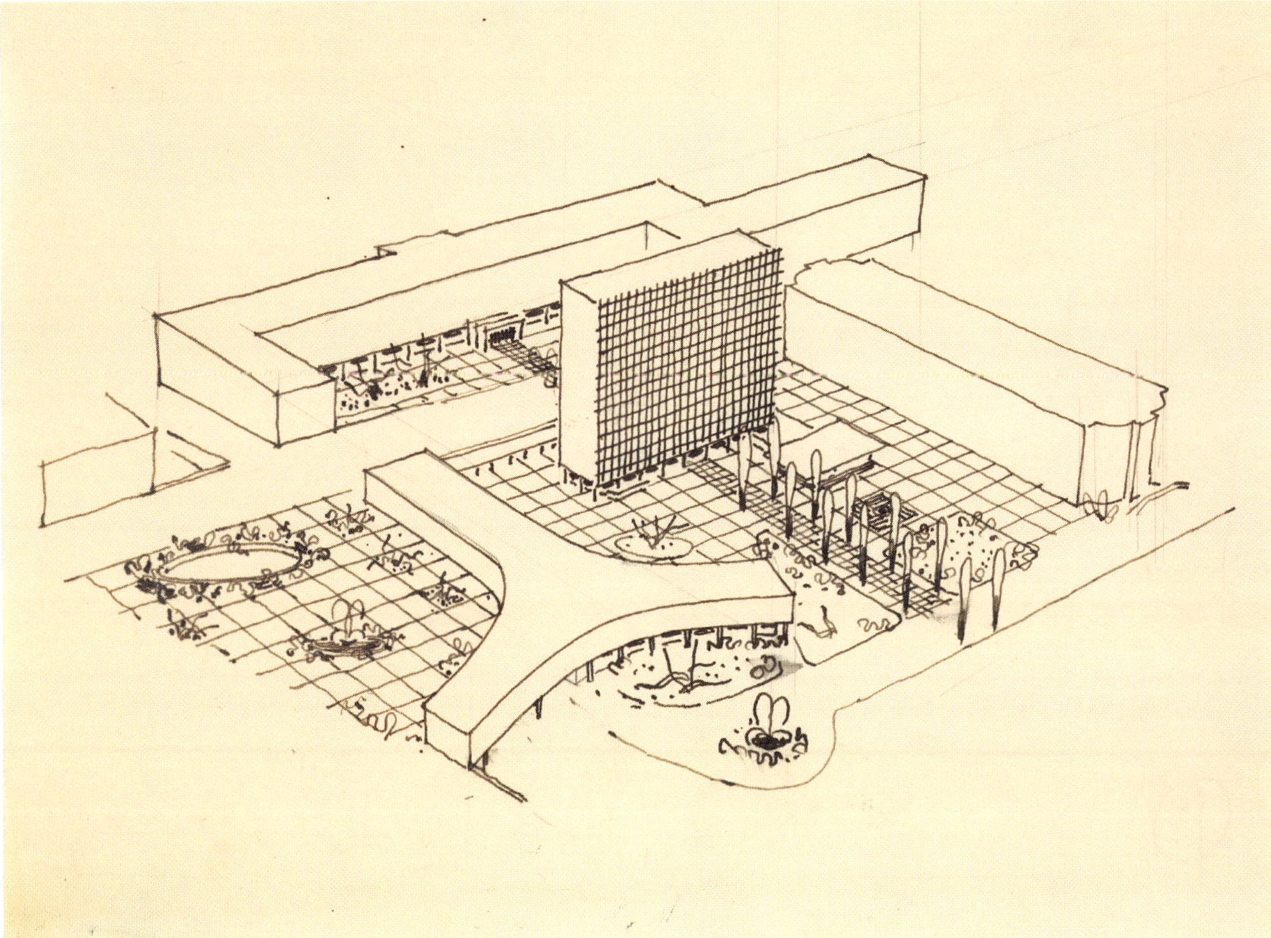

Ill. 84
Erling Viksjø: Perspektiv som viser Regjeringskvartalet med *Høyblokka* og *Y-blokka*, 1958, penn og blyant på papir, 21,2 × 29,7 cm. Presentert i *Byggekunst* 1959 / Drawing showing the Government Quarter with *Høyblokka* and *Y-blokka* (1958). Presented in the journal *Byggekunst* 1959. Nasjonalmuseet (NAMT.evi194). Foto: Andreas Harvik, Nasjonalmuseet

Den tvetydige Y-blokka. Rå idyll eller ubehag?

Espen Johnsen

Hvordan skal vi forstå den omstridte og nå ikoniske *Y-blokka* (1952–69)? Et byggverk vi dessverre savner en arkitekturhistorisk undersøkelse av, og som det kun finnes et begrenset tegnemateriale til. *Y-blokka* er et sterkt arkitektonisk verk, men samtidig et komplekst kunstverk som spriker i ulike retninger. Her skal vi nøye oss med noen refleksjoner omkring hvordan bygget og dets utsmykning besitter en tvetydighet som gir rom for ulike fortolkninger. Året 1970 markerer slutten på samarbeidet mellom Erling Viksjø og Pablo Picasso og endepunktet for arkitektens bestrebelser etter å syntetisere kunstartene, hvor arkitektur, skulptur, utsmykning og ornamentikk glir over i hverandre. Er *Y-blokka* en skulptur i seg selv? [ILL. 85] Er *Fiskerne* (1969) på gavlveggen mot sør og *Måken* (1967–68) i vestibylen to selvstendige, atskilte kunstverk, eller kan de ha en indre sammenheng?

Brutalisme og ikonisk arkitektur

Y-blokka kan leses som et bygg innen brutalismen så vel som et eksempel på ikonisk arkitektur.[1] Et fellestrekk for begge disse betegnelsene er at byggverkene ofte har en egenartet form. *Y-blokkas* kraftfulle og bastante Y-form kan ikke forstås uavhengig av Viksjøs interesse for *Unesco*-kom-

The ambiguous Y-Block. An idyll in exposed concrete?

Espen Johnsen

How should we understand the much-debated and now iconic *Y-block (Y-blokka)* (1952–1969)? It is a building for which we unfortunately lack an architectural-history analysis, and for which only a limited quantity of the architect's drawings exist or are available. The *Y-blokka* is a powerful work of architecture, but at the same time it is a complex work of art that points in different directions. In the following we will content ourselves with some reflections on how the building and its decorations embody an ambiguity that allows room for various interpretations. The year 1970 marked the end of the collaboration between Erling Viksjø and Pablo Picasso and also the conclusion of the architect's efforts to synthesize different fields of art, whereby architecture, sculpture, integrated artworks and ornament would merge into each other. Is the *Y-blokka* a sculpture in itself? [ILL. 85] Are *Fiskerne* (The Fishermen, 1969) on the south-facing end wall and *Måken* (The Seagull, 1967–68) in the lobby two independent, autonomous artworks, or do they have an internal connection?

Brutalism and iconic architecture

The *Y-blokka* can be interpreted as an example of both Brutalism and iconic architecture.[1] Buildings of both descriptions share the characteristic of often having very distinctive shapes. The powerful and sturdy Y-shape of the *Y-blokka* cannot be understood independently of Viksjø's interest

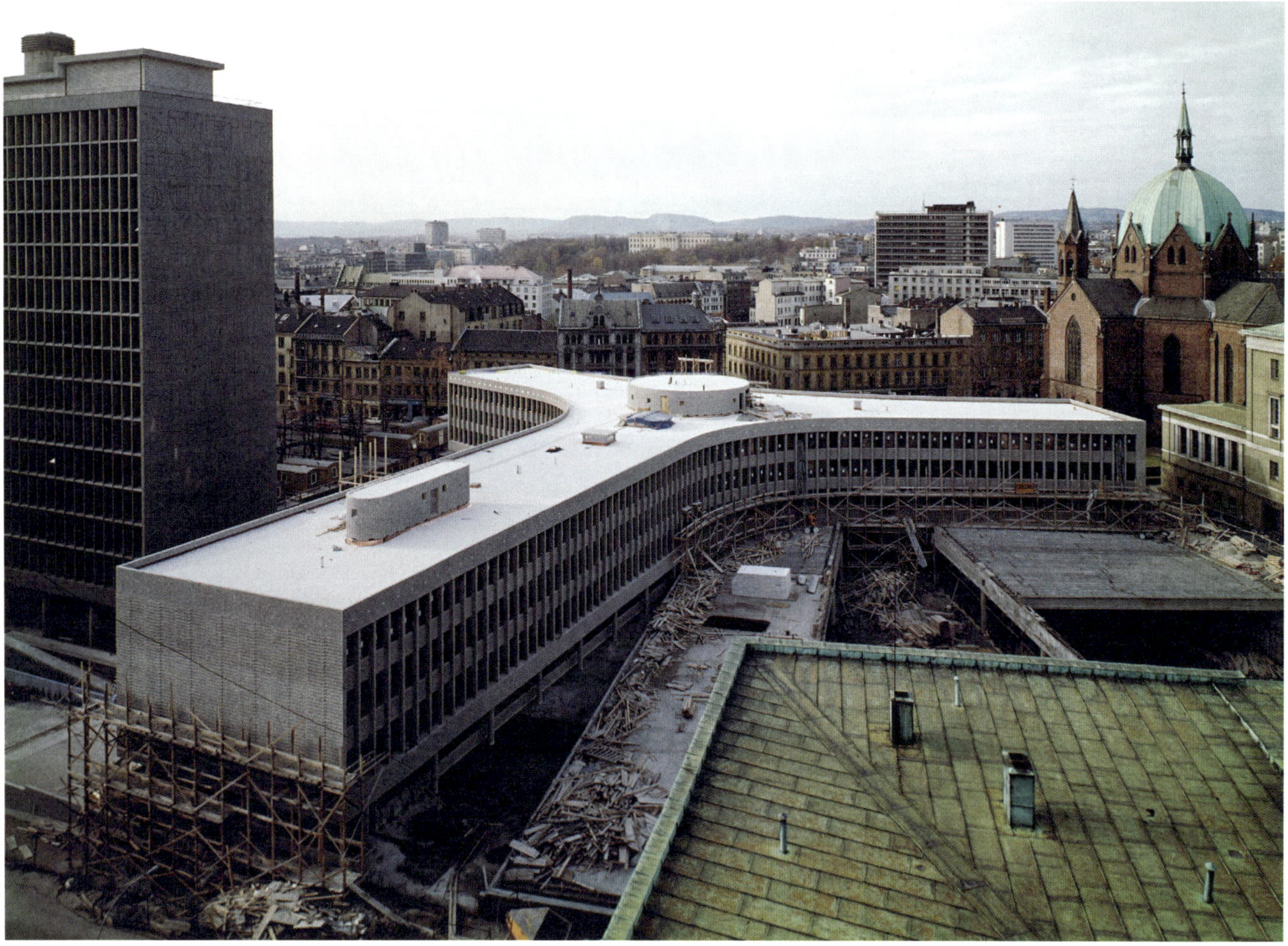

Ill. 85
Foto av *Y-blokka* under oppføring / Photo of *Y-blokka* under construction. Foto: Teigens fotoatelier/DEXTRA Photo / Norsk Teknisk Museum, ca. 1969

Ill. 86
Erling Viksjø: Perspektiv opp Akersgaten mot en buet T-blokk (1956–58), blekk og blyant på transparentpapir, 21 × 29,6 cm / Perspective drawing, showing the view down Akersgaten towards a curved T-block (1956–58). Nasjonalmuseet NAMT. evi196. Foto: Børre Høstland, Nasjonalmuseet

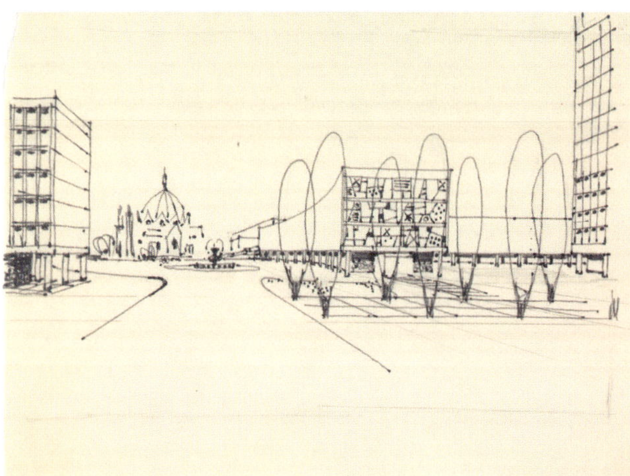

Ill. 87
Erling Viksjø: Skisse til ukjent prosjekt. Viser at arkitekten var opptatt av Y-formen. Privat eie / Sketch for unknown project, showing Viksjø's interest in the Y-shape. Foto: Børre Høstland, Nasjonalmuseet

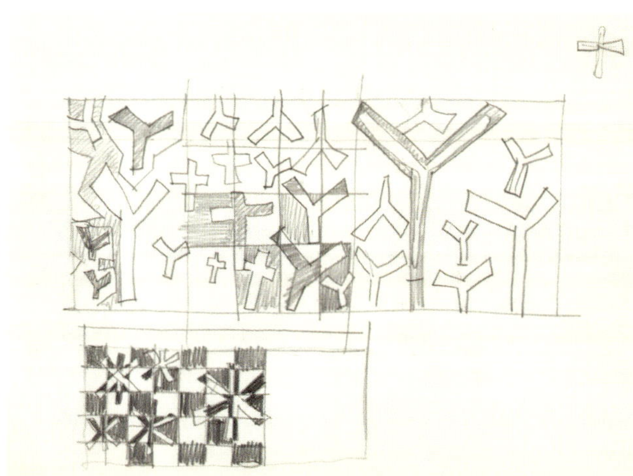

plekset i Paris (1952–58), utformet av Bernard Zehrfuss, Marcel Breuer og Pier Luigi Nervi.[2] Men det må også ses i sammenheng med hvordan Viksjø fra 1952 først planla *Høyblokka* kombinert med en tilliggende lavblokk utformet som en T, før det i 1958 ble endret fra en buet T til en Y [Ill. 84, 85]. Dette store tidsspennet i byggets historikk gjør *Y-blokka* til et overgangsobjekt fra den balanserte høymodernismen tidlig på 1950-tallet til 1960-tallets ekspressive brutalisme i betong. *Y-blokka* utgjør en viktig del av regjeringskomplekset med *Høyblokka*, men har samtidig en egenkarakter. En utvikling som avspeiler Viksjøs brutalististiske bevegelse i retning av forenkling av volumer og en direkte nyskapende bruk av betong. Hans variant av brutalismen kommer fram i interaksjonen mellom kunstartene, mellom arkitektur, kunstnerisk utsmykning og ornamentikk. Viksjøs beste byggverk representerer ikke en ren anti-arkitektur som andre arkitekter praktiserte innen brutalismen, men oppholder seg i skjæringspunktet mellom kunstartenes syntese og brutalisme. Detaljeringen i naturbetongen på andre gavlvegger viser et høyere mestringsnivå enn den utprøvende *Høyblokka*. I *Y-blokka* binder råheten i betongoverflatene byggverket sammen, og kunsten blir så tett integrert at bygningen oppleves som et sammensatt kunstverk.

*Y-blokka*s skulpturelle karakter og slående form gjør at den sammen med andre bygg, som Jan Inge Hovigs *Ishavskatedralen* (1965) og Odd Østbyes *Kirkelandet kirke* (1964), også representerer 1960-tallets forløpere for det vi kan karakterisere som en norsk ikonisk arkitektur.[3] Ifølge arkitekturteoretikeren Charles Jencks kan moderne ikonisk arkitektur fra etterkrigstiden – og spesielt på 2000-tallet – karakteriseres som framstående bygninger med en slående form. Bygninger med en karakter som gjerne gir metaforiske assosiasjoner hos betrakteren [Ill. 87]. En særpreget form som huskes. Bygninger som representerer et potensielt symbol verdt å tilbe, skriver Jencks.[4]

in the *UNESCO* permanent headquarters site in Paris (1952–58), designed by Bernard Zehrfuss, Marcel Breuer and Pier Luigi Nervi.[2] But its Y-shape must also be seen in the context of how Viksjø, starting in 1952, first planned the *Høyblokka* (the "*Highrise*") in combination with an adjacent low-rise T-shaped block, before in 1958 changing what had become a curved T into a Y [Ill. 84, 85]. A long period of time elapsed during the planning of the building. This crucial period spanned the transition from the balanced High Modernism of the early 1950s to the expressive concrete Brutalism of the 1960s, and makes the *Y-blokka* an example of the transition. The *Y-blokka* is an important element in the complex of government buildings that also includes the *Høyblokka*, but at the same time has its own distinctive appearance. The development of the building reflects Viksjø's Brutalism-informed move towards a simplification of volumes and a directly innovative use of concrete. His version of Brutalism is expressed in an interaction between the different branches of the visual arts, between architecture, integrated artworks and ornament. Viksjø's best buildings do not represent the kind of pure anti-architecture practised by other architects in the Brutalist movement, but exist at the intersection of Brutalism and a synthesis of the visual arts. The sandblasted naturbetong (concrete) detailing is executed with greater expertise than the experimental equivalents in the earlier *Høyblokka*. In the *Y-blokka*, the rawness of the concrete surfaces has a unifying effect on the building, and the artworks are so tightly integrated into the architecture that we experience the building as a composite artwork.

The sculptural nature of the *Y-blokka* and its striking shape cause it to number, along with other buildings such as Jan Inge Hovig's *Ishavskatedralen* (Arctic Cathedral, 1965) and Odd Østbye's *Kirkelandet Church* (1964), among the 1960s predecessors of what we can characterize as the Norwegian version of iconic architecture.[3] According to the architectural theorist Charles Jencks, modern iconic architecture of the postwar era – and particularly that of the 2000s – consists characteristically of very prominent buildings with strikingly recognizable shapes. According to Jencks, these are buildings whose appearances often trigger metaphorical associations in the viewer; highly distinctive and memorable structures; buildings that represent a potential symbol worth idolizing.[4] [Ill. 87]

Y-blokka som romlig blikkfang

Kan Viksjø i sin syntese av arkitektur og kunst også ha tenkt noe over hvordan plasseringen av *Y-blokka* inngår i maktforbindelsen fra Stortinget opp mot regjeringskontorene i Akersgaten? I forholdet mellom Stortingets lovgivende, bevilgende og kontrollerende makt og regjeringens rolle som utøvende makt? Vi vet ikke, men det framstår ikke helt uvesentlig. Med plasseringen av *Fiskerne* på gavlveggen, viser Viksjø hvordan kunstnerisk utsmykning på en bygning kan framstå som et sterkt blikkfang for betraktere som kommer sørfra [Ill. 88]. Et blikkfang som også stimulerer betrakteren til å utvide blikket mot byggets særpregede svungne Y-form og Regjeringskvartalet som helhet. Men Y-formen og *Fiskerne* fungerer også som et blikkfang den andre veien: Ut mot den romlige urbane situasjonen utsmykningen er satt inn i, ved at motivet henvender seg både mot Akersgaten og plassrommet utenfor *Høyblokka*.

På ett nivå markerer *Y-blokka* sammen med *Bergen rådhus* (1951–74) slutten på Viksjøs bestrebelser etter å skape «en ny monumentalitet». Et modernistisk ideal spesielt forfektet av CIAMs generalsekretær Sigfried Giedion under og i årene like etter krigen. Den svenske kunsthistorikeren Gregor Paulsson hevdet derimot i 1948 at «monumentalitet» var en umulighet for demokratiske stater.[5] Viksjø tilbakeviser dette med sitt alvorlige forsøk på å skape en ny type fellesrom for den sosialdemokratiske staten i sammenstillingen av *Høyblokka* og *Y-blokka*. Der samspillet mellom arkitektur og kunstnerisk utsmykning spilte en framtredende rolle.

Fiskerne som politisk motiv

Å plassere en skulptur som blikkfang på Arne Garborgs plass, framstår viktig for Viksjø helt fra han utformet konkurranseutkastet om ny regjeringsbygning i 1940 til *Y-blokka* står ferdig nesten 30 år senere.[6] Dette var et byrom som stadig var under press og ble diskutert i pressen. Her får vi nøye oss med å trekke fram et par av Viksjøs egne ideer. I konkurranseprosjektet *Vestibyle* (1940) plasserte Viksjø inn en monumental skulptursøyle på Arne Garborgs plass. Toppen på søylen var kronet med en hest med plog styrt av en mannsfigur, antakeligvis en bevisst referanse

The Y-Block as spatial landmark

Did Viksjø in his synthesizing of architecture and art also spare some thought for the metaphorical significance of the *Y-blokka*'s location in relation to the links in Norway's system of government, leading up from the Storting (Parliament) building towards the government offices on Akersgaten? About the relationship between the legislature (the Storting) and the executive (regjeringen), including the Storting's powers of appropriation and oversight of the executive branch? We do not know, but it does not seem completely irrelevant. By placing *Fiskerne* on the end wall, Viksjø showed how integrating art into the building could make it a powerful landmark for people approaching along Akersgaten from the south [Ill. 88]. A landmark that also stimulates viewers to broaden their gaze across the building's distinctive curved Y-shape and the Government Quarter as a whole. But the building's Y-shape and *Fiskerne* also appear eye-catching when seen from a different point-of-view; the spatial urban situation into which the decoration has been set. The image addresses itself both to Akersgaten and to the plaza outside *Høyblokka*.

On one level, the *Y-blokka*, together with *Bergen City Hall* (1951–74) mark the conclusion of Viksjø's efforts to create "a new monumentality". This Modernist ideal was promoted in particular by Sigfried Giedion, the secretary-general of CIAM, during and just after the war. In 1948, the Swedish art historian Gregor Paulsson claimed however that "monumentality" was incompatible with democratic states.[5] Viksjø rejected this assertion with his serious attempt to create a new type of shared space for the social-democratic state in his juxtaposition of the *Høyblokka* and the *Y-blokka*. Here the interatction between architecture and integrated art played a prominent role.

'Fiskerne' as a political motif

Positioning a sculpture as an eye-catching element on Arne Garborgs plass appears to have been important for Viksjø right from 1940, when he was designing his competition entry for new government buildings, until *Y-blokka* was completed nearly 30 years later.[6] Arne Garborgs plass was an urban space that was continually under pressure and the subject of newspaper debates. Here we must content ourselves with focusing on a couple of Viksjø's own ideas. In his *Vestibule* (1940) competition project, Viksjø proposed siting a monumental sculptural column

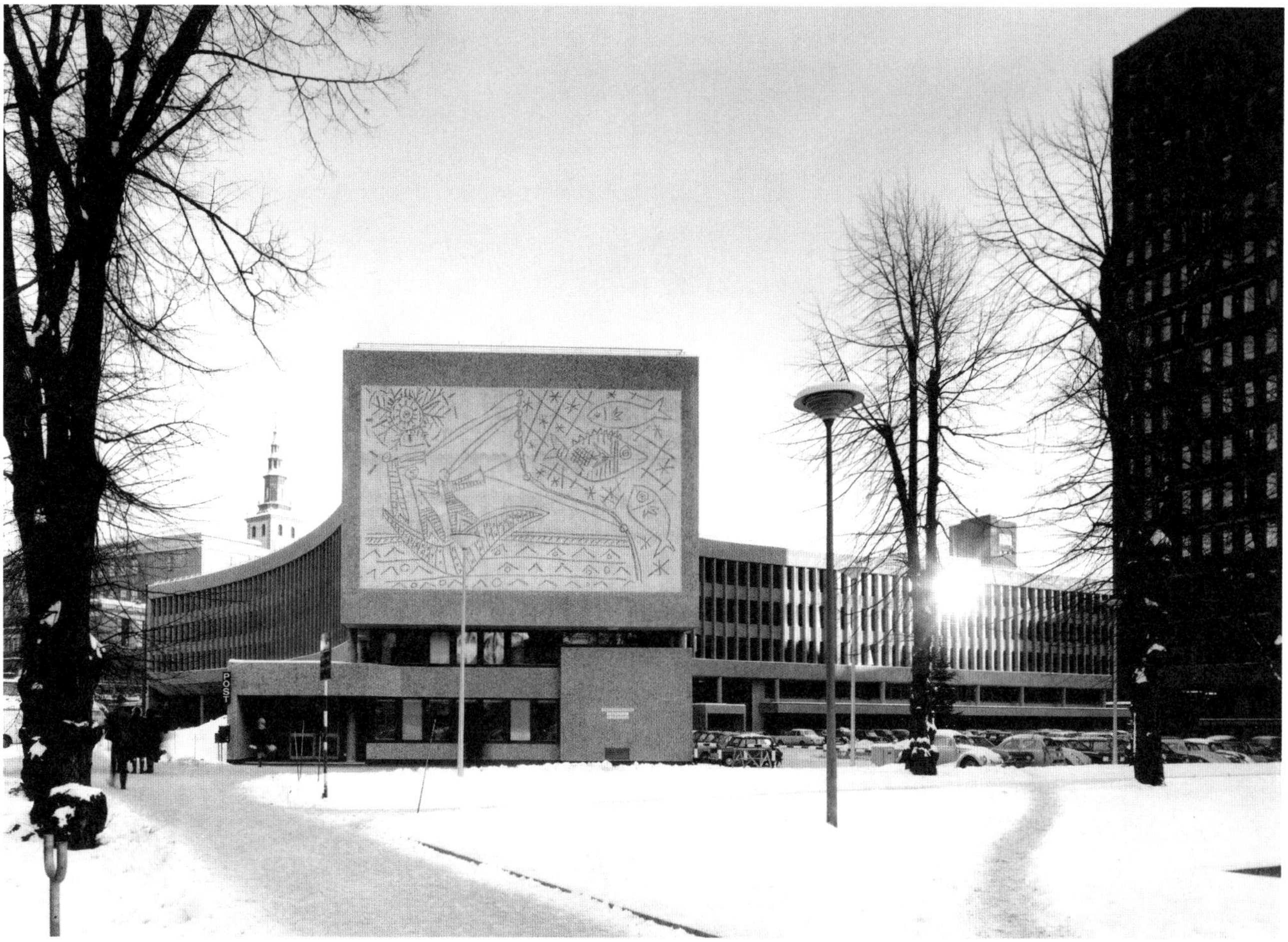

Ill. 88
Erling Viksjøs *Y-blokka* med gavlfasaden mot sør med Picassos utsmykning *Fiskerne* / The southern gable facade of *Y-blokka* with Picasso's *The Fishermen*.
Foto: Teigens fotoatelier, ca. 1969

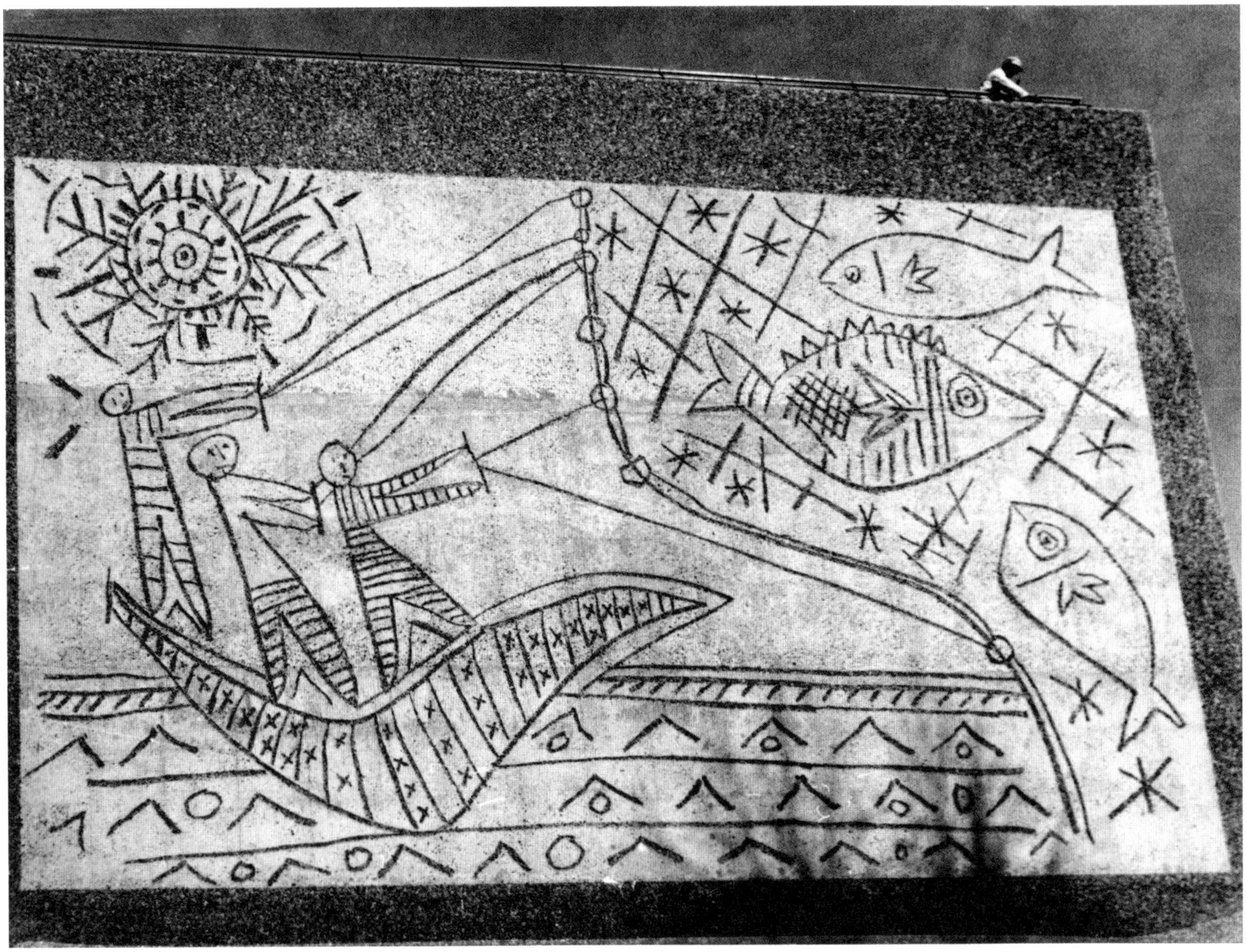

Ill. 89
Picassos *Fiskerne*. Foto fra Carl Nesjars fotoalbum / Picasso's *The Fishermen* from Carl Nesjar's photo album. Foto: Carl Nesjar, 1969. Nasjonalmuseet NMK.2020.0043 (album)

til den norske bondestand som like før krigen hadde en høy politisk posisjon. Med *Y-blokka* kan vi spørre oss om Viksjø bevisst skifter ut dette blikkfanget med Picassos *Fiskerne*. Ikke nøyaktig på samme sted, men likevel såpass nært at den synes å ha noe av den samme hensikten.

Det er blitt påpekt at *Fiskerne* egentlig var tiltenkt en vegg i interiøret og ikke på fasaden.[7] Viksjøs perspektivskisser fra 1950-tallet sett oppover Akersgaten viser imidlertid at gavlveggen på T- eller Y-blokka helt fra starten av var tenkt å ha et blikkfang med utsmykning, de fleste skissert inn med et nonfigurativt motiv [ILL. 86]. Viksjø var en kuratorisk strateg. Det er godt mulig at han etter hvert som kontakten med den verdensberømte kunstneren ble etablert, håpet at Picasso skulle utsmykke dette feltet, uten at han dristet seg til å skissere det inn. Men vi vet det ikke sikkert. Vi kan bare registrere at noe nonfigurativt avløses av noe figurativt.

Men hvorfor fiskerne som motiv? Picassos skisser av både *Måken* og *Fiskerne* ble utført samme år (1957). Dette kan delvis forklares i at Picasso ofte utformet motiver fra den franske riveria. *Fiskerne* uttrykker en diskré livsglede, og motivet skal ha vært et bevisst valg av kunstneren, der han anså det velegnet til å også kunne henspille på Norges lange kyst.[8] Viksjø så trolig hvor godt fiskerne og det å hente naturressursene fra havet var tilpasset den politiske situasjonen Norge nå befant seg i [ILL. 89]. En påminnelse om den lille manns slit og utnyttelse av naturressurser som hele landet er bygget på. Det er i hvert fall en mulig tolkning. Så Viksjø også relevansen i motivet på terskelen til oljealderen? Sannsynligvis ikke, selv om det kan nevnes at det første norske oljefunnet på norsk sokkel kom med oljefeltet Balder i 1967.[9] Motivet av det arbeidende folket som foredler naturen kan nok mer leses som en påminnelse til både bevilgende og utøvende politiske myndigheter om landets demokratiske styreform, der folket avgjør hvem som skal fatte beslutninger på deres vegne.

on Arne Garborgs plass. The column would be crowned by a male figure steering a horse-drawn plough, probably a deliberate reference to Norwegian smallholders, who just before the war had occupied a prominent political position. With the *Y-blokka*, we can ask ourselves whether Viksjø made a deliberate decision to replace this landmark column with Picasso's *Fiskerne*. While *Fiskerne* is not located in exactly the same place as the site that Viksjø had proposed for the column, it is so close that it would seem to serve something of the same purpose.

Some commentators have pointed out that *Fiskerne* was really intended for an internal wall, rather than the building's façade.[7] However Viksjø's perspective sketches from the 1950s looking uphill along Akersgaten show that right from the start he envisaged the end wall of the *T-* or *Y-Block* as featuring an eye-catching integrated artwork, generally sketched in as a non-figurative motif [ILL. 86]. Viksjø was a curatorial strategist. It is entirely possible that as his contact with Picasso became established, he started to hope that the world-famous artist would create an artwork for this wall, although Viksjø did not dare indicate this in his sketches. Of course we cannot be certain about this. We can only record that something non-figurative is replaced by something figurative.

But why the choice of fishermen as a subject? Picasso's made his sketches of *Måken* and *Fiskerne* in the same year (1957). His choice of subjects can be explained partly by the fact that he often made compositions relating to the French Riviera. *Fiskerne* expresses a restrained *joie de vivre*, and the motif must also have been a conscious choice by the artist, who would have seen it as an appropriate reference to Norway's long coastline.[8] Viksjø probably saw how well an image of fishermen, and the concept of harvesting resources from the sea, were suited to the political situation that Norway then found itself in [ILL. 89]. A reminder of the toil of ordinary people and the exploitation of natural resources on which the whole country depended. At least this is one potential interpretation. Did Viksjø also consider this motif to be relevant on the threshold of Norway's petroleum era? Probably not, although it is worth mentioning that the first oil discovery on the Norwegian continental shelf occurred on the Balder field in 1967.[9] The image of people at work harvesting nature's resources can no doubt be read rather as a reminder to both the legislative and executive branches of government of Norway's democratic form of government, in which the people decide who should make decisions on their behalf.

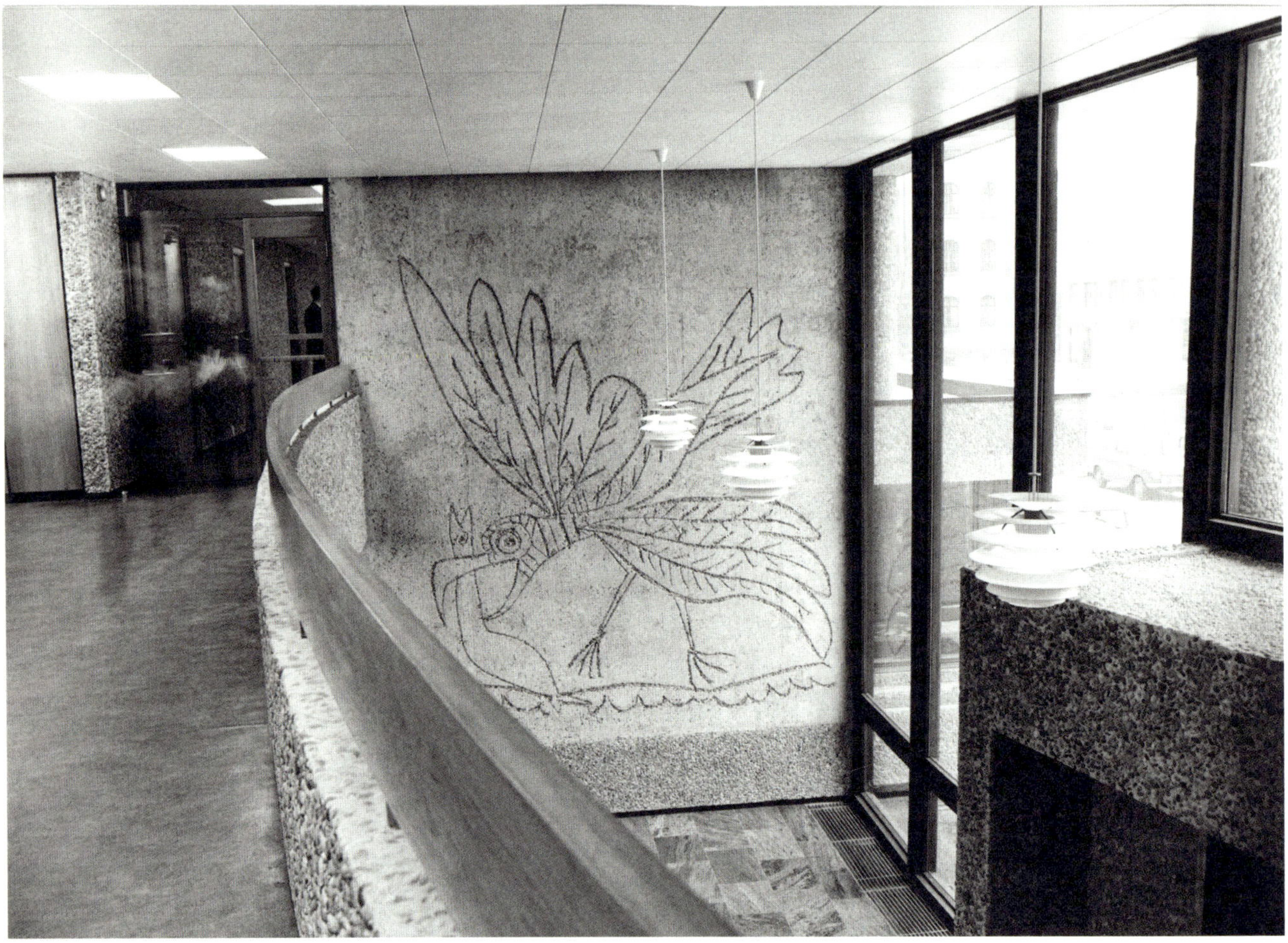

Ill. 90
Fra vestibylen i *Y-blokka* med utsmykningen av Pablo Picassos *Måken* / From the *Y-blokka* lobby, with Picasso's *The Seagull*.
Foto: Bjørn Winsnes, 1969. Nasjonalmuseet NAMF.00602.020

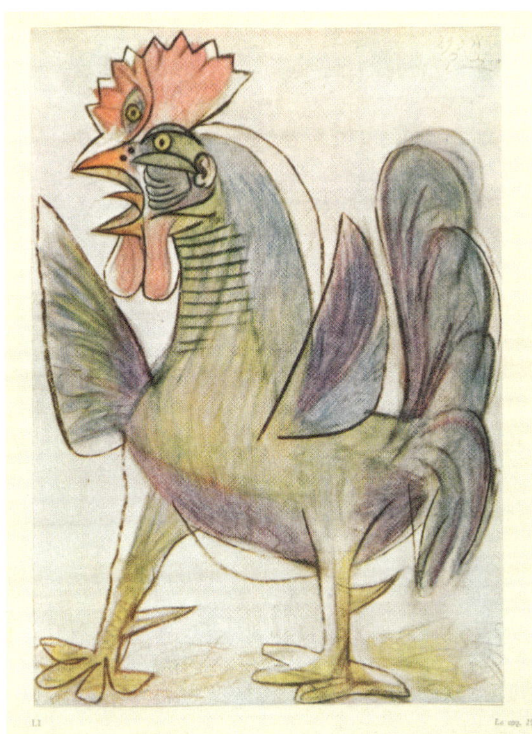

Ill. 91
Pablo Picasso: *Le Coq* (1939). Illustrasjon fra en bok om Picasso fra Erling Viksjøs boksamling / Illustration from a book about Picasso in Erling Viksjø's book collection

Ill. 92
Detaljfoto av Picassos *Måken* i *Y-blokka*. Foto fra Carl Nesjars fotoalbum / Detail of Picasso's *The Seagull* in *Y-blokka*. From Carl Nesjar's photo album. Foto: Carl Nesjar, ca. 1969. Nasjonalmuseet NMK.2020.0043 (album)

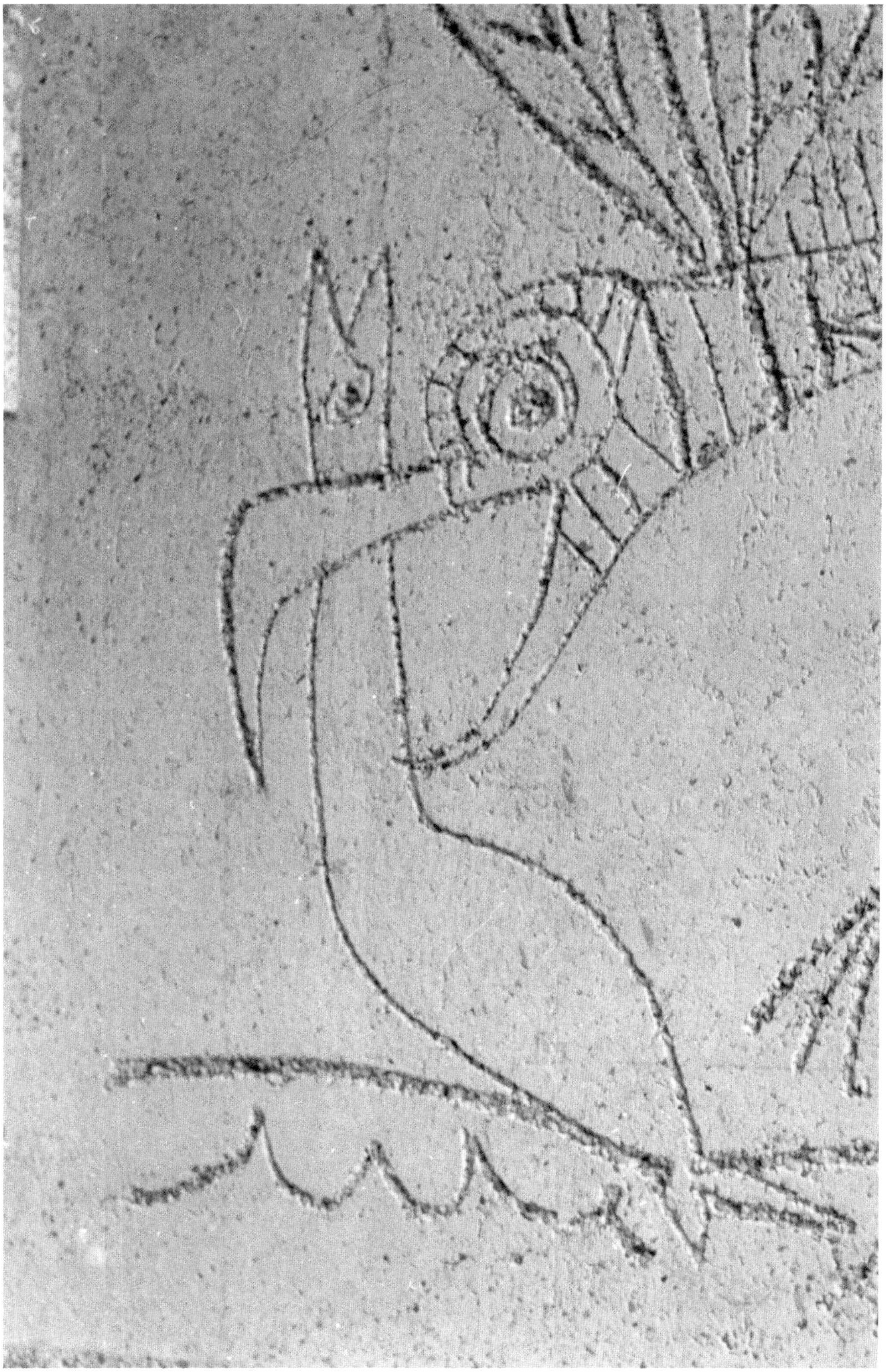

Den grådige måken?

Men er sammenstillingen av *Fiskerne* på gavlveggen og *Måken* i vestibylen helt tilfeldig, eller har de noen forbindelse? Spørsmålet er legitimt, siden Picassos bilder fra 1957 synes å ha vært preget av en tosidighet. En slik type motsetning kommer fram i den samtidige utsmykningen av *La Chute d'Icare* i UNESCO-hallen til *Bâtiment des Conférences*, som viser et strandmotiv der et skjelett flyter i havet uten at det affiserer tre badende figurer, hvorav en naken kvinne som vender seg bort. Har også sammenstillingen av *Fiskerne* og *Måken* en slik ubehagelig spenning?

I vestibylen fungerer den store veggutsmykningen sterkt og direkte i forhold til rommet og den buede veggen [ILL. 90]. Fuglens formale vingespenn, som nesten går ut i en T- eller Y-form, kan ha et mulig tilsiktet likhetstrekk med byggets hovedform. Men heller ikke til *Måken* kjenner vi til kilder som forklarer arkitektens og kunstnerens valg av motiv og plassering.

Er motivet med måken som fanger en fisk bare en idyllisk framstilling av naturens kretsløp, eller ligger det noen underliggende politiske motiver bak? For det er en råhet i bildet som skaper en viss uro, et ubehag [ILL. 92]. At Picasso i sin kunst var opptatt av dyr og fugler, er velkjent. Etter den profilerte kommunisten Picassos deltakelse i fredskonferansen i den polske ruinbyen Wrocław i 1948 og hans utforming av den kjente fredsduen på plakaten til *the World Peace Congress* i Paris i 1949, ble han også sett på som en politisk brobygger mellom øst og vest. Picassos bruk av duer ble stående som symboler for fred og mot krigens lidelser for kvinner og barn. En slik type politisk aktør synes å passe fint inn i den fredsmeglende rollen Norge ønsket å påta seg i etterkrigsårene.

Allerede samtidig forskning festet seg ved Picassos gjentatte bruk av duen, uglen og hanen.[10] Viksjø hadde i sin boksamling bøker om Picasso som viste til denne motivkretsen [ILL. 91]. Men hva Picasso ønsket å formidle med måken, er usikkert. Metaforisk blir måker betraktet som mennesker som bare tenker på sitt eget beste. Havets rotter. Er det et slikt påminnende blikk Viksjø og Picasso ønsker å projisere over på dem som oppholder seg i regjeringsmaktens hus? Gi dem en advarsel og påminnelse om å ikke bli for grådige? De som grådig forsyner seg (av naturen). Forhåpentligvis kan framtidig forskning på *Y-blokka* oppklare utsmykningens ikonografi og samspill. Uansett framstår sammenstillingen i fortolkningen mellom *Fiskerne* og *Måken* som særdeles aktuell både sett fra et kulturminne- og et økologisk perspektiv.

The greedy Seagull?

But is the juxtaposition of *Fiskerne* on the end wall and *Måken* in the lobby the result of chance, or are they in fact connected? This is a legitimate question, since Picasso's images from 1957 seem to have had an inherent ambiguity. We see an example of such a contradiction in his contemporaneous decoration *The Fall of Icarus* for the new UNESCO permanent headquarters in Paris. The mural depicts a beach scene where a skeleton floats in the sea, without disturbing three bathers, of whom one, a naked woman, averts her face. Is there a similar discomforting tension in the juxtaposition of *Fiskerne* and *Måken*?

In the lobby the large mural interacts powerfully and directly with the architectural space and the curved wall [ILL. 90]. The bird's wingspan, which is almost T- or Y-shaped, may have an intentional similarity to the overall shape of the building. But as with *Fiskerne*, in the case of *Måken* we do not know of any sources that explain the architect's and the artist's choice of subject or positioning.

Is the subject of a gull catching a fish simply an idealized representation of the cycle of nature, or is there an underlying political message? Because there is a rawness in the image that generates a certain level of disquiet, of discomfort [ILL. 92]. Picasso's interest in animals and birds as subjects for his art is well-known. After Picasso, the high-profile communist, participated in the international peace congress in the ruined city of Wroclaw in 1948 and designed the famous Dove of Peace for the poster for the *World Peace Congress* in Paris in 1949, he also became known as a political bridge-builder between East and West. Picasso's use of the dove endured as a symbol for peace and against the suffering of women and children in war. This kind of political actor seemed to fit well with the role of peace negotiator that Norway had ambitions to take on in the postwar years.

Contemporaneous research had already focused on Picasso's repeated use of doves, owls and roosters as motifs.[10] Viksjø's personal library included books about Picasso that referred to this set of motifs [ILL. 91]. Nonetheless, what Picasso wanted to convey by depicting a gull in the *Y-blokka* mural is unclear. Metaphorically, gulls represent people who think only of their own best interests. They are rats of the sea. Did Viksjø and Picasso want to cast such an admonitory gaze over the occupants of the home of the executive branch? To provide a warning and a reminder not to be too greedy? Not to emulate those who greedily help themselves (to nature's

resources)? Hopefully future research into the *Y-blokka* will clarify the iconography of, and relationship between, the two murals. In any event, the interpretative juxtaposition between *Fiskerne* and *Måken* remains particularly relevant both from a cultural-heritage and an ecological perspective.

Noter

1 Denne teksten ble skrevet før rivingen av *Y-blokka* høsten 2020.
2 Se ellers Espen Johnsen: *Erling Viksjø. Eksperimenter i form og betong*, Oslo: Pax forlag, 2020, 238–239.
3 Espen Johnsen: «Y-blokka er unik! La den få stå», *Dagbladet* 20. januar 2015.
4 Charles Jencks: *The Iconic building: the Power of Enigma*. London, Frances, Lincoln 2005, 22–23.
5 Espen Johnsen: «Ny monumentalitet eller anti-monumentalitet?». I Espen Johnsen (red.): *Brytninger. Norsk arkitektur 1945–65*, Nasjonalmuseet, Oslo, 2010, 82–83.
6 Espen Johnsen: Erling Viksjø. *Eksperimenter i form og betong*, Oslo: Pax forlag, 2020.
7 Sylvia A. Antoniou: *A concrete partnership. Carl Nesjar & Pablo Picasso*, Oslo: Icefount Publishing, 2009, 77.
8 Sylvia A. Antoniou: *Samtaler med Carl Nesjar. Betongdekorasjonene i Regjeringsbygningene i Oslo*, Oslo: Icefount Publishing, 2012, 41.
9 «Norsk oljehistorie på 5 minutter.» https://www.regjeringen.no/no/tema/energi/olje-og-gass/norsk-oljehistorie-pa-5-minutter/id440538/
10 Se for eksempel Williard E. Misfeldt: "The Theme of the Cock in Picasso's Oeuvre – *Art Journal*, vol 28, No 2, 1968–69, 146–165.

Notes

1 At the time of writing, the *Y-Block* was still standing. Unfortunately, by the date of publication, the building will probably have been demolished.
2 See also Espen Johnsen: *Erling Viksjø. Eksperimenter i form og betong*, Oslo, Pax Forlag 2020, 238–239.
3 Espen Johnsen: "Y-blokka er unik! La den få stå", *Dagbladet* 20 January 2015.
4 Charles Jencks: *The Iconic Building: the Power of Enigma*. London, Frances, Lincoln 2005, 22–23.
5 Espen Johnsen: "Ny monumentalitet eller anti-monumentalitet?". In Espen Johnsen (ed.): *Brytninger. Norsk arkitektur 1945–65*, National Museum, Oslo, 2010, 82–83.
6 Espen Johnsen: *Erling Viksjø. Eksperimenter i form og betong*, Oslo, Pax Forlag 2020.
7 Sylvia A. Antoniou: *A concrete partnership. Carl Nesjar & Pablo Picasso*, Oslo: Icefount Publishing, 2009, 77.
8 Sylvia A. Antoniou: *Samtaler med Carl Nesjar. Betongdekorasjonene i Regjeringsbygningene i Oslo*, Oslo: Icefount Publishing, 2012, 41.
9 "Norsk oljehistorie på 5 minutter." https://www.regjeringen.no/no/tema/energi/olje-og-gass/norsk-oljehistorie-pa-5-minutter/id440538/
10 See for example Williard E. Misfeldt: "The Theme of the Cock in Picasso's Oeuvre" *Art Journal*, vol. 28, No 2, 1968–69, 146–165.

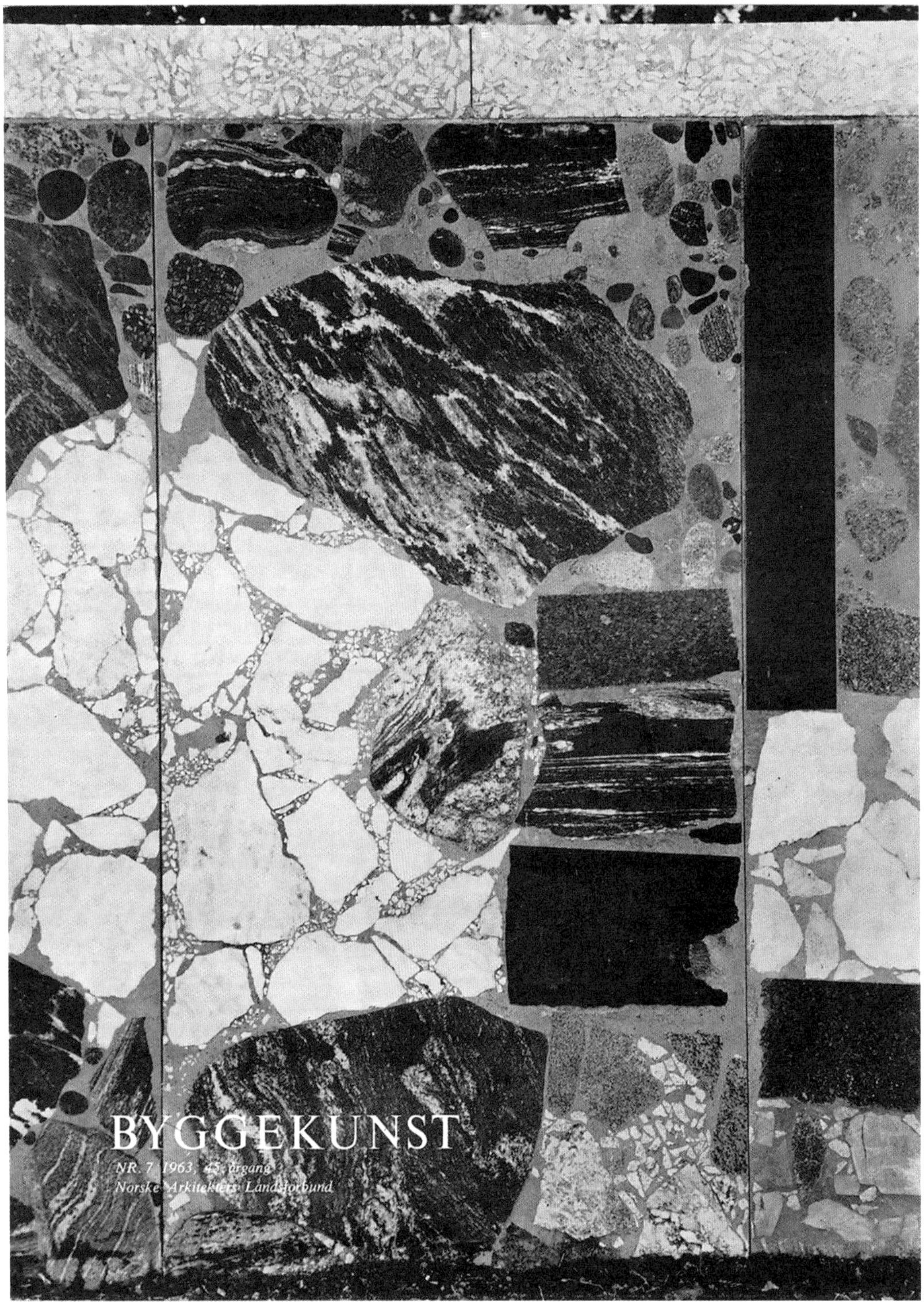

Ill. 93
Forsiden av tidsskriftet *Byggekunst* nr. 7 1963 / Front cover of the journal *Byggekunst* no. 7 1963

Natur i kultur. Viksjø, Tandberg og conglo

Øystein Ustvedt

Blant Viksjøs mange samarbeid med kunstnere står utvekslingen med Odd Tandberg fram som det mest omfattende [ILL. 93]. Gjennom et drøyt tiår utviklet de fire større prosjekter. De utviklet et eget materiale, etablerte et steinsliperi, lagde plater til prosjektene og møbler for salg.[1] I det følgende skal vi se nærmere på deres utforskning av hvordan kunst og arkitektur kunne samspille, og hvordan resultatene bidro til å skape en mykere modernistisk betongarkitektur. De to må ha arbeidet i nær dialog. Resultatene ble noe av det fremste vi har av integrert kunst i Norge.

Hva er conglo?

Conglobetong kalte de det nye materialet. Resultatet av den videre eksperimenteringen med betong ble nemlig et konglomerat av små og store steiner hentet fra stranden, komponert og skåret opp i plater slik at snittflatene sto fram, som i en stivnet masse. Fordelen med denne utgaven var at den virket mer sanselig og visuelt variert enn naturbetongen, Viksjøs signaturmateriale fra og med *Høyblokka*. Congloen kunne skape liv i store veggflater. Spesielt egnet den seg til å lage frittstående skivemurer som i *Norsk Hydro* (1955–63) og til å betone inngangspartier og vestibyler som i *Elektrokjemiske A/S*

Nature in culture. Viksjø, Tandberg and *conglobetong*

Øystein Ustvedt

Among Viksjø's many collaborations with artists, the one he developed with Odd Tandberg stands out as the most extensive [ILL. 93]. Over the course of nearly a decade, they worked on four major projects. They developed their own material and set up a stone-cutting yard to make slabs for their projects as well as furniture for retail sale.[1] In the following paragraphs, we examine in more detail their exploration of how art and architecture could interact, and how the results could contribute to creating a less austere style of concrete Modernist architecture.

Their collaboration, which must have been very close, resulted in some of the most outstanding examples of integrated architectural artworks that we have in Norway.

What is conglo?

Viksjø and Tandberg called their new material *conglobetong* ("congloconcrete"). The material was the result of Viksjø's continuing experiments with concrete and consisted of a conglomerate containing stones of various sizes found on the beach. These stones were carefully arranged inside wooden moulds, which were then filled with concrete. Once the concrete hardened, the resulting blocks were sliced longitudinally into thin slabs. The cut surfaces were polished, making the stones gleam in contrast with the dull concrete in which they were embedded. This new material had the advantage of a more

(«Elkemhuset», 1959–65) og *Standard Telefon og Kabelfabrik* (STK, 1966–67).[2] I tillegg var det mulig å legge platene ut horisontalt, til bord og gulv. Congloen skapte en forbindelse mellom natur og kultur, og mellom kunst og arkitektur [ill. 96]. Den bidro til å definere urbane plassrom og møtesteder.

tactile and varied appearance than *naturbetong* (literally "nature concrete"), which from *Høyblokka* (The Highrise) onwards would become Viksjø's signature material. *Conglobetong* could enliven large wall surfaces. In particular, it lent itself to use as freestanding walls, as in the *Norsk Hydro Building* (1955–63) and as visual accents added to entrance lobbies and vestibules, as in the buildings for *Elektrokjemiske A/S* (*Elkem*, 1959–65) and *Standard Telefon og Kabelfabrik* (*STK*, 1966–67).[2] The slabs could also be laid flat, for table tops and floors. *Conglobetong* forged a connection between nature and culture, and between art and architecture [ill. 96]. It helped to define specific spaces and gathering places within the urban landscape.

Billedkunst i arkitektur

Før Viksjø og Tandberg tok for seg mulighetene som lå i det nye materialet, hadde sistnevnte markert seg som en av den konkrete kunstens fremste billedskapere i Norge.[3] [ill. 94, 95] Med bakgrunn fra Paris i årene rundt 1950, utviklet han en radikal abstraksjon med vekt på noen få geometriske former, helt eller nesten uten farger. Det var verk som ikke var maleriske, ikke gjenga noe eller bød på noe billedrom. De inviterte ikke til symbolske lesninger eller metaforiske assosiasjoner. Uttrykket var redusert til det helt faktiske eller konkrete ved bildet, arbeidet med farger, linjer og flater. For mange beveget Tandberg seg her i ytterkanten av kunstbegrepet.

Viksjø inviterte Tandberg først med i *Høyblokka*, der han bidro med fire veggarbeider i trappehallens femte og niende etasje.[4] I femte etasje finnes to av bygningens mest arkitektoniske utsmykninger. Disse består av noen svarte, oppreiste former som står fram mot en lysere, sandblåst bunn. Uttrykket bygger på en relasjon mellom bærende, tiltende og hvilende former som også står i nær dialog med bygningen, trappens svarte trinn, vinduene og heisdørene. I årene framover var Tandberg Viksjøs fremste samarbeidspartner til å utvikle denne typen relasjon med omgivelsene og arkitekturen, noe som særlig skulle vise seg i congloarbeidene. Også disse virket, og virker kanskje fremdeles, i randsonen av kunstbegrepet. Er de å forstå som kunst, arkitektur, ornament eller design?

Det første arbeidet i conglo finner vi i en av sidepaviljongene til *Høyblokka*, vendt mot Akersgata, oppført i 1958–59; et rektangulært veggfelt, nesten som et innrammet maleri.[5] [ill. 97] Det er forskjellig fra bygningenes øvrige

Visual art in architecture

Even before Viksjø and Tandberg started to explore the potential of this new material, Tandberg had distinguished himself as one of the leading exponents in Norway of the movement known as concrete (in the sense of "real") art or *art concret*.[3] [ill. 94, 95] Having spent time in Paris in the years around 1950, he evolved a radical form of abstraction based mainly on a small number of geometric shapes and almost or totally devoid of colour. These works were not painterly, representational, or evocative of any pictorial space. They invited no symbolic interpretations or metaphorical associations. The style involved reducing the elements of a picture to those that were completely real or concrete: lines, colours and planes. To many people, Tandberg was operating on the outer limits of what they thought of as art.

Viksjø first invited Tandberg to contribute artworks for *Høyblokka*. In response, Tandberg created four sandblasted designs for the landings on the fourth and eighth floors.[4] The two designs on the fourth floor are among the building's most architectural artworks. Both comprise a number of dark shapes standing out from lighter, sandblasted backgrounds. The compositions depict interactions between load-bearing, leaning and recumbent forms, which are also engaged in close dialogue with the building: the black treads of the staircases, the windows and the lift doors. Over the following years, Tandberg became Viksjø's main collaborator in developing works that interacted with the external surroundings and the architecture, a type of interaction that was a particular characteristic of the works in *conglobetong*. To their contemporaries, these

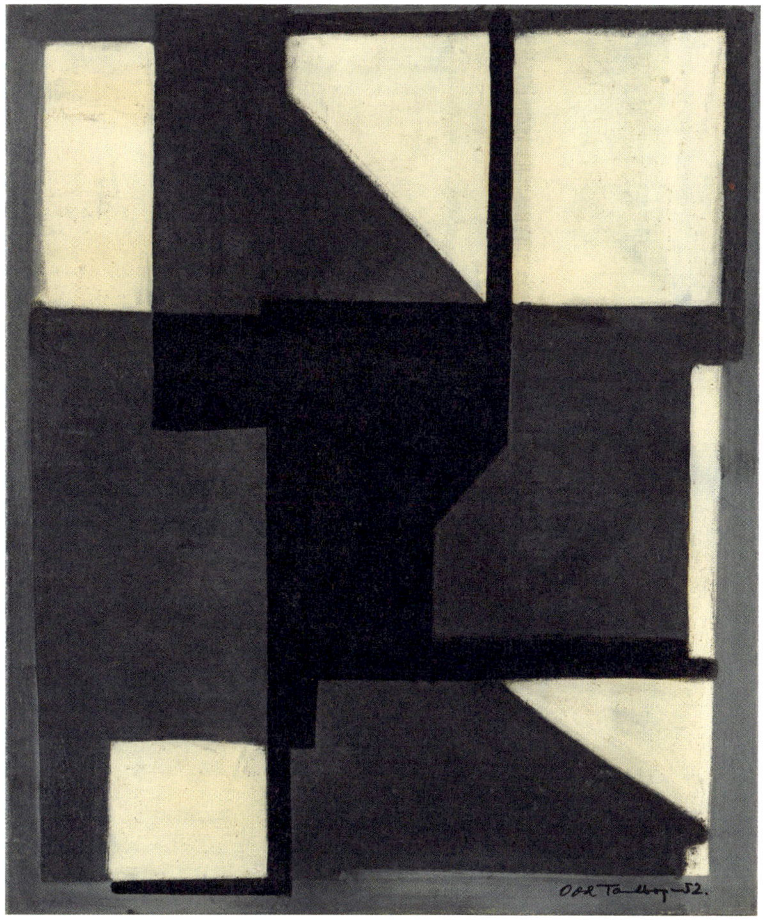

Ill. 94
Odd Tandberg: *Komposisjon / Composition*, 1952, olje på lerret, 77.5 × 66 cm. Nasjonalmuseet MS-04448-2001. Foto: Børre Høstland, Nasjonalmuseet

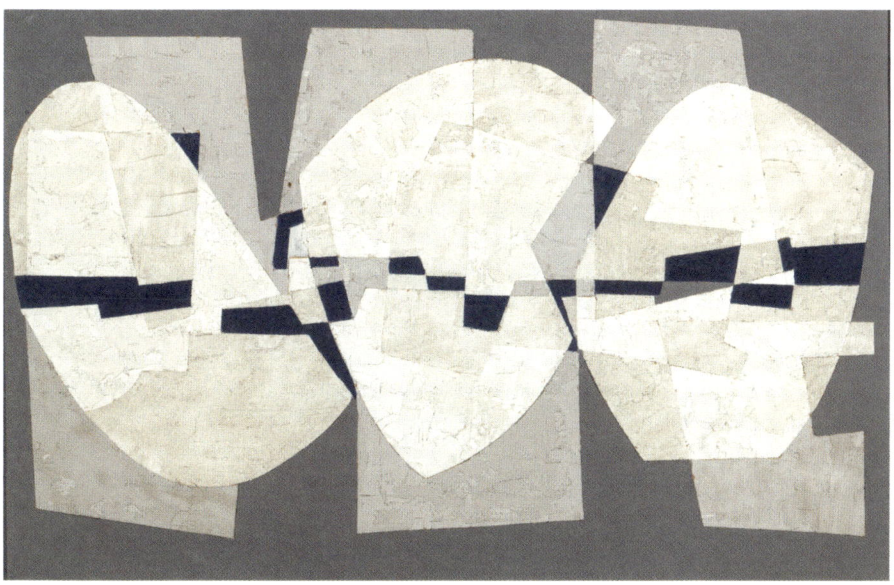

Ill. 95
Odd Tandberg: *Uten tittel / Untitled*, 1962, olje på plate, 77 × 122 cm. Nasjonalmuseet MS-00158-1988. Foto: Børre Høstland, Nasjonalmuseet

Ill. 96 (neste oppslag / next spread)
Conglovegg i *Standard Telefon og Kabelfabrik*, Oslo / A conglo wall at *Standard Telefon og Kabelfabrik*. Fotograf ukjent (photographer unknown), 1967 eller 1968. Nasjonalmuseet NAMF.00744.005

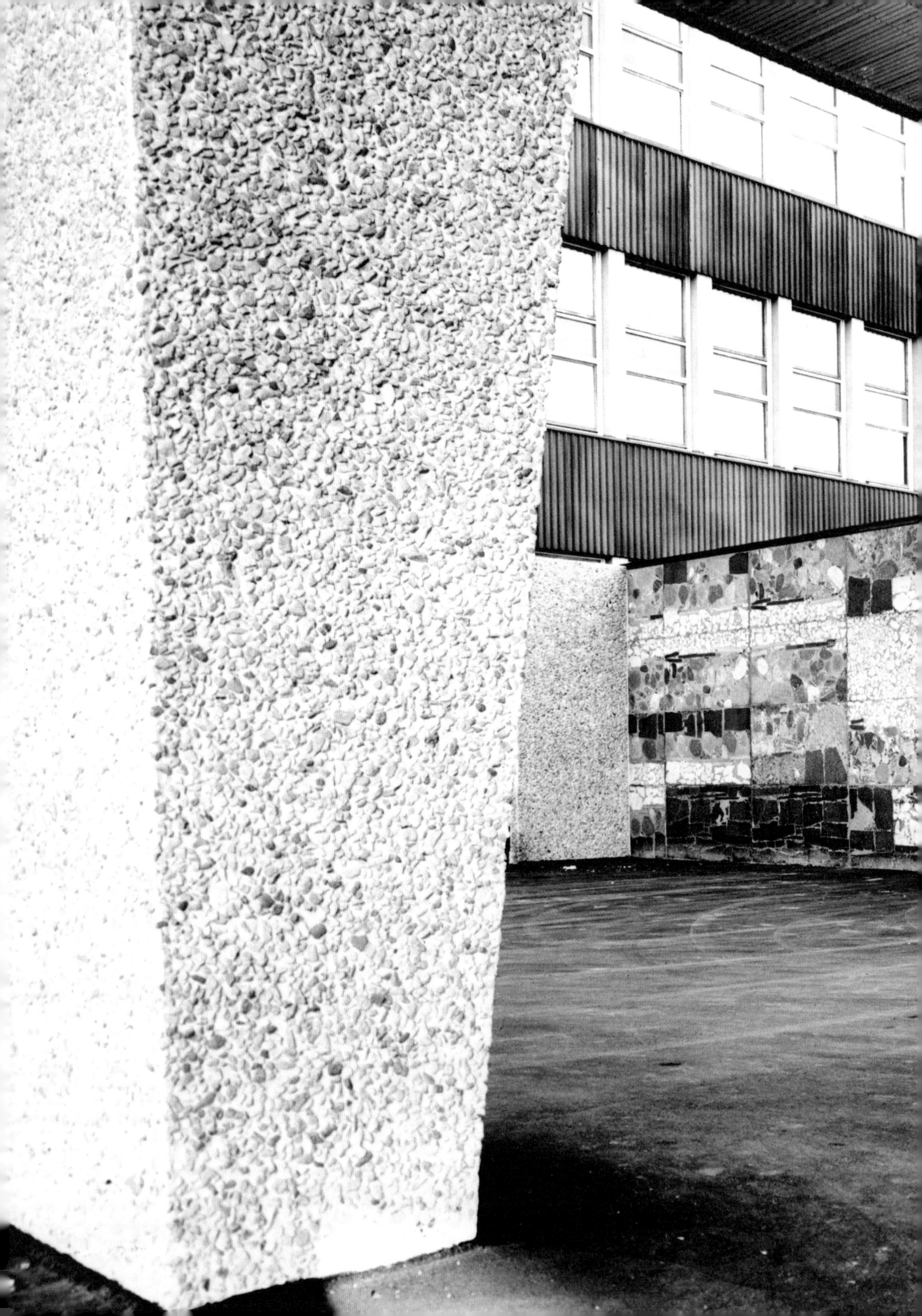

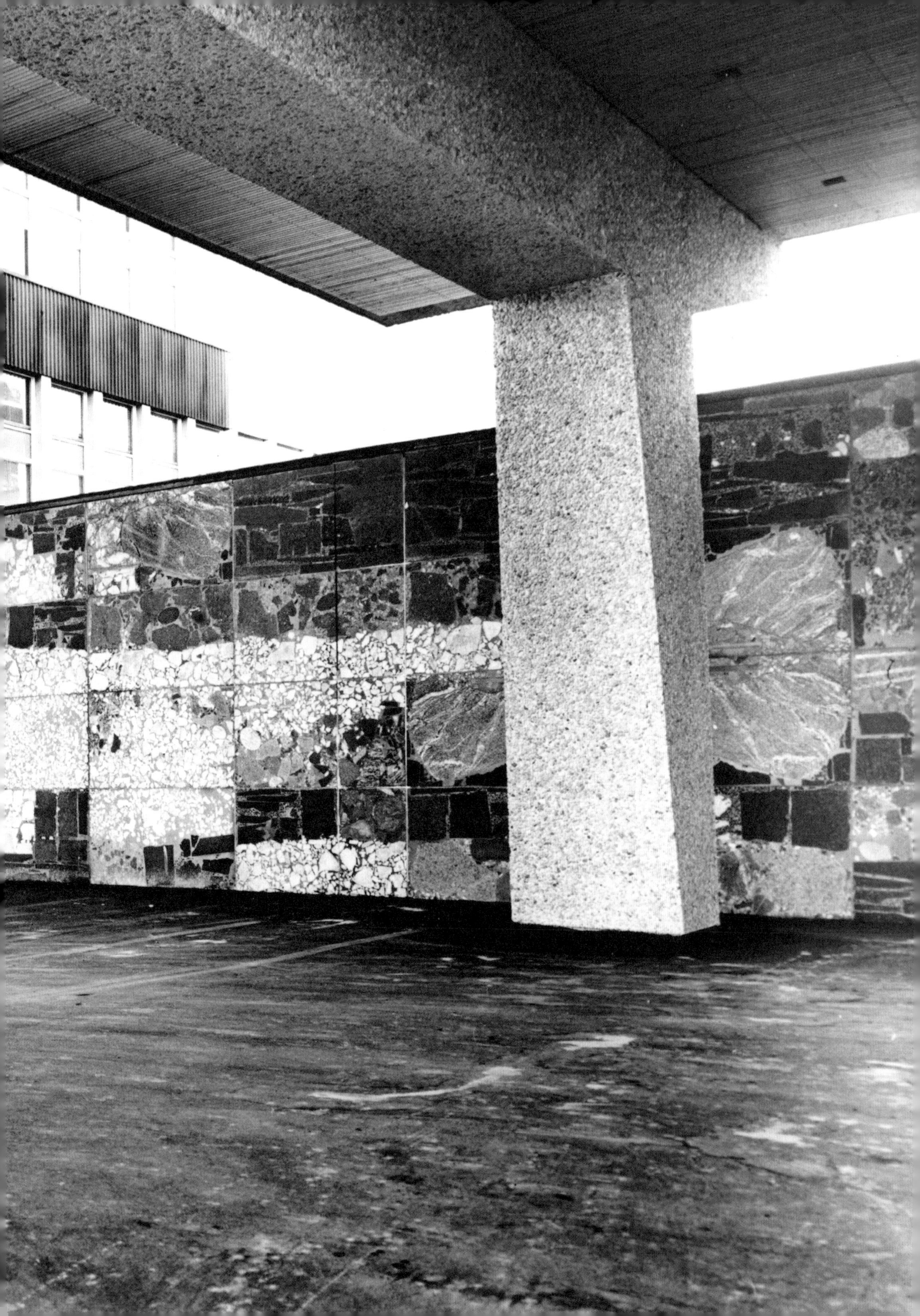

veggutsmykninger som er laget i samme betongmateriale som bygningen. Også conglofeltet er integrert, men det framstår likevel som noe annet og i kontrast.

Til *Norsk Hydro* skapte Tandberg tre atskilte congloverk i dialog med Viksjø og Landskapsarkitekt Grindaker & Gabrielsen. To murer ble oppført rundt et fonteneanlegg i parken utenfor, stilt parallelt med høyblokken. De er frittstående, men definerer også et avgrenset område med vann, plattinger og benker [ILL. 99]. I tillegg skjermer de for trafikken. I interiøret hentes conglotemaet opp med en lysgård og en langvegg med rennende vann.[6] Her engasjerte Viksjø i tillegg Jakob Weidemann til å male direkte på bygningens naturbetong, både utenfor og inne i vestibylen [ILL. 98]. Weidemann hadde gjort seg sterkt bemerket med abstrakte malerier rike på assosiasjoner til natur og organisk materiale, omtalt som «skogbunnbilder». Ved å engasjere Tandberg og Weidemann, forsterket Viksjø betongens kopling til natur, landskap og prosess. Men prosjektet kan også forstås som en videre undersøkelse av hvordan forholdet mellom kunst og arkitektur kunne løses.

I *Elkemhuset* la Viksjø og Tandberg større vekt på variasjon, en konsekvens av oppdragsgiverens arbeid med moderne materialer som aluminium og ferrosilisium. Dører og veggfelt ble billedlagt med abstrakte komposisjoner i støpt silisium, men kjernen i Tandbergs bidrag var igjen abstrakte congloverk. Langs hovedfasaden skyter en frittstående mur ut mot plassen, med den andre siden vendt mot et lukket atrium [ILL. 100]. Inne i vestibylen blir temaet fulgt opp av en tilsvarende, vinkelrett vegg med et vannparti. Veggens andre side vender ut mot bedriftens kantine. Inngangspartiet blir framhevet, forholdet mellom ute og inne vektlagt og områdene definert som sosiale arenaer og møtesteder. Som i *Hydroparken* fungerer de både som frittstående billedfriser og som bygningsledd integrert i arkitekturen. Men her får de en klarere funksjon. De medierer også tydeligere mellom ute og inne, mellom repeterende, standardiserte former på den ene siden og organiske, irregulære på den andre, mellom kultur og natur.

I STK leder en langstrakt conglomur fram til inngangspartiet, men her fungerer den også som vegg til en sidebygning og som skjerming for bedriftens bakenforliggende fabrikkanlegg. Det er påfallende hvordan Viksjø og Tandberg konsentrerte de kunstneriske bidragene til inngangspartiet og vestibylen, bygningens sosiale kjerneområder.

works appeared to push the outer limits of what constitutes art. Perhaps they still do so today. Should we see them as art, architecture, ornament or design?

The very first work in *conglobetong* is to be found on one of the pavilions attached to *Høyblokka*. The pavilion, built in 1958–59, looks over Akersgata. One rectangular panel of wall is filled with *conglobetong*, almost like a framed painting.[5] [ILL. 97] It differs from the other site-specific artworks in *Høyblokka* and attached buildings, all of which were made of the same concrete material that was used for the buildings. Like the other artworks, the slab of *conglobetong* is integrated into the fabric of the building, but it still stands out as something different and contrasting.

For *Norsk Hydro*, Tandberg created three separate works in *conglobetong* in collaboration with Viksjø and the landscape architects Grindaker & Gabrielsen. Two of these works were freestanding walls built parallel to the façade of the building, adjacent to a fountain in the park outside. These two walls also serve to define an area of water, paving and benches [ILL. 99]. In addition, they screen off traffic. In the interior, the *conglobetong* theme is taken up in an atrium that has a long wall with water running down it.[6] Here Viksjø also engaged Jakob Weidemann to paint directly onto the building's *naturbetong* wall surfaces, both outside and inside the entrance lobby [ILL. 98]. Weidemann had made a name for himself with a series of abstract paintings, known as the "forest floor paintings", that were rich in associations with nature and organic materials. By engaging Tandberg and Weidemann, Viksjø strengthened the links between concrete and nature, landscape and process. But the project can also be understood as a further investigation into ways of resolving the relationship between art and architecture.

In *Elkemhuset*, Viksjø and Tandberg attached greater importance to variation; a consequence of the client's work with modern materials such as aluminium and ferrosilicon. Doors and wall panels were turned into abstract pictorial compositions in cast silicon, but Tandberg's most significant contribution was once again abstract works in *conglobetong*. A freestanding wall along one side of the main façade protrudes into the entrance plaza, while the other side of the wall faces onto a closed atrium [ILL. 100]. Inside the entrance lobby, this theme was followed up with a similar wall set at right angles overlooking a reflecting pool. The other side of this wall faces onto the office canteen. The effects are to accentuate the entrance area, draw attention to the

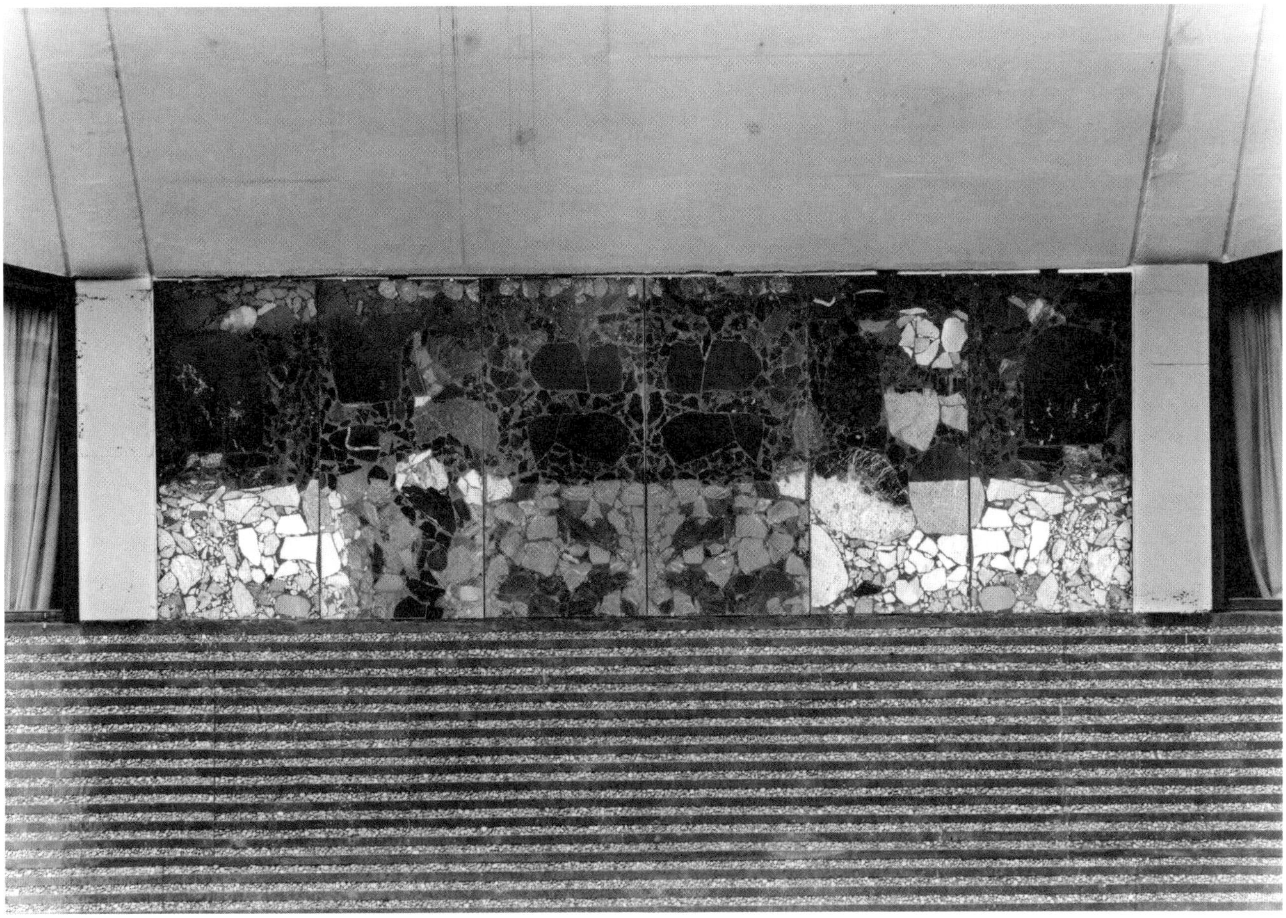

Ill. 97
Congloparti fra *Høyblokka* / A work in *conglobetong* on *Høyblokka*. Foto: Teigens fotoatelier, ca. 1959. Nasjonalmuseet NAMF.00603.018

Ill. 98
Detalj fra *Norsk Hydro* / Detail from *Norsk Hydro*. Foto: O. Væring, ca. 1963. Nasjonalmuseet NAMF.00011.011

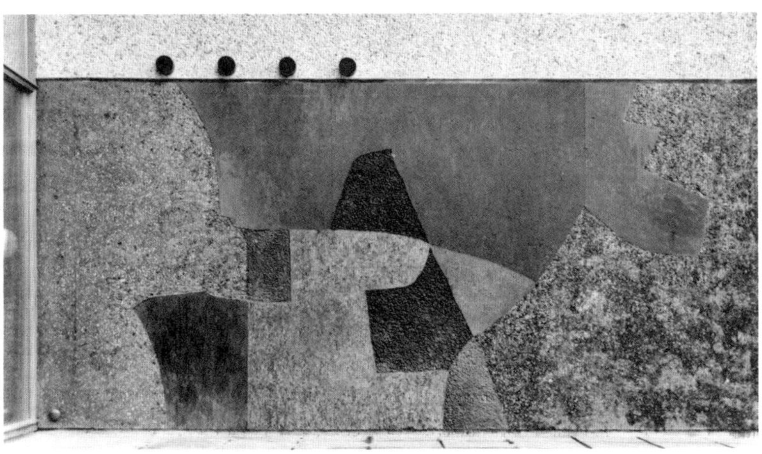

Ill. 99 (neste oppslag / next spread)
Norsk Hydro og *Hydroparken* / *Norsk Hydro* and *The Hydro Park*. Foto: Teigens fotoatelier, 1963. Nasjonalmuseet NAMF.00011.004

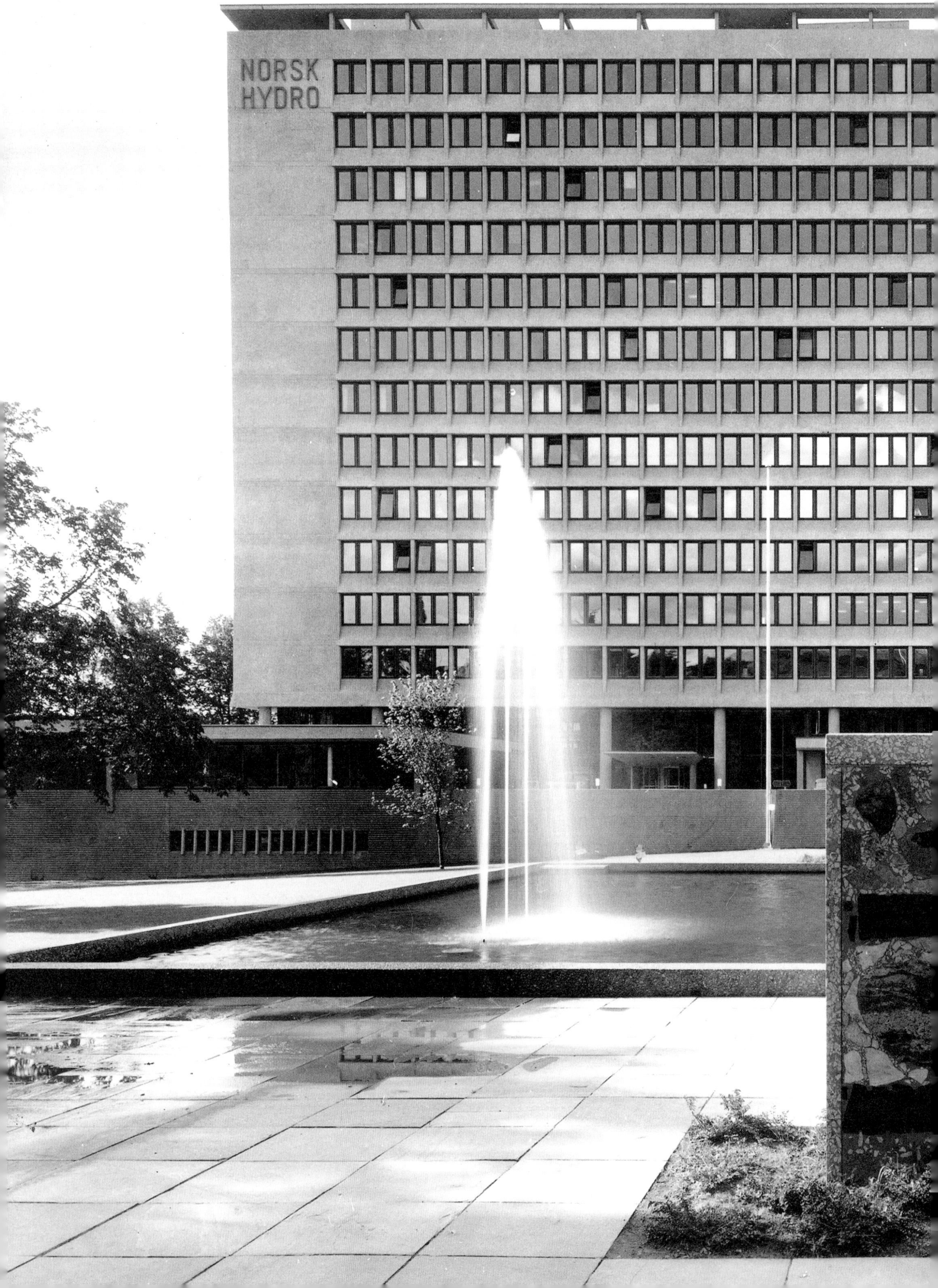
NORSK
HYDRO

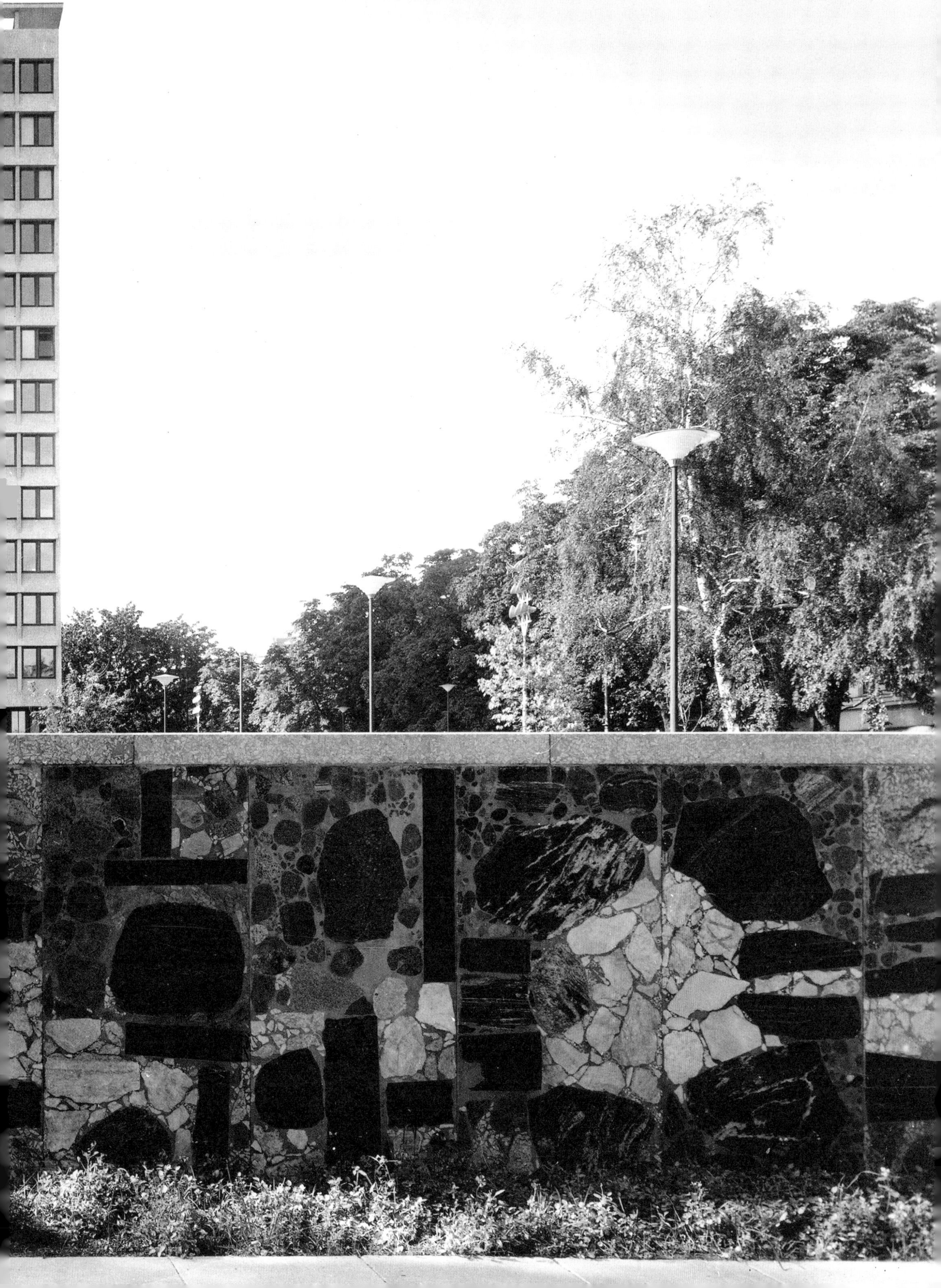

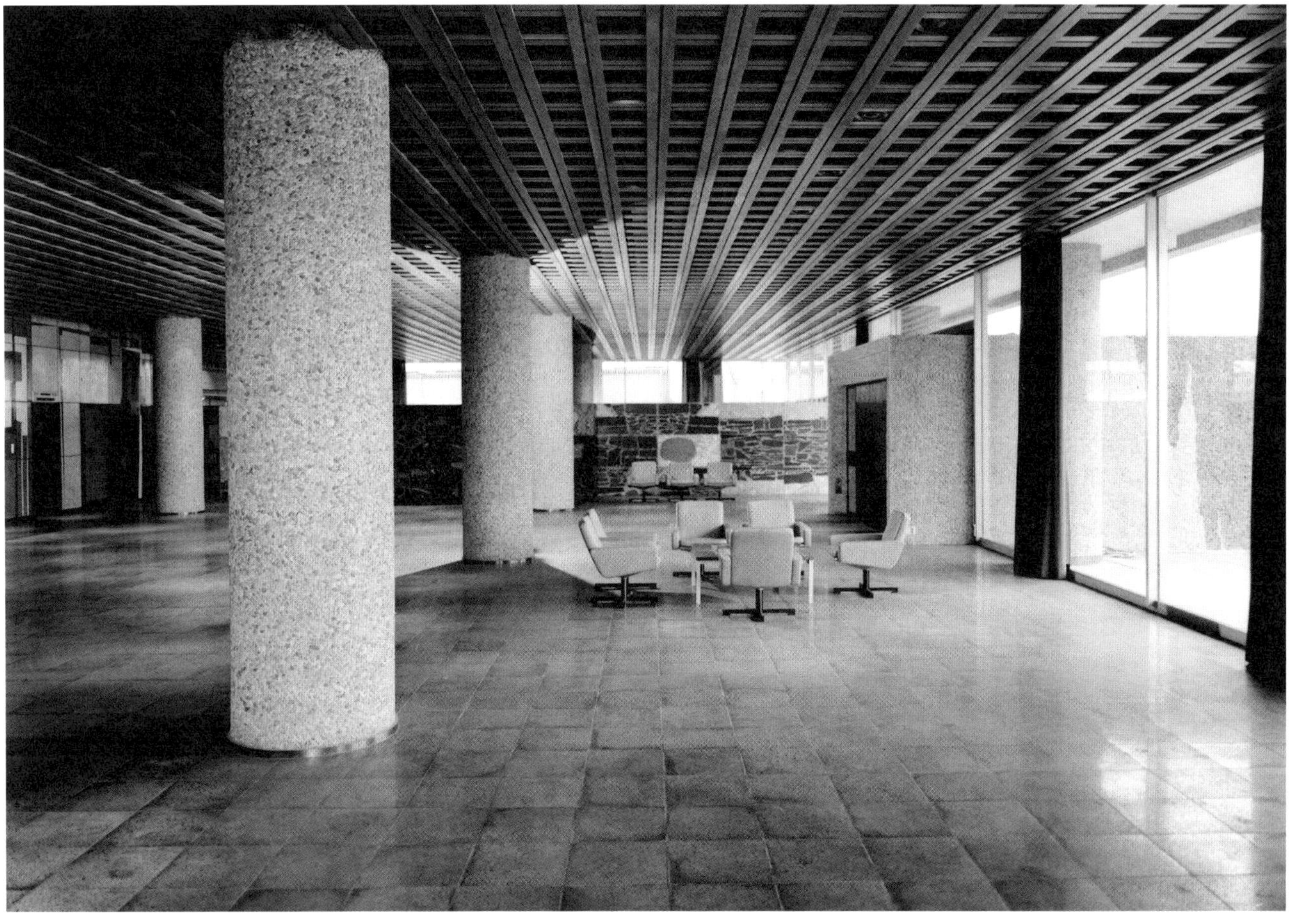

Ill. 100
Fra inngangspartiet i *Elkemhuset* / From the entrance lobby at *Elkemhuset*. Foto: Ragge Strand & Per Alfsen A/S, 1965 eller 1966. Nasjonalmuseet NAMF.00010.005

relationship between the interior and the exterior, and define the areas as social arenas and gathering places. As in the park outside *Norsk Hydro*, the walls function both as freestanding friezes and as built elements integrated into the architecture. Here, however, they are also given the more specific function of mediating more clearly between exterior and interior; between repetitive, standardized shapes on the one hand and organic irregular shapes on the other; and between culture and nature.

In *STK*, a long *conglobetong* wall leads to the entrance lobby, but here it also functions as the wall of a side building and to screen off the company's manufacturing facility behind. It is striking how Viksjø and Tandberg concentrated their artistic contributions in the entrance and the vestibule, the core social areas of the building.

Kunst og arkitektur i syntese?

Viksjøs første samarbeid med kunstnere har karakter av prøvende eksperimenter. *Høyblokka* satte en ny standard, men man kan spørre seg om ikke mye av den kunstneriske utsmykningen her kom litt i bakgrunnen for materialbruken, og om ikke resultatet samlet sett ble sprikende og fragmentert. Det er verdt å merke seg at Viksjø i sine påfølgende prosjekter gikk inn for langt mer enhetlige løsninger med bare én eller to kunstnere involvert. I kontrast til i *Høyblokka*, ble for eksempel *Bakkehaugen kirke* gjennomført med én samlende kunstnerisk utsmykning, basert på tegninger av Kai Fjell, utført av Carl Nesjar.

Forholdet mellom kunst og arkitektur var et hett tema og en utfordring i etterkrigstiden. I Norge ble dette spissformulert av professor Arne E. Holm ved NTH i Trondheim: «Dette med vekselspillet mellom arkitektur og billedkunst er ellers et vanskelig problem. Det er en kjensgjerning at vi her i landet har få eksempler på virkelig vellykkede utsmykninger».[7] Implisitt i Holms drøftelse lå en kritikk av arbeidene i Oslo rådhus, som sto ferdig i 1950. En innvending kunne være at kunsten her i liten grad tok hensyn til eller samspilte med arkitekturen. Ved å trekke kunstnerne med helt fra starten og oppfordre dem til å arbeide med materialet under prosessen, prioriterte Viksjø radikalt annerledes. Kunsten ble i større grad en integrert del av arkitekturen.

Art and architecture in synthesis?

Viksjø's first collaborations with artists had the character of preliminary experiments. *Høyblokka* set a new standard, but we might ask whether the materials used somewhat overshadowed much of the artistic content, and whether the overall result became diverse and fragmented. It is worth noting that in his subsequent projects, Viksjø opted for much more unified solutions involving only one or two artists. In contrast to *Høyblokka*, *Bakkehaugen Kirke* (Bakkehaugen Church) for example had a single unified artistic programme, based on drawings by Kai Fjell, executed by Carl Nesjar.

The relationship between art and architecture was a topic of serious debate in the postwar years. In Norway, the difficulty was encapsulated by Professor Arne E. Holm of the Norwegian Institute of Technology (NTH) in Trondheim:

"This issue of an interplay between architecture and visual art is otherwise a difficult problem. It is a fact that in this country we have few examples of really successful artworks produced specifically for architectural projects."[7] Holm's remarks contained an implicit criticism of the art in Oslo City Hall, which was completed in 1950. A possible objection to the City Hall project was that the design of the artworks paid too little attention to, and did not interact sufficiently with, the architecture. By involving artists right from the start and encouraging them to work with building materials during the construction process, Viksjø worked according to radically different priorities. As a result, the art became an integral element in his architecture to a much greater extent.

Mykere modernisme

Et annet sentralt tema i etterkrigstidens arkitekturdebatt, var behovet for å redefinere den modernistiske arkitekturen i retning av noe mer organisk eller menneskevennlig. Med sin tilknytning til standardisering, repeterende former og masseproduksjon, ble betong i stor skala av mange oppfattet som menneskefiendtlig. Den folkelige kritikken av modernistisk arkitektur gikk ut på at den virket avvisende og kald. Kunsthistorikeren Ákos Moravánszky har drøftet hvordan flere sentrale arkitekter og teoretikere i etterkrigstiden ivret for å kompensere for dette og skape en mykere, mer imøtekommende modernisme.[8] Det ble brukt tegl- og tremateriale, og man var opptatt av menneskelige størrelsesforhold. Også congloarbeidene ble holdt innenfor en menneskelig skala, med kun opptil to meter i høyden. Med sin stadige bearbeidelse av betongmaterialet og sine mange samarbeid med kunstnere, viste Viksjø seg som en visjonær foregangsmann for disse bestrebelsene i Norge. Ved å velge seg vanlig gråstein og steiner fra noen øyer i Oslofjorden, oppnådde han en stedlig forankring. Som med det mer berømte *Fiskerne* på *Y-blokka*, etablerte congloarbeidene en forbindelse til nasjonal egenart og egalitære, demokratiske tradisjoner, i et land med mye kyst, stein og natur i kultur.

Terrasso i stor skala?

En viktig, men lite kommentert forutsetning for Viksjøs nye betongmaterialer er den tradisjonelle terrassoteknikken, der sementblandingen blir tilsatt knust naturstein slik at man ved sliping oppnår en mosaikkliknende effekt.[9] [ILL. 101] I brorparten av Tandbergs murer og vegger er framgangsmåten i tillegg beslektet med tradisjonell bekledningsteknikk der tynne, oppskårne steinplater av mer innbydende materialer som marmor ble lagt utenpå den bærende betongstrukturen. Viksjø søkte seg i utgangspunktet bort fra denne typen bekledninger. Man skulle synliggjøre, ikke skjule, konstruksjonen. Med naturbetongen lyktes han i å skape en mer levende overflate, uten å måtte skjule det konstruktive materialet.

Conglo representerte en annen løsning på utfordringen med betong, at materialet ble oppfattet som så kjedelig, instrumentelt og pregløst.

A less austere Modernism

Another central topic in the postwar architectural debate was the need to develop Modernist architecture into something more organic or human-friendly. With their emphasis on standardization, repetitive shapes and mass production, large-scale concrete buildings were widely perceived as alienating. Popular criticism of Modernist architecture was based on the notion that it seemed cold and hostile. The art historian Ákos Moravánszky has discussed how several important architects and theorists in the postwar era were eager to compensate for this by creating a less austere, more welcoming kind of Modernism.[8] Bricks and wood came back into fashion, and buildings were designed on a more human scale. The *conglobetong* works were also kept to a human scale, with a maximum height of two metres. With his continual manipulation of concrete as a material and his many collaborations with artists, Viksjø showed himself to be a visionary pioneer of these efforts in Norway. By selecting ordinary granite and stones from some of the islands in the Oslo Fjord, he anchored his buildings firmly in the local environment. As with the more famous *Fiskerne* (The Fishermen), sandblasted onto an end wall of *Y-blokka* (The Y-Block), the *conglobetong* works established a connection with distinctively national, egalitarian and democratic traditions, in a country where the coast, rocks and nature were of great cultural significance.

Terrazzo on a large scale?

An important, but little remarked, forerunner of Viksjø's new concrete materials was the traditional technique of terrazzo, in which crushed stone is added to a cement mixture and the resulting surface is polished to achieve a mosaic-like effect.[9] [ILL. 101] The method used to produce the majority of Tandberg's *conglobetong* walls is also related to traditional cladding techniques whereby thin slices of more attractive materials such as marble are attached to the exterior of the load-bearing concrete structure. In general, Viksjø endeavoured to avoid these types of claddings. He wanted to reveal, not conceal, the built structure. With *naturbetong* he succeeded in creating a more lively surface, without having to conceal the structural material.

Conglobetong represented a different solution to the challenge of concrete being perceived as extremely boring, functional and lacking in

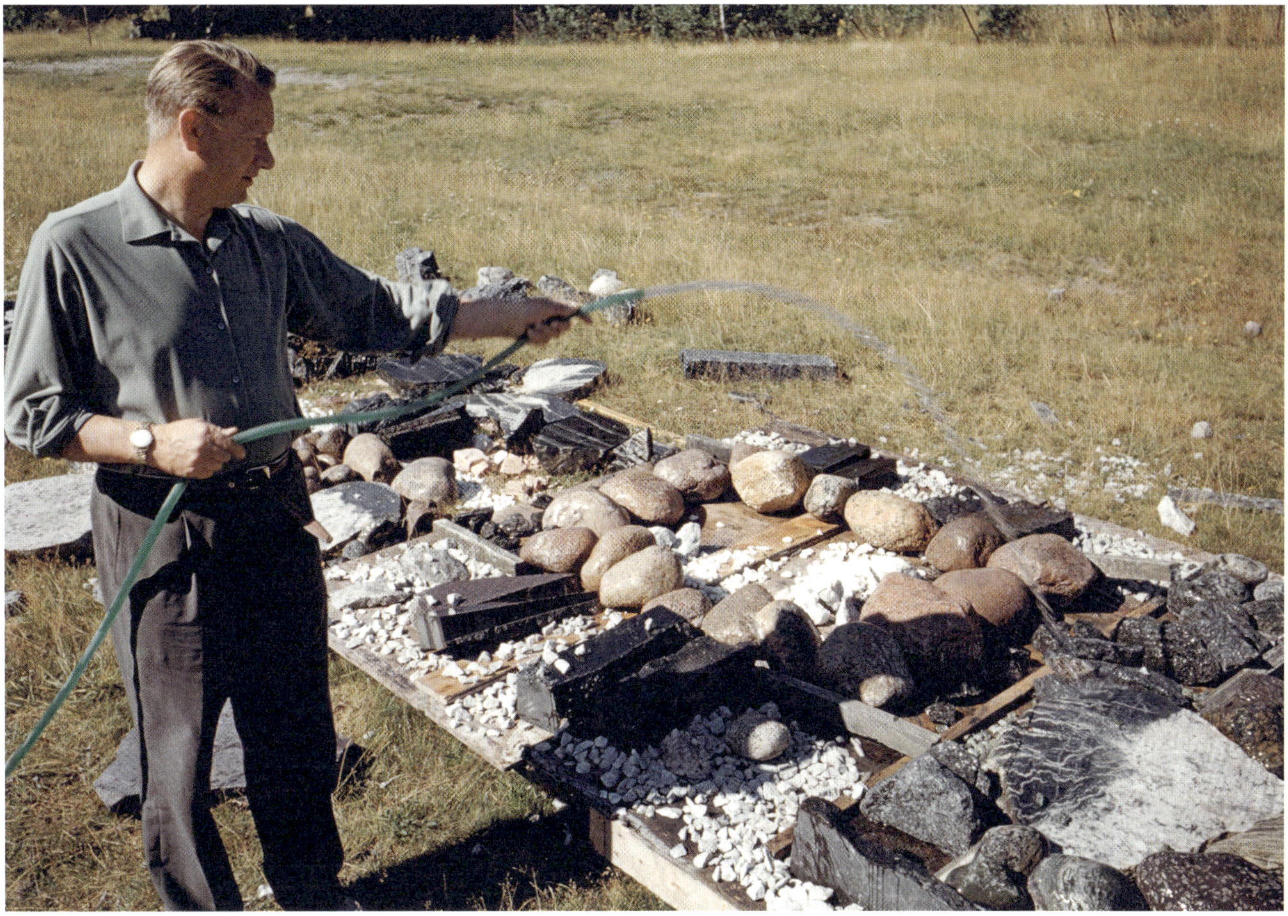

Ill. 101
Erling Viksjø i arbeid med en conglokomposisjon /
Erling Viksjø working on a conglo composition. Fotograf ukjent (unknown photographer), ca. 1960. Nasjonalmuseet NAMF.02288.001

Betong var det suverent sterkeste, billigste og mest fleksible materialet for oppføring av bygninger i stor skala, men det var fattig på estetisk verdi. Viksjøs eksperimenteringer med nye materialer fortoner seg som måter å imøtekomme behovet for en mer interessant utside på. Med conglomaterialet gikk han og Tandberg tilbake til å bekle overflaten med tynne plater, men uten å bryte forbindelsen mellom bygningens utside og bygningen ellers som var i naturbetong. I begge tilfeller handler det om naturstein støpt i en masse. Istedenfor å sandblåse seg inn i det stivnete materialet, ble blokkene nå skåret opp i større plater og behandlet som bilder.

Konkret natur

Framgangsmåten med blanding av store og små steiner i forskjellige farger og valører, åpnet for å skape abstrakte komposisjoner med speilvendinger, repetisjoner og rytmiske bevegelser. Forbindelsen til tidens oppslutning om forskjellige former for naturlyrisk, abstrakt maleri er påfallende. Men Tandberg nærmet seg naturtemaet på en radikalt annerledes og mer konkret måte enn kunstnere som Inger Sitter, Carl Nesjar og Jakob Weidemann. I hans arbeider oppsto ikke koplingen gjennom abstrahering eller malerisk assosiasjon. Congloarbeidene fulgte opp sentrale trekk ved Tandbergs tidligere konkrete kunst både ved nedtoningen av det personlige, maleriske strøket, og ved at det fysiske og faktiske ved bildene ble avgjørende: det konkrete steinmaterialet. Slik sett er congloarbeidene originale bidrag til historien om den abstrakte kunstens gjennombrudd i Norge. Når de har havnet på siden av denne historien, kan det skyldes den framtredende posisjonen som maleriet og skulpturen tradisjonelt har hatt i historieskrivingen, men også at arbeidene har blitt oppfattet som dekorative utsmykninger.[10] Mer sikkert er det at Viksjø og Tandberg gjennom 1960-tallet skapte noe som både var egenartet og tidstypisk i skjæringspunktet mellom kunst, arkitektur og design. Conglo var fremfor alt «... en komposisjon i norsk stein».[11]

character. Although concrete was by far the strongest, cheapest and most flexible material for constructing large buildings, aesthetically it rated poorly. Viksjø's experimentation with new materials met a demand for large expanses of concrete to be made more interesting. With *conglobetong*, he and Tandberg returned to the idea of cladding a surface with thin slabs, but without breaking the connection between the exterior and other parts of the building, which were constructed in *naturbetong*. Both kinds of concrete comprise stones encased in a concrete mass. Instead of sand-blasting the hardened material, as was done with the *naturbetong*, the *conglobetong* blocks were sliced into large slabs and treated as pictures.

Concrete nature

The method of mixing large and small stones of different colours and shades provided an opportunity to create abstract compositions with mirroring, repetition and rhythmic movements. The development of *conglobetong* was strikingly reminiscent of the contemporary enthusiasm for various forms of lyrical abstract painting that contained references to nature. Nonetheless, Tandberg approached natural themes in a radically different and more physical manner than artists such as Inger Sitter, Carl Nesjar and Jakob Weidemann. In his work, the connection was not forged through abstraction or a process of painterly association. The *conglobetong* works followed up key characteristics of Tandberg's earlier adherence to the concrete art movement: he dismissed the personal, painterly brushstroke; and he made the image's physical composition – the actual stones – crucial. From this perspective, the *conglobetong* works are an original contribution to the history of the breakthrough of abstract art in Norway. The fact that these works have now been sidelined in this history may be due to the prominent position traditionally held by painting and sculpture in art historical narratives, but also because these works have been perceived as ornamental architectural designs.[10] Nonetheless, what is certain is that during the 1960s Viksjø and Tandberg created something that was both highly distinctive and of its time at the intersection between art, architecture and design. *Conglobetong* was above all else "... a composition in Norwegian stone".[11]

Noter

1 Rundt 1960 etablerte Viksjø og Tandberg et steinsliperi i Rekkevik, ved Larvik, i nærheten av Viksjøs sommerhus. Noen år senere ble virksomheten og produksjonen av conglobetong overtatt av lokale steinslipere og organisert i firmaet Conglo Design A/S som produserte bord i en viss utstrekning.

2 Norsk Hydro eies i dag av Norsk Hydros Pensjonskasse, Elektrokjemiske A/S er overtatt av NHO, mens STK i dag huser Quality Hotel 33.

3 I Paris ble mellomkrigstidens såkalte konkrete kunst fulgt opp av Galerie Denise René, som Tandberg frekventerte, og kunstnere som Victor Vasarely. Begrepet omhandler geometrisk, ikke-forestillende abstraksjon og kan tilbakeføres til et manifest forfattet av Theo Van Doesburg i 1930, der han hevdet at ingenting var mer konkret eller virkelig i billedkunsten enn en linje, en farge eller et plan.

4 I motsetning til de andre arbeidene i bygningen, som ble sandblåst av Carl Nesjar, sto Tandberg selv for gjennomføringen av sine fire arbeider.

5 Det er usikkert hvem som sto for dette arbeidet. I en artikkel om Norsk Hydro skriver Viksjø at Carl Nesjar var med på «... eksperimentene med de første steinplatene», se Erling Viksjø: «Norsk Hydros administrasjonsbygg i Oslo», Oslo: *Byggekunst*, 1963, nr. 7-183. Nesjar arbeidet imidlertid ikke senere med conglomaterialet og var ikke involvert i Conglo Design A/S.

6 I nyere tid er vannanleggene blitt endret på, og vannet koplet fra.

7 Arne E. Holm: «Dekorasjonene i Regjeringsbygget», Oslo: *Byggekunst*, 1959, 23. Temaet ble drøftet blant annet i tidsskriftet *Byggekunst*, nr. 1-1959 med tekster av Erling Viksjø, Carl Nesjar og Arne E. Holm. Se også Jan Askeland: «Sandblåste dekorasjoner i det nye regjeringsbygget i Oslo», Oslo: Galleri Per, *Kunsten i dag* nr. 4-1958, 37–42, og Reidar Revold: «Kunstnerisk utsmykning», *Administrasjonsbygget*, Oslo: Norges Vassdrags- og Elektrisitetsvesen / Centraltrykkeriet, 1964, upag.

8 Ákos Moravánszky: «Re-Humanizing Architecture: The search for a Common Ground in the Postwar Years 1950–1970», *Re-Humanizing Architecture. New Forms of Community, 1950–1970*, Basel: Birkhauser, 2016, 23–43.

9 En av veggene i Statsrådssalen i *Høyblokka* ble oppført i terrassoteknikk.

10 Congloverkene er ikke omtalt i oversiktsverk som *Norges Kunsthistorie*, Oslo: Gyldendal Norsk Forlag, 1983, *Norges malerkunst*, Oslo: Gyldendal Norsk Forlag, 1993 eller Gunnar Danbolt: *Norsk kunsthistorie: Bilde og skulptur frå Vikingtiden til i dag*, Oslo: Samlaget, 2009, og heller ikke i sentrale avhandlinger som Karin Hellandsjø: *Jakob Weidemann og det abstrakte maleris gjennombrudd i Norge 1945–1965*, Oslo: Gyldendal Norsk forlag, 1978. I 2009 søkte kunsthistorikeren Trine Tandberg Meggison å rette opp dette med avhandlingen «Prosess og struktur. Integrerte utsmykninger av Odd Tandberg 1959–1972», mastergradsoppgave ved Universitetet i Oslo, 2009.

11 Op.cit. Viksjø (1963), 183.

Notes

1 In around 1960, Viksjø and Tandberg set up a stone-cutting yard at Rekkevik, outside Larvik, not far from Viksjø's summer house. Some years later, the yard and the production of *conglobetong* were taken over by local stonemasons. The business, which was incorporated as Conglo Design A/S, became known to some extent for its production of tables.

2 Today *Norsk Hydro* is owned by Norsk Hydros Pensjonskasse; *Elkem* (Elektrokjemiske A/S) is home to the Confederation of Norwegian Enterprise (NHO), while *STK* is now the Quality Hotel 33.

3 In Paris, the so-called concrete art of the interwar years was a speciality of the Galerie Denise René, which Tandberg frequented, and was taken further by artists such as Victor Vasarely. The movement was concerned with geometric, non-representational abstraction, and can be traced back to a 1930 manifesto written by Theo Van Doesburg, in which he asserted that nothing was more concrete or real in visual art than a line, a colour or a plane.

4 In contrast to the other works in the building, which were sand-blasted by Carl Nesjar, Tandberg executed his own four designs himself.

5 It is uncertain who was responsible for this work. In an article about *Norsk Hydro*, Viksjø wrote that Carl Nesjar was involved in "... the experiments with the first stone slabs," see Erling Viksjø: "Norsk Hydros administrasjonsbygg i Oslo", Oslo: *Byggekunst*, 1963, no. 7–183. Nesjar was not involved in the subsequent work with *conglobetong*, however, and was not involved in *Conglo Design A/S*.

6 In recent years the water features have been altered, and the water has been disconnected.

7 Arne E. Holm: "Dekorasjonene i Regjeringsbygget", *Byggekunst*, Oslo: 1-1959, 24. This topic was debated in, among other places, the architectural journal *Byggekunst*, no. 1-1959 with texts by Erling Viksjø, Carl Nesjar and Arne E. Holm. See also Jan Askeland: "Sandblåste dekorasjoner i det nye regjeringsbygget i Oslo", Oslo: Galleri Per, *Kunsten i dag* no. 4-1958, 37–42, and Reidar Revold: "Kunstnerisk utsmykning", *Administrasjonsbygget*, Oslo: Norges Vassdrags- og Elektrisitetsvesen / Centraltrykkeriet, 1964, unpag.

8 Ákos Moravánszky: "Re-Humanizing Architecture: The search for a Common Ground in the Postwar Years 1950–1970', *Re-Humanizing Architecture. New Forms of Community, 1950–1970*, Basel: Birkhauser, 2016, 23–43.

9 One of the walls in the *Statsrådsalen*, State Council Chamber in *Høyblokka* is made of terrazzo.

10 These works in *conglobetong* are not mentioned in general surveys of Norwegian art history, such as *Norges Kunsthistorie*, Oslo: Gyldendal Norsk Forlag, 1983, *Norges malerkunst*, Oslo: Gyldendal Norsk Forlag, 1993, or Gunnar Danbolt: *Norsk kunsthistorie: Bilde og skulptur frå Vikingtiden til i dag*, Oslo: Samlaget, 2009. Nor do they feature in major volumes on 20th century art in Norway, such as Karin Hellandsjø: *Jakob Weidemann og det abstrakte maleris gjennombrudd i Norge 1945–1965*, Oslo: Gyldendal Norsk Forlag, 1978. In 2009, the art historian Trine Tandberg Meggison sought to correct this deficiency in her thesis on Tandberg's integrated architectural decorations *Prosess og struktur. Integrerte utsmykninger av Odd Tandberg 1959–1972*, master's thesis, University of Oslo, 2009.

11 Op.cit. Viksjø (1963), 183.

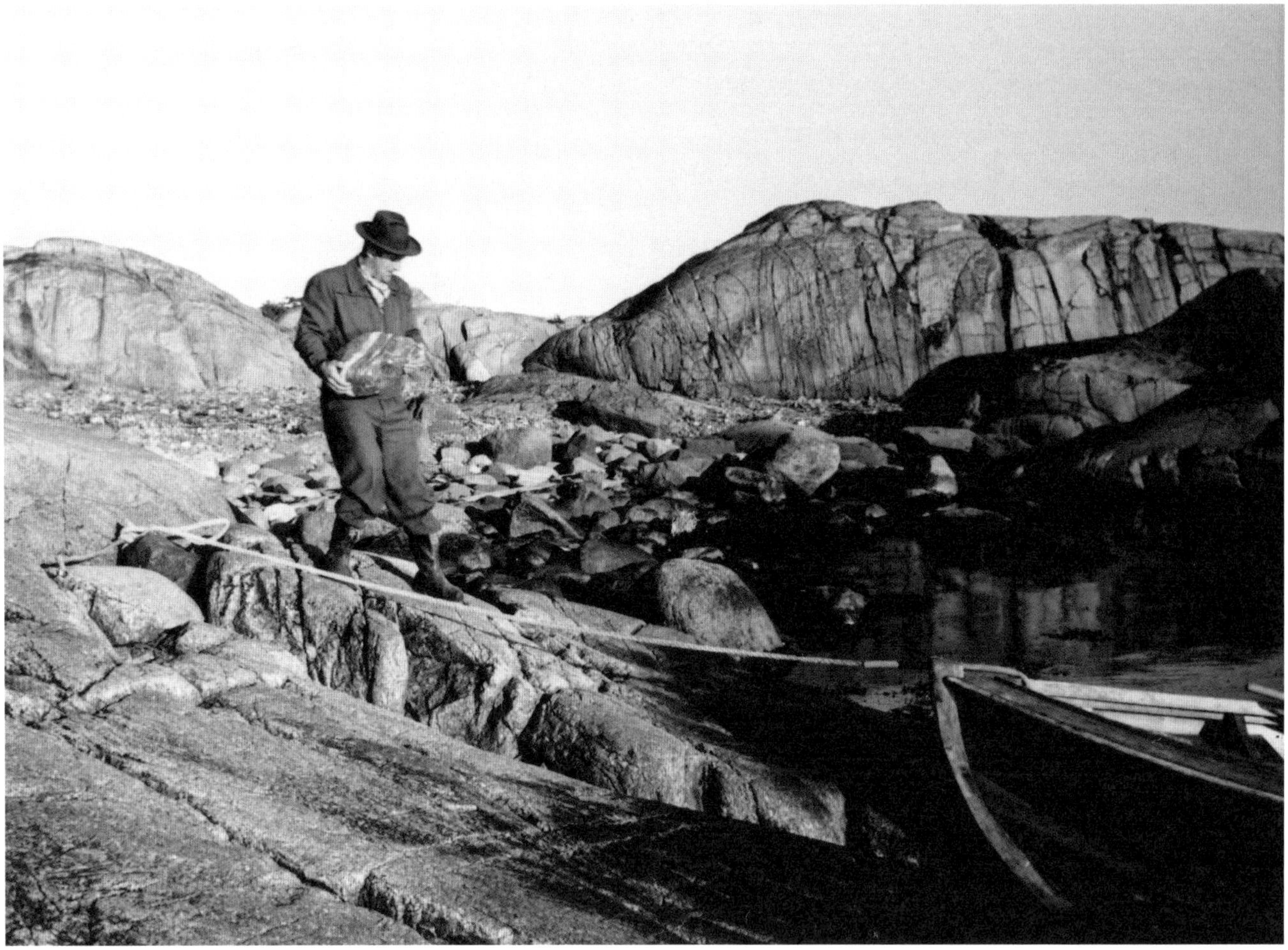

Ill. 102
Odd Tandberg samler stein til bruk i congloarbeid / Odd Tandberg collecting rocks for use in his *conglo* works. Foto: Erling Viksjø, ca. 1959. Nasjonalmuseet NAMF.02288.007

Viksjø og fotografi

Talette Rørvik Simonsen

I et sort-hvitt-fotografi tatt av Erling Viksjø i slutten av 1950-årene, står kunstneren Odd Tandberg på en liten steinstrand som ligger mellom store svaberg [III. 102]. Tandberg bøyer knærne og løfter en svær rullestein som har en gjennomgående hvit stripe. Han er kledd i mørke klær, hvitt skjerf og bredbremmet hatt. Det er tydelig at han anstrenger seg for å bære den tunge steinen mot robåten i tre som ligger fortøyd til berget. Båten forsvinner nesten ut av bildet, og sannsynligvis er den tungt lastet med rullesteiner. Dette lille bildets litterære kvalitet er fengslende. Det er en scene fra en av Tandbergs og Viksjøs turer til øyene langs kysten utenfor Larvik, dit de dro for å sanke steiner til utsmykningsarbeidene sine i conglobetong. Noen steinsorter var helt unike for området og ga spennende fargekombinasjoner i betongblokkene de laget. Nøye utvalgte steiner med ulike former og mønstre ble plassert utover i rektangulære former og støpt inn i betongblokker, som så ble delt på langs og polert. Som arkitektonisk utsmykning framsto disse som formbevisste komposisjoner inspirert av naturens egne steinkonglomerater, men som også hadde paralleller til samtidig abstrakt maleri. Fotografiet forteller om kunstnerens og arkitektens fascinasjon for stedets geologi og om deres felles ambisjon om å gi naturen en fornyet betydning i moderne kunst og arkitektur.

Sammen med flere ulike kunstnere, ingeniører og materialeksperter utforsket Viksjø betongen som materiale gjennom hele 1950- og 60-årene.[1] I Nasjonalmuseets samling finnes

Viksjø and photography

Talette Rørvik Simonsen

In a black-and-white photograph taken by Erling Viksjø at the end of the 1950s, we see the artist Odd Tandberg standing on a small shingle beach between large outcrops of smooth rock, known as *svaberg*[1] in Norwegian [III. 102]. Tandberg is bending his knees to lift a small boulder with a white stripe running through it. He is wearing dark clothes, a white scarf and a broad-brimmed hat. He is clearly struggling to carry the heavy stone to the wooden rowing boat moored to the shore. We can see only a small part of the boat in the photograph, but most likely it is heavily laden with rocks. This small photograph tells a captivating story. It shows a scene from one of Tandberg and Viksjø's trips to the islands along the coast near Larvik, where they went hunting for stones to mix into the *conglobetong* ("conglo-concrete", conglomerate concrete) they used in their architectural works of art. Some of the stones they harvested were completely unique to the area and contributed exciting colour combinations to the concrete blocks in which they would be encased.

In mixing *conglobetong*, Viksjø and Tandberg carefully selected rocks with different shapes and internal patterns, and positioned them in rectangular moulds to be cast into blocks of concrete. The resulting conglomerate blocks were then sliced longitudinally and the cut surfaces were polished. As architectural elements, the cut surfaces had the appearance of carefully structured compositions inspired by naturally occurring conglomerates (sedimentary rocks),

en stor mengde fotografier som belyser disse eksperimenterende samarbeidsprosjektene på ulike måter. Bildematerialet inviterer til å spørre hvilken rolle fotografiet som medium kan ha spilt i de kreative prosessene. Hvordan brukte Viksjø sine egne og andre fotografers bilder som verktøy i designpraksisen? Denne teksten diskuterer også hvilken rolle fotografiet spilte da prosjektene skulle presenteres i media, og den berører Viksjøs samarbeid med ulike fotografer. Det er i dag en større forståelse for betydningen av arkitekters fotografier som kilder i arkitekturhistoriske analyser, i tillegg til deres skisser og tegninger. Likevel er det så langt ikke gjort noen studier som er dedikert spesielt til Viksjøs fotoarkiv og hans holdning til fotografi. Denne artikkelen bidrar med noen foreløpige refleksjoner, som bør følges opp med flere undersøkelser framover.

Betong som bilde

Fotografiet var et viktig medium for å vekke mange kunstnere, arkitekter og fotografers nysgjerrighet for betongen som materiale.[2] Betongen hadde den ideelle overflaten for å teste ut fotografiets muligheter til å fange det totale spekteret av nyanser mellom sort og hvitt. Kameraet kunne også framheve betongstrukturers form og tekstur på måter som forsterket materialets estetiske kvaliteter. Adrian Forty har i boken *Concrete and Culture* beskrevet hvordan fotografiet var helt avgjørende for at betongen ble en suksess og fikk en så sentral betydning i moderne arkitektur.[3] Den fotografiske medieringen av materialet gjorde det attraktivt og vakkert, etter moderne smaksnormer. Le Corbusier var en av arkitektene som brukte fotografiet mest aktivt i sin utforsking av betongens egenskaper. Gjennom en rekke ulike tekster og fotografier han publiserte, skapte han en egen estetikk rundt råbetongen, *béton brut*.[4] Fotografier var også et viktig verktøy for å stimulere fantasien når han

and at the same time had parallels with abstract painting. The photograph tells us about the artist's and architect's shared fascination for the geology of the area and their joint ambition to give nature a renewed importance in modern art and architecture.

Working with various artists, engineers and materials experts, Viksjø explored the possibilities of concrete as an architectural material throughout the 1950s and 60s.[2] The National Museum's collection includes a large number of photographs that, in a variety of ways, shed light on these collaborative and experimental projects. These photographs invite us to ask about the role that photography may have played in these creative processes. How did Viksjø use his own photographs, and those of other photographers, as tools in his design practice? This article also discusses the role of photography in presenting projects in the media, prompting us to consider Viksjø's collaborations with various photographers. Today we enjoy a greater understanding of the importance of architects' own photographs, in addition to their sketches and drawings, as sources for analysis in the history of architecture. So far, however, no studies have focused in particular on Viksjø's photographic archive and his attitude to photography. This article contributes some provisional reflections, which should be followed up with more research in the future.

Concrete as image

Photography was an important medium for arousing the curiosity of many artists, architects and photographers in the possibilities of concrete as a material.[3] Concrete provided the ideal surface for testing the possibilities of photography to capture the complete spectrum of nuances between black and white. The camera could also bring out the form and texture of concrete structures in ways that enhanced the aesthetic qualities of the material. In his book *Concrete and Culture*, Adrian Forty describes how photography was absolutely crucial for the success of concrete and its status as a material central to modern architecture.[4] The photographic portrayal of concrete made it attractive and beautiful, in accordance with the norms governing modern tastes. Le Corbusier was one of the architects who used photography most actively in his exploration of the properties of concrete. Through publishing various texts and photographs, he created a new aesthetic around

arbeidet kreativt. Han fotograferte ofte drivved, skjell, bein og små rullesteiner han fant på stranden. Motivene avslører at han var fascinert av teksturer og skulpturelle kvaliteter ved de naturlige objektene, som han selv kalte *objets à réaction poétique*.

Blant Viksjøs private fotografier er det påfallende mange bilder av forskjellige steinsorter. Mange er tatt i steinbrudd, andre i mer naturlige landskaper. Over tid bygget Viksjø opp denne samlingen av bilder som sitt personlige arkiv av steinbilder, fra steder han oppsøkte for å finne kreativ energi eller for å vurdere materialer til prosjekter. Et forstørret nærbilde av et svaberg har åpenbart hatt særlig stor betydning for ham [ILL. 103]. Det har mange hull etter tegnestifter i hvert av hjørnene og må ha blitt hengt opp flere ganger som et slags inspirasjonsbilde. Utsnittet er tatt så tett på at verken sjøen og horisonten er synlig. De mørke skyggene i fotografiet understreker svabergets irregulære former. Mens forgrunnen i bildet domineres av bergets grove overflate, gjør lyset at det virker glattere bakover i bildet. Hvordan var det denne fotografiske utforskingen av naturlige steinformasjoner og teksturer fascinerte Viksjø? Motivet ligger tett opp til Carl Nesjars svabergfotografier fra slutten av 1950-årene. Viksjø samlet flere slike nærbilder av svaberg i fotoarkivet sitt, sannsynligvis er de tatt av Nesjar. Det som er viktigst i denne sammenhengen, er uansett Viksjøs bruk av fotografiene, særlig det forstørrede motivet. Variasjonen i overflater og aksentueringen av de plastiske formene i dette nærmest abstraherte naturmotivet må ha virket stimulerende for Viksjø, som var intenst opptatt av å utforske skulpturelle virkninger i arkitekturen og behandling av betongoverflater.

Arkitektens blikk

Tim Benton er blant dem som interessant har beskrevet hvordan Le Corbusiers egne fotografier gir viktige nøkler til hans fantasi og kreative univers.[5] Hans bruk av fotografi i den arkitektoniske praksisen har nærmest blitt et eget forskningsfelt. Blant Viksjøs fotografier er det særlig motivene av ulike typer stein som gir verdifull innsikt i hvordan han reflekterte over spørsmål om form. Han fotograferte ivrig da han

béton brut, or "raw concrete".[5] Photographs were also an important tool for stimulating his imagination when he was working creatively. He often photographed driftwood, shells, bones and pebbles he found on the beach. These images reveal his fascination with the textures and sculptural qualities of natural objects, which he himself called *objets à réaction poétique*.

Viksjø's personal photographs include a striking quantity of pictures of different kinds of stones. He took many of the photographs in quarries, and others in more natural landscapes. Over time, Viksjø built up this collection of photographs as a kind of personal archive of pictures of stones from places he visited, which he could use to find creative energy or to evaluate materials for projects. An enlarged close-up of a *svaberg* obviously had particular significance for him [ILL. 103]. Drawing pins have left many holes in each of the corners from the many times that the photograph must have been pinned up as a kind of inspirational image. The image is so tightly cropped that neither the sea nor the horizon is visible. The dark shadows in the photograph emphasize the irregular shapes of the *svaberg*. While the foreground is dominated by the rough surface of the rock, the light has the effect of making the rock seem smoother as it recedes towards the background. Why did Viksjø find this photographic exploration of natural rock formations and textures so fascinating? The image is very similar to Carl Nesjar's *svaberg* photographs from the late 1950s. Viksjø included several similar close-ups of *svaberg* formations in his photographic archive, most likely taken by Nesjar. What is most important in this context, is Viksjø's use of these photographs, in particular the enlarged image. The variation in surfaces and the accentuation of the plastic forms in this almost abstract image of nature must have been stimulating for Viksjø, who was intensely interested in exploring sculptural effects in architecture and the treatment of concrete surfaces.

The architect's gaze

Tim Benton is among those who interestingly have described how Le Corbusier's own photographs provide important clues to his imagination and creative universe.[6] Le Corbusier's use of photography in his architectonic practice has become virtually a separate field of research. Among Viksjø's photographs, it is particularly the images of different types of stone that give valuable insight into how he thought about

Ill. 103
Svaberg. Fra Erling Viksjøs fotoarkiv / Sloping rock outcrops (*svaberg*). From Erling Viksjø's photo archive.

Foto: Ant. Carl Nesjar, mellom 1950 og 1960 / Probably photographed by Carl Nesjar between 1950 and 1960.
Nasjonalmuseet NAMF.02288.006

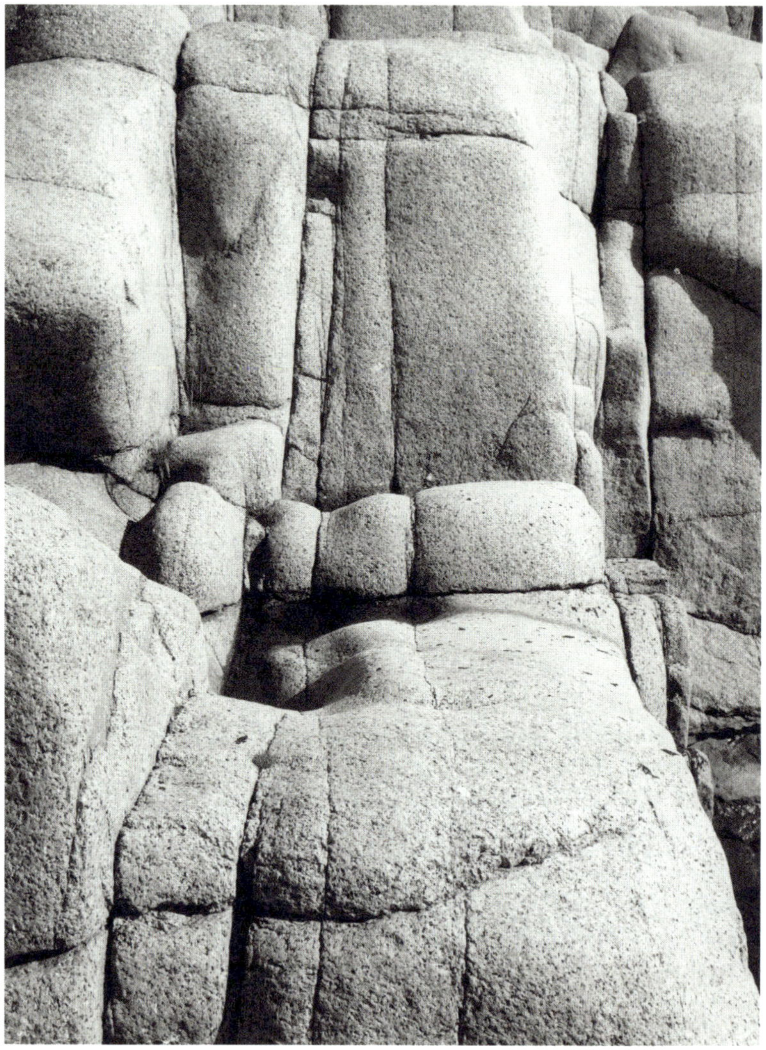

Ill. 104
Steinblokker fra steinbrudd / Blocks of stone at a stone quarry. Foto: Erling Viksjø. Ukjent datering / Date unknown
Nasjonalmuseet NAMF.02288.008

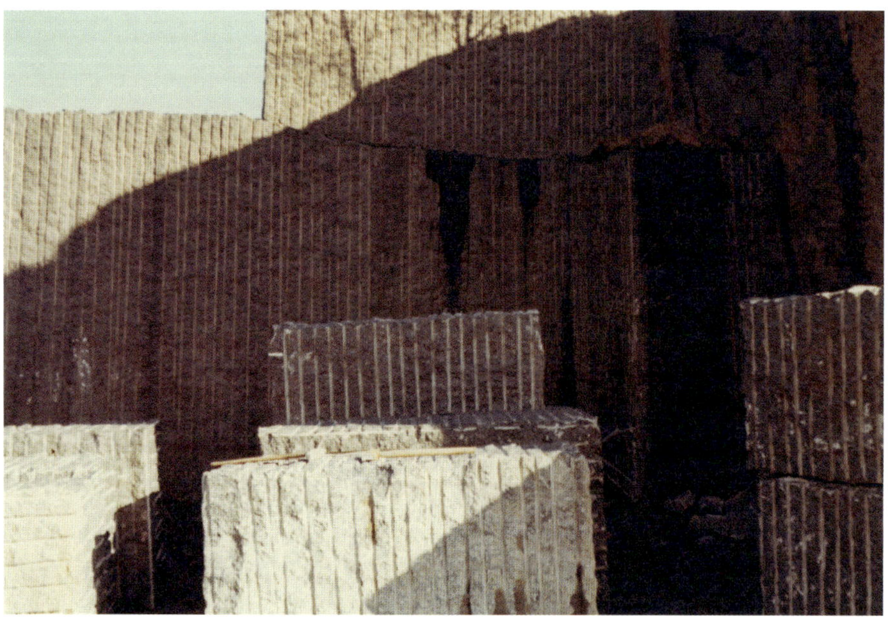

besøkte et av steinbruddene på Vestfold-kysten. Flere motiver som er tatt på avstand viser terrasseringen av fjellandskapet etter at store steinblokker er hugget ut. Før man oppfatter at fotografiene er fra et steinbrudd, kan de gi inntrykk av å vise en bebyggelse med langstrakte strukturer som ligger oppover i fjellsiden. De mest fascinerende blant disse steinbruddmotivene er likevel de som er tatt tettere på, som viser samlinger av steinblokker [Ill. 104]. Forståelsen av skala forsvinner i de fleste bildene, på grunn av mangelen på andre gjenstander som kan gi skalamarkører. Bildene formidler arkitektens blikk på steinblokkene og kan ses som studier av forholdet mellom ulike former. De massive blokkene er delt i mindre kubiske volumer som ligger tett, som om de skulle være stablet oppå hverandre. Fotografiene portretterer dem nærmest som arkitektoniske strukturer. Den monumentale kvaliteten kan gi assosiasjoner til antikke tempelruiner. Et annet aspekt motivene konsentrerer seg om, er steinblokkenes materialitet. Over steinens irregulære overflate ligger et mønster av striper etter borene som har skilt blokkene ut fra fjellet. Fokuset på disse relieffvirkningene framhever håndverket bak uthuggingen og antyder på den måten en menneskelig tilstedeværelse som til dels kan minne om hvordan sandblåste overflater i naturbetong oppleves.

Da *Høyblokka* ble presentert i *Byggekunst* i 1959, inkluderte Viksjø flere detaljfotografier av den sandblåste naturbetongen.[6] [Ill. 106] I likhet med både svabergbildet og noen av steinbruddsbildene, inviterer disse fotografiske representasjonene betrakteren til å fokusere på materialiteten og forestille seg hvordan det ville kjennes å berøre flaten. Denne måten å appellere til en kroppslig erfaring peker samtidig mot ønsket blant mange arkitekter i etterkrigstiden om å gi betongen en mer «menneskelig kvalitet». Mens promoteringen av betongen som materiale i den tidlige modernismen var preget av en åpenbar maskinestetikk og teknologioptimisme, var flere arkitekter i etterkrigstiden opptatt av å presentere betongen som et organisk materiale. Med naturbetongen markerte Viksjø en sterk kontrast til det som hadde vært sett som betongens «globale aura» – dens såkalt universelle egenskaper, uavhengig av geografisk plassering.[7] De publiserte nærbildene av naturbetongen i *Høyblokka* uttrykker tvert imot ambisjonen om å utvikle en monumentalarkitektur, som gjennom valget av elvegrusen i betongen hadde en karakteristisk og regional karakter.[8] Espen Johnsen leser Viksjøs naturbetong som en fortolkning og abstraksjon av norsk natur – en arkitektonisk

questions concerning form. He photographed enthusiastically during a visit to one of the quarries along the coast of Vestfold County. Several images taken from a distance show the terracing of the rockfaces after large blocks of stone had been removed. Before one realizes that these are photographs of a quarry, they may appear to show a group of long, low-rise structures located high up on a mountainside. Nevertheless, the most fascinating of these quarry images are the ones taken closer up of groups of stone blocks [Ill. 104]. Our sense of scale disappears when we look at most of these photographs, as there are no other objects to indicate the scale of what we are looking at. The images convey how the architect viewed the blocks of stone: they can be seen as studies of the relationships between different forms. The massive blocks are divided into small, cubic volumes that are packed closely together, as though they are stacked on top of one another. Viksjø's photographs portray the stone blocks almost as architectural structures or monuments that may evoke associations to ruined temples from antiquity. The photographs also focus on the material properties of the stone blocks. The irregular surface of the stone is covered by patterns of channels made by the drills that were used to separate the block from the bedrock. The focus on these relief effects draws attention to the craft aspects of quarrying and in this way suggests a human intervention that may remind us to some extent of how *naturbetong* (concrete sandblasted to expose the aggregate) surfaces may appear after sand-blasting.

When Viksjø presented the government building now called *Høyblokka* (The Highrise) in the Norwegian architectural journal *Byggekunst* in 1959, he included several close-up photographs of sand-blasted *naturbetong*.[7] [Ill. 106] Like both the photograph of the *svaberg* and some of the quarry photographs, these photographic representations invite the viewer to focus on the materiality of the subject, and imagine what it would feel like to touch the surface. At the same time, this way of appealing to a physical experience points towards a desire among many architects in the post-war period to give concrete a more "human" quality. While the promotion of concrete as a material in the early Modernist period had been clearly linked to a machine aesthetic and technological optimism, several architects in the post-war period were interested in presenting concrete as an organic material. With his *naturbetong*, Viksjø produced something that contrasted strongly with what had been seen as concrete's "global aura" – its so-called

parallell til den lyriske abstrakte modernismen i billedkunsten som blant andre Inger Sitter sto for.[9] Relasjonen til kunstfeltet er også relevant for måten den visuelle formidlingen av *Regjeringsbygningen* knyttet an til samtidens internasjonale arkitekturdebatt om hvordan man kunne skape en ny type monumentalitet i den modernistiske arkitekturen.

universal qualities that were not dependent on geographical location.[8] The published photographs of the use of *naturbetong* in *Høyblokka* express an ambition to develop a new kind of monumental architecture, highlighting as they do the use of river gravel in the concrete mix, giving the material a specifically regional character. Espen Johnsen interprets Viksjø's *naturbetong* as an abstraction of Norwegian nature – an architectonic parallel to the lyrical abstract Modernism practised by visual artists such as Inger Sitter.[9] This relationship to the visual arts is also relevant to the way the visual presentation of *Høyblokka* was linked to the contemporary international architectural debate as to how one could create a new type of monumentality in Modernist architecture.[10]

Et forsvar for samarbeid

Det ble tatt utallige fotografier under kunstnernes arbeid med utsmykningene til *Høyblokka* i Regjeringskvartalet. Dette minner om hvor nyskapende prosjektet var og gir uttrykk for det sterke engasjementet blant de involverte. De var de første som testet ut utsmykning i naturbetong i så stor skala. Et typisk motiv viser en av kunstnerne, sannsynligvis Inger Sitter, som står på en krakk med ryggen til kameraet og tegner Picassos skisse *Stranden* over på veggen i trapperommet [ILL. 105]. Ved siden av står Nesjar og følger med på motivet som kommer til syne på veggen, og som han etterpå skulle sandblåse. Andre motiver viser hvordan sandblåsingen ble gjort. Nesjar poserte også gjerne med blåseslangen foran ulike veggutsmykninger han hadde sandblåst, mens sanden etter blåsingen fortsatt lå på gulvet [ILL. 107]. Mange av prosessfotografiene er i Viksjøs arkiv og må være tatt av ham selv eller en medarbeider. Han hadde ikke for vane å fotodokumentere oppføringen av prosjektene sine – i alle fall ikke i dette omfanget. Mengden av fotografier fra utsmykningsarbeidene forsterker derfor inntrykket av *Høyblokka* som et verdifullt prosessuelt eksperiment. Bildene kan gi assosiasjoner til Susan Sontags poeng om at det å fotografere innebærer en eierholding til virkeligheten som avbildes.[10] Viksjø brukte fotografiet til å framheve og forevige eksperimentet – nærmest som en alternativ, visuell patentering av denne innovative kunstneriske praksisen.

Oppmerksomheten om hvordan kunst kunne bli integrert i arkitekturen, var økende i samtiden. Likevel ble utsmykningsprosjekter ofte kritisert enten for at kunstverkene tok fokus

A defence of collaboration

Innumerable photographs were taken of the artists executing their artworks in *Høyblokka*, reminding us how innovative the project was and of the strong commitment among the people involved. They were first to test the making of murals in *naturbetong* on such a large scale. A typical image shows one of the artists, probably Inger Sitter, standing on a stool with her back to the camera and transferring Picasso's sketch *Stranden* (The Beach) onto the wall of a staircase [ILL. 105]. Next to her we see Nesjar, who will later sandblast the image, watching as the image appears on the wall. Other photographs show how the sandblasting was done. Nesjar often posed holding a sandblasting hose in front of the various murals he had sandblasted, with the sand used in the process still lying on the floor [ILL. 107]. Many of the process-related photographs are from Viksjø's own archive and must have been taken either by him or by one of his colleagues. He was not in the habit of taking photographs to document the construction of his projects – at least not on this scale. Accordingly, the large number of these photographs adds to the impression that *Høyblokka* was seen as a valuable processual experiment. The images may remind us of Susan Sontag's point that to photograph is to appropriate the thing photographed.[11] Viksjø used photography to call attention to and preserve the experiment – almost as an alternative, visual means of patenting this innovative artistic practice.

Interest in how art could be integrated into architecture was growing during this period. Even so, artistic projects were often criticized

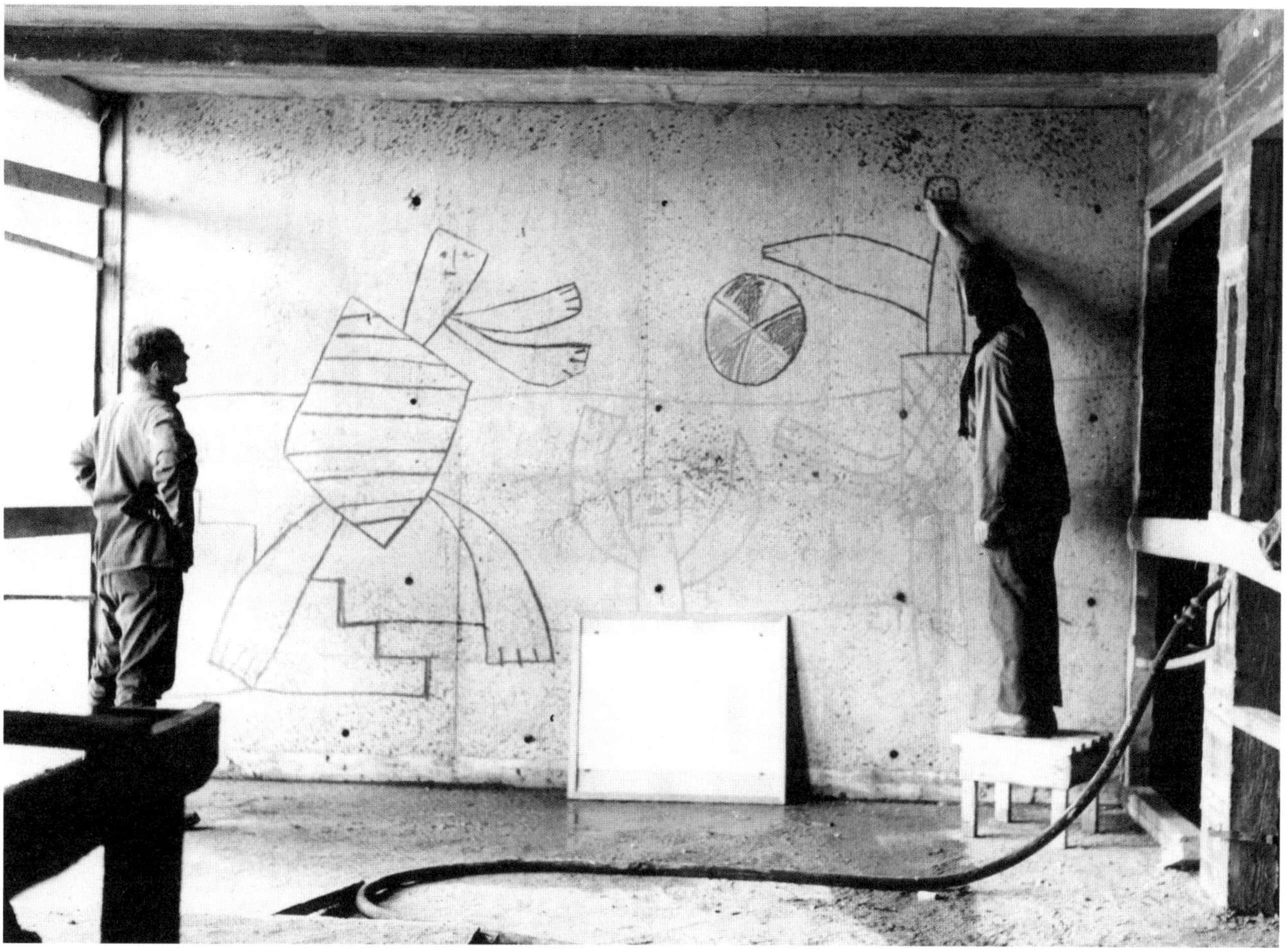

Ill. 105
Fra utsmykningsarbeidene i *Høyblokka* / Artists at work in *Høyblokka*. Ukjent fotograf, ca. 1957. Nasjonalmuseet NAMF.00603.034

Ill. 106
Detalj av vegg i *Høyblokka* / Detail of wall in *Høyblokka*. Foto: Carl Nesjar, ca. 1959. Nasjonalmuseet NAMF.00603.065

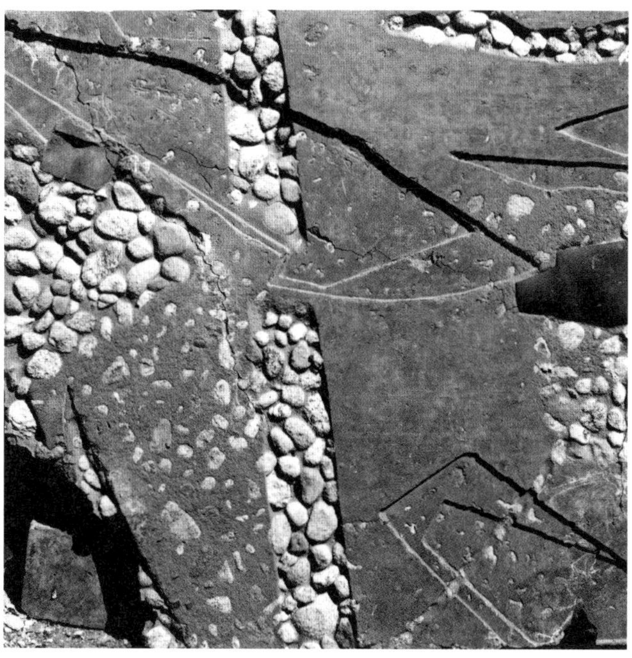

Ill. 107 (neste oppslag / next spread)
Fra utsmykningsarbeidene i *Høyblokka* / Artists at work in *Høyblokka*. Ukjent fotograf, ca. 1957. Nasjonalmuseet NAMF.00603.036

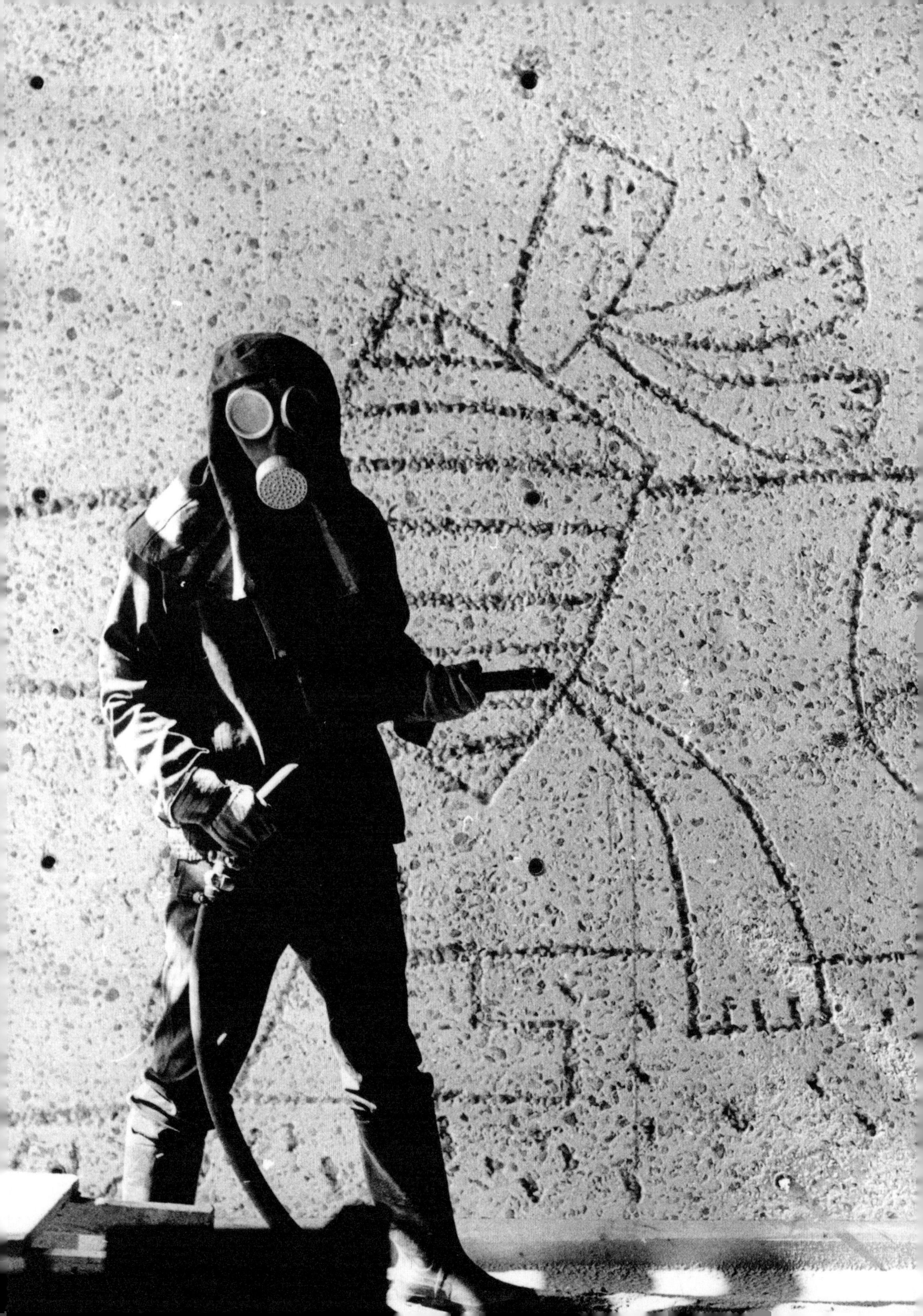

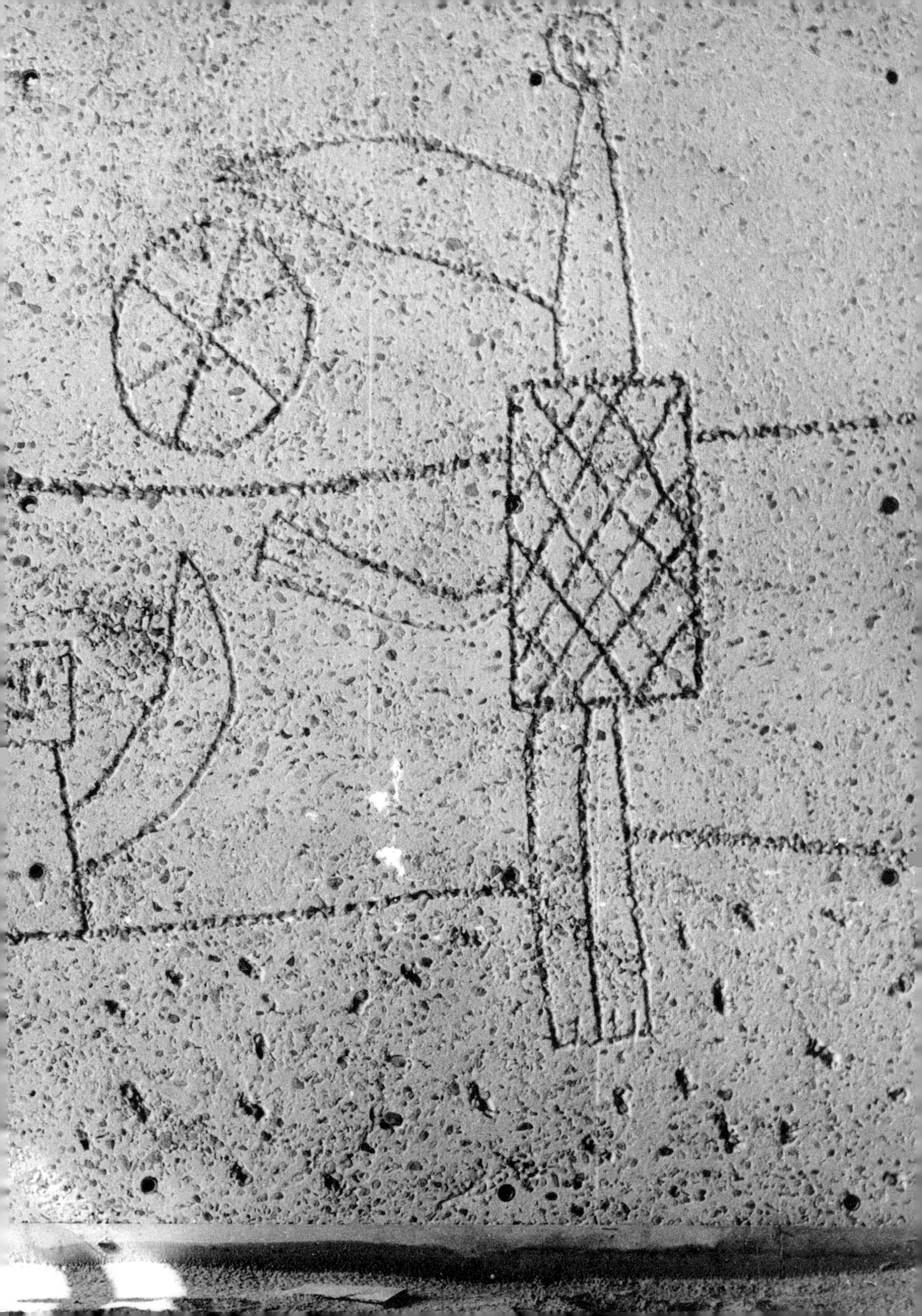

fra arkitekturen, eller at arkitektene spilte en for dominerende rolle og begrenset kunstnernes frihet.[11] Det er ingen tvil om at Viksjø la føringer for utsmykningene i Regjeringskvartalet.[12] Han bestemte plasseringen av dem og skal ha ønsket å godkjenne kunstnernes forarbeider.[13] Samtidig ga han kunstnerne mye større spillerom enn det som var vanlig og utfordret dem til å eksperimentere med naturbetongen. Deres felles interesse for å utforske det nye materialets potensiale som kunstnerisk medium, gjorde samarbeidsprosjektet unikt i samtiden. Det kreative fellesskapet ble derfor viktig å formidle i media. Viksjø publiserte fotografier som framhevet det kollektive aspektet ved prosessen, og han inkluderte kunstnerne som hovedkarakterer i fortellingen om prosjektet. Det er tydelig at konstruksjonen fortsatt er et råbygg i fotografiene fra utsmykningsarbeidene. Kunstnerne står og arbeider ved siden av den åpne heissjakten, som kun er sperret av en planke. Flere av motivene som ble publisert i fagpressen, illustrerer hvordan kunsten ble til parallelt med at bygget ble oppført og at utførelsen var et direkte inngrep i veggflatene, slik at kunsten ble en del av selve strukturen. Sett i lys av den pågående debatten om hvordan modernistisk arkitektur kunne uttrykke en ny monumentalitet, var fotografiene et aktivt forsvar for å syntetisere kunstformene gjennom sterkere involvering av kunstnere i reelle samarbeid med arkitekter.

«Oui Picasso»

Det var også noen av disse fotografiene, fra de første utsmykningene i *Høyblokka*, Viksjø ba Nesjar ta med da han besøkte Picasso i 1957, i håp om at de ville overbevise den spanske kunstneren om å levere skisser til utsmykningene. Nesjar fortalte i senere intervjuer om hvor entusiastisk Picasso ble da han fikk se fotografiene. I ren begeistring skal han ha løpt ut til gartneren sin og vist bildene, før han løp inn igjen for å vise dem til kokken.[14] Han så straks mulighetene i dette materialet. Fotografiene drev på denne måten samarbeidsprosjektet videre, og de fikk samtidig en sentral rolle i en av anekdotene aktørene knyttet til prosjektet.

Samarbeidet mellom Viksjø, Picasso og Nesjar fortsatte med *Y-blokka*. Parallelt jobbet Nesjar og Picasso med flere skulpturprosjekter i natur-

either because the artworks were seen as distracting attention from the architecture, or because the architects' role was too dominant and restricted the artists' freedom.[12] There is no doubt that Viksjø imposed guidelines for the artworks to be erected in the Government Quarter.[13] He decided where they should be located and wanted to approve the artists' preparatory sketches.[14] At the same time, he gave the artists much greater freedom than was common and encouraged them to experiment with *naturbetong*. Their shared interest in researching this new material's potential as an artistic medium, made this collaborative project unique for its time. Accordingly it became important to publicize this creative joint enterprise in the media. Viksjø published photographs that emphasized the collaborative aspects of the process, and included the artists as key protagonists in his narrative about the project. These photographs of the murals make it clear that the building was still a shell. For example, we see artists working alongside an open lift shaft, fenced off only by a single plank. Some of the images published in specialist journals show how the artworks came into being in parallel with the construction of the building, executed as direct interventions on wall surfaces, such that the art became an integral part of the actual structure. Seen in light of the then-ongoing debate about how Modernist architecture could express a new sense of monumentality, the photographs actively defended the synthesizing of different art forms through the stronger involvement of artists in genuine collaborations with architects.

"Oui Picasso"

When Nesjar visited Picasso in 1957, Viksjø asked him to take along some of these photographs of the first murals executed for *Høyblokka*, in the hope of convincing the Spanish artist to supply sketches for the decorations. In later interviews, Nesjar explained how Picasso was overcome with enthusiasm when he saw the photographs. In pure excitement, he apparently ran outside to show his gardener the pictures, before running back inside to show them to his cook.[15] He saw immediately the possibilities of this material. In this way the photographs drove the collaborative project onwards, while at the same time gaining a central place in one of the anecdotes the participants associated with the project.

The collaboration between Viksjø, Picasso and Nesjar continued with the adjacent low-

betong i stor skala.[15] Nesjar laget fotomontasjer som viste skisser av skulpturene på tomtene der de var tenkt oppført, og Picasso godkjente ved å skrive «Oui Picasso» eller «Bon à tirer pour Nesjar» på fotografiene med tusj.[16] Viksjøs arkiv viser imidlertid at Nesjar holdt jevn kontakt med Viksjø også under designprosessen. Det finnes en stor mengde modellfotografier for skulpturene med beskjeder fra Nesjar på baksiden, som han må ha sendt til Viksjø. Med disse «fotografiske rapportene» holdt han Viksjø løpende orientert om Picassos og sine egne nyeste ideer for utforming, materialer eller fargevalg, så de kunne diskutere skulpturarbeidene underveis. Nesjar ba Viksjø om råd, blant annet om hvordan han trodde det ville fungere å kombinere bestemte skulpturer. Det kommer også fram at Viksjø planla å dra til Stockholm for å bistå Nesjar under arbeidet med en skulptur. De korte beskjedene på fotografiene gir ikke grunnlag for å trekke sikre slutninger, men tyder på at Viksjø var mer direkte involvert i Picasso- og Nesjar-samarbeidet om de store skulpturprosjektene enn det som har vært kjent til nå. Samtidig er det interessant at de tydeliggjør den visuelle kommunikasjonsformen deres, der arbeidet med kunstverkene ble drevet fram gjennom fotografier.

Skulpturell arkitektur

Da Viksjø i 1967 inviterte kunstneren Ramon Isern til å lage en skulptur for *Oslo helseråd*, ble også fotografier et viktig redskap.[17] På oppfordring fra Viksjø, laget Isern flere ulike pappmodeller for skulpturen, som så ble fotografert.[18] En sammenlikning av modellfotografier av skisseforslagene viser at den ytre rammestrukturen var mye slankere og åpnere i Iserns første utkast enn i den ferdige skulpturen *Tetraeder*.[19] [ILL. 109] Søylen av tetraeder i sentrum av skulpturen hadde da en mer dominerende rolle og var fra Iserns side tenkt utført i stål. Viksjø ønsket imidlertid at hele skulpturen skulle oppføres i betong. Gjennom dialogen deres ble rammestrukturen rundt kjernen kraftigere og mer lukket, med større naturbetongflater [ILL. 108]. Dette understreker skulpturens trekantform, som tilsvarer byggets grunnform.[20] Skulpturen ble altså mer «som en arkitektonisk del av hele anlegget», slik Viksjø beskrev oppdraget i det første brevet til

rise government building known as *Y-blokka* ("The Y-block"). Nesjar and Picasso also worked in parallel on several large-scale sculptural projects in *naturbetong*.[16] Nesjar made photo-montages that showed sketches of the sculptures on their intended sites, and Picasso approved these by writing *"Oui Picasso"* or *"Bon à tirer pour Nesjar"* on the photographs in ink.[17] Viksjø's archive shows however that Nesjar also maintained regular contact with Viksjø during the design process. There are a large number of photographs of models for the sculptures with messages from Nesjar written on the back, which he must have sent to Viksjø. By means of these "photographic reports", Nesjar kept Viksjø updated about his own and Picasso's latest ideas for designs, materials or colour choices, so they could discuss the sculptural works underway. Nesjar asked Viksjø for advice, including about how Viksjø thought certain sculptures could best be combined. We can also see that Viksjø planned to travel to Stockholm to assist Nesjar in his work on one of the sculptures. The brief messages on the photographs do not provide grounds for drawing firm conclusions, but they do suggest that Viksjø was more directly involved in the collaboration between Picasso and Nesjar than has been previously known. At the same time, these photographs reveal the interesting fact that the participants communicated visually about the progress of the artworks, by means of photographs.

Sculptural architecture

In 1967, when Viksjø invited the artist Ramon Isern to create a sculpture for *Oslo helseråd* (the Oslo Board of Public Health building) photographs once again played an important role.[18] At Viksjø's instigation, Isern created several different cardboard maquettes, which were then photographed.[19] A comparison of photographs of the maquettes shows that the outer framework structure was much more slender and open in Isern's initial proposal than in the completed sculpture, titled *Tetraeder* (*Tetrahedron*).[20] [ILL. 109] Isern initially envisaged the column of tetrahedra at the centre of the sculpture as being made of steel and playing a more dominant role. Viksjø wanted the whole sculpture to be made in concrete, however. During the course of their dialogue, the framework structure around the central column became more substantial and less open, with larger surfaces of *naturbetong* [ILL. 108]. These surfaces emphasize the triangular

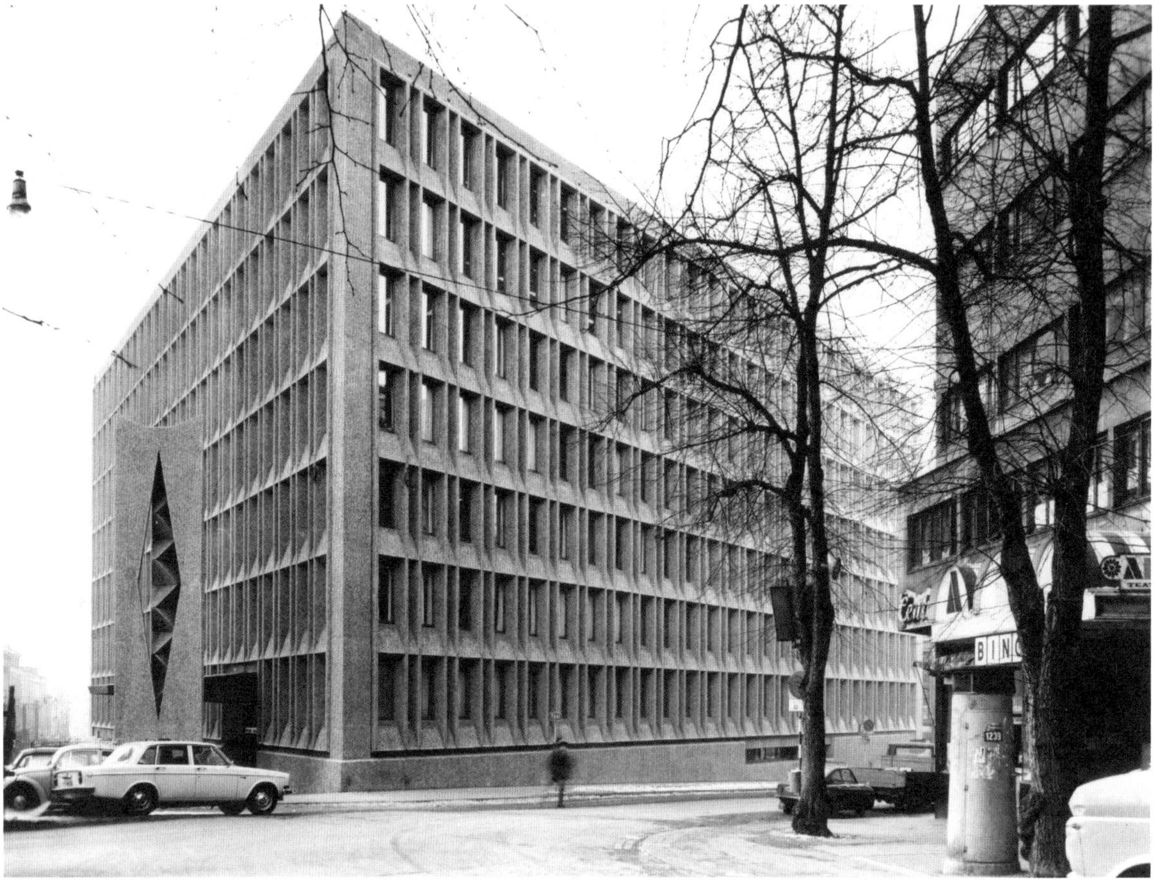

Ill. 108
Oslo helseråd. Arkitekt: Erling Viksjø. Foto: Teigens fotoatelier, ca. 1969. Nasjonalmuseet NAMF.02295.001

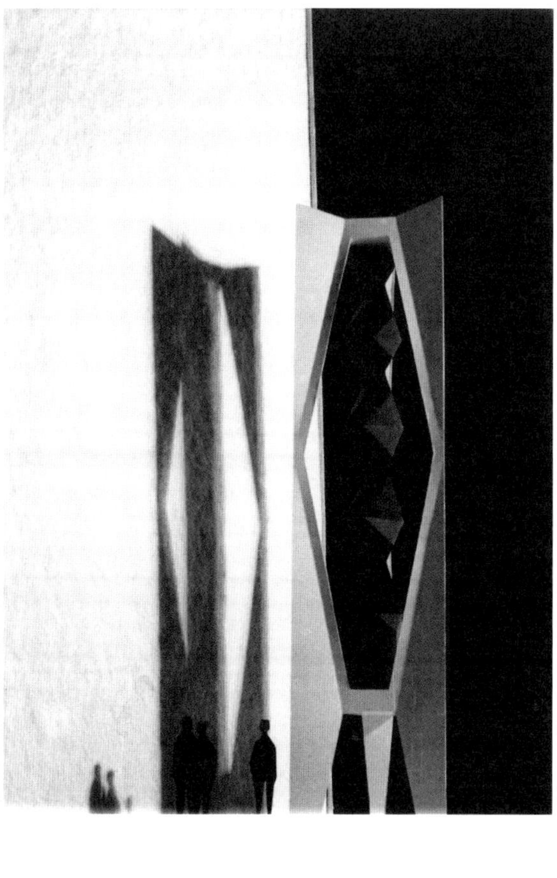

Ill. 109
Ramon Isern: Utkast til *Tetraeder*. Modellfotografi / Draft for *Tetraeder*. Photograph of model sculpture. Foto: Ramon Isern, sannsynligvis 1967. Nasjonalmuseet NAMF.02284.024

Ill. 110
Oppslag fra presentasjon av *Oslo helseråd* i *Byggekunst* /
Spread from presentation of *Oslo helseråd* in the journal
Byggekunst nr. 7, 1969. Foto: Nasjonalbiblioteket

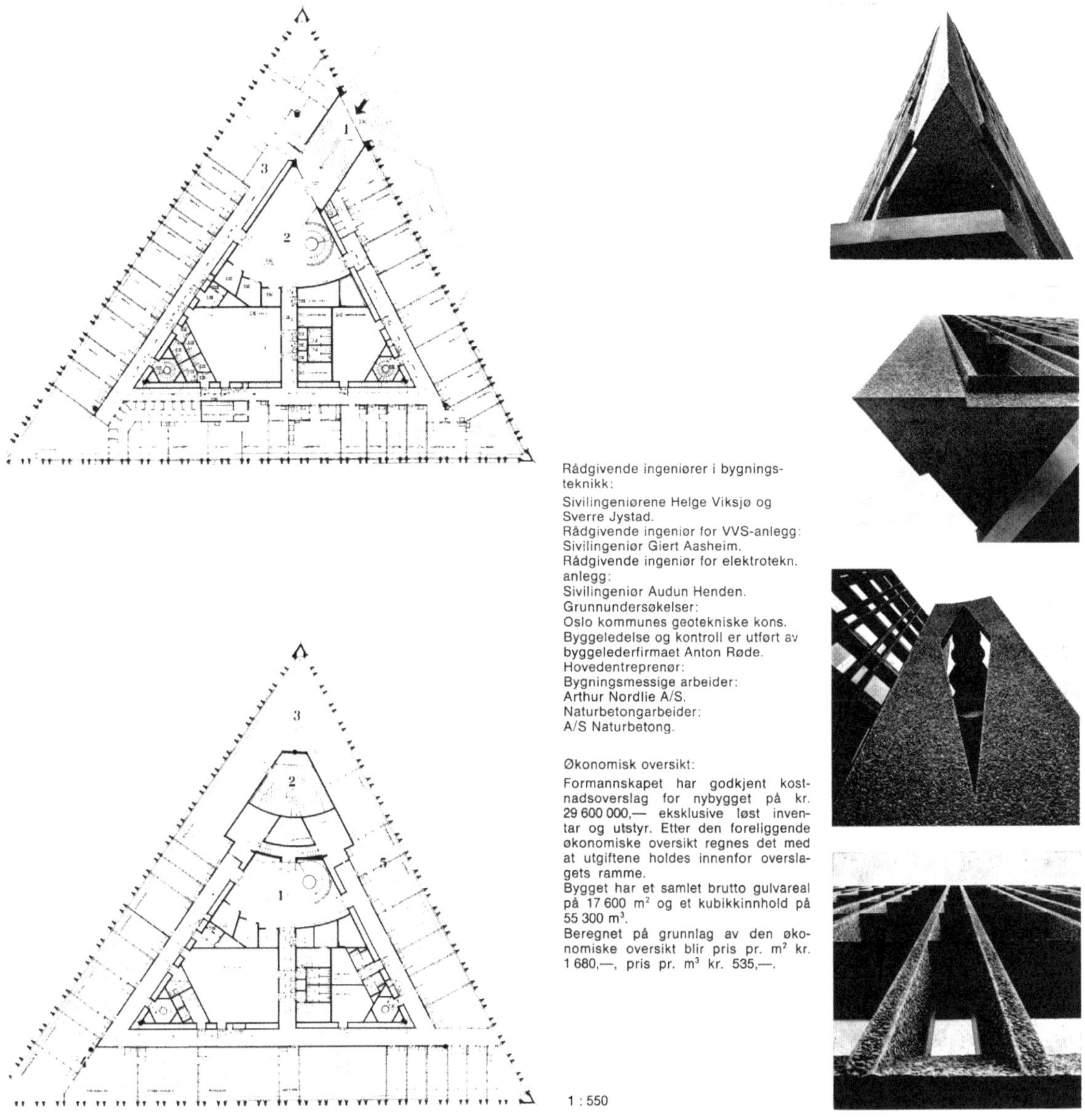

Rådgivende ingeniører i bygningsteknikk:

Sivilingeniørene Helge Viksjø og Sverre Jystad.
Rådgivende ingeniør for VVS-anlegg:
Sivilingeniør Giert Aasheim.
Rådgivende ingeniør for elektrotekn. anlegg:
Sivilingeniør Audun Henden.
Grunnundersøkelser:
Oslo kommunes geotekniske kons.
Byggeledelse og kontroll er utført av byggelederfirmaet Anton Røde.
Hovedentreprenør:
Bygningsmessige arbeider:
Arthur Nordlie A/S.
Naturbetongarbeider:
A/S Naturbetong.

Økonomisk oversikt:

Formannskapet har godkjent kostnadsoverslag for nybygget på kr. 29 600 000,— eksklusive løst inventar og utstyr. Etter den foreliggende økonomiske oversikt regnes det med at utgiftene holdes innenfor overslagets ramme.
Bygget har et samlet brutto gulvareal på 17 600 m^2 og et kubikkinnhold på 55 300 m^3.
Beregnet på grunnlag av den økonomiske oversikt blir pris pr. m^2 kr. 1 680,—, pris pr. m^3 kr. 535,—.

1 : 550

149

Isern. Prosjektet for kunstmuseet i Kiruna, som skulle inkludert den enorme Picasso-skulpturen *Seated Woman*, strandet rundt 1965, og nå ville Viksjø åpenbart fortsette å utforske hvordan monumentalskulptur og arkitektur kunne kombineres.[21] Dette ble den første av Iserns såkalte arkitekturskulpturer, som han ville at mennesker skulle kunne føle et direkte forhold til.[22] *Byggekunst*-presentasjonen i 1969 framhevet samspillet mellom arkitekturen og skulpturen, spesielt i de publiserte fotografiene som tydeliggjør at naturbetongens materialitet binder elementene sammen.[23] Flere av bildene er tatt på skrå oppover, for å aksentuere de vertikale linjene og spisse vinklene som går igjen i skulpturen og i bygget [ILL. 110]. Dette er et av de mest vellykkede eksemplene i Viksjøs *oeuvre* på at arkitektur og skulptur utgjør en helhet – et romlig spill av trekantede volumer.

Prosjektet ble utviklet i samme periode som *Y-blokka*. Selv om de to bygningene er svært ulike – én er geometrisk og innadvendt, mens den andre er mer organisk med buede fløyer som griper utover i ulike retninger i byrommet – så er begge høydepunkter fra den fasen Viksjø utviklet en mer skulpturell arkitektur. Denne type arkitektur stiller høye krav til fotografer, og siden begge disse bygningene ligger i relativt tette urbane situasjoner, er de spesielt utfordrende å fotografere. Få har fotografert Regjeringskvartalet like overbevisende som Teigens fotoatelier, på en måte som effektivt og rent oppsummerer hvordan anlegget var tenkt å fungere som en komposisjon av ulike volumer [ILL. 111]. Et fotografi fra Grubbegata framhever *Y-blokka*s horisontale og buede form, som gir en dyp perspektivvirkning innover i bildet. Denne bølgende virkningen står i sterk kontrast til *Høyblokka*s vertikale og rettvinklede silhuett, som forsterkes av skyggen den kaster over *Y-blokka*. Fotografen har nærmest eliminert enhver visuell distraksjon i forgrunnen og bakgrunnen og lar virkelig den arkitektoniske vekselvirkningen mellom skiveblokken og den mer organiske blokken – mellom høy og lav – være hovedmotivet. Dette fotografiet er åpningsbildet i Viksjøs presentasjon av *Y-blokka* i *Byggekunst* fra 1970.[24] De plastiske kvalitetene i arkitektens verk forsterkes også i et interiørfotografi tatt av Bjørn Winsnes, som portretterer trappen midt i bygget som en skulpturell spiralform [ILL. 112]. Winsnes representerte en langt friere tilnærming til arkitekturfotografiet enn Teigen og hadde siden 1950-årene vært engasjert i å fremme fotografiet som kunstnerisk medium.[25] Viksjø verdsatte åpenbart Winsnes' mer ukonvensjonelle blikk på sin egen arkitektur

shape of the sculpture, which echoes the basic shape of the building.[21] Accordingly the sculpture became more "like an architectonic element in the whole complex", as Viksjø described the commission in his first letter to Isern. The project for an art museum in Kiruna, which was to include the enormous Picasso sculpture, *Seated Woman*, had fallen through in around 1965, and now Viksjø clearly wanted to continue to explore how monumental sculpture and architecture could be combined.[22] *Tetraeder* became the first of Isern's so-called architectural sculptures, with which he wanted people to feel a direct relationship.[23] The *Byggekunst* feature in 1969 emphasized the interaction between the architecture and the sculpture, especially in the published photographs that make it clear how the material character of the *Naturbetong* serves to bind the different elements together.[24] Several of the photographs were taken looking upwards at an oblique angle, which accentuated the vertical lines and sharp angles repeated in both the sculpture and the building [ILL. 110]. This is one of the most successful examples in Viksjø's *oeuvre* of architecture and sculpture working together to form a single whole – a spatial interaction of triangular volumes.

The *Oslo helseråd* project was developed during the same period as *Y-blokka*. Although the two buildings are very different – one is geometric and inward looking, while the other is more organic, with curved wings that reach out in different directions into the urban landscape – both are high points of the phase when Viksjø was developing a more sculptural architecture. This type of architecture makes high demands of photographers, and both these buildings, being located in relatively densely built-up urban locations, are particularly challenging to photograph. Few have photographed the Government Quarter as convincingly as Teigens fotoatelier, in a manner that effectively encapsulates the envisaged functioning of the complex as a composition of different volumes [ILL. 111]. A photograph taken from Grubbegata emphasizes the curved, horizontal form of the low-rise *Y-blokka*, giving the image a deep perspective. This undulating effect contrasts strongly with the vertical, right-angled silhouette of *Høyblokka*, which is emphasized by the shadow it casts over *Y-blokka*. The photographer has succeeded in eliminating almost every visual distraction in the foreground and background, allowing the architectonic interaction between the angular high-rise building and its more organic low-rise counterpart to be the main subject of the image. Viksjø used this pho-

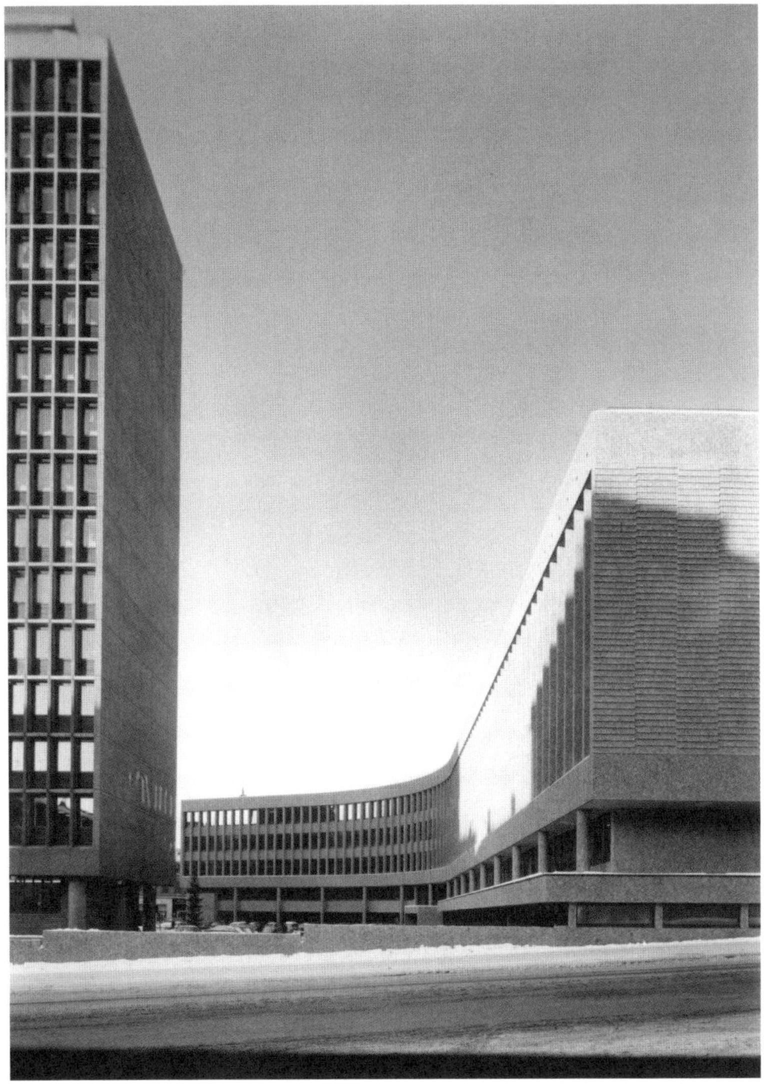

Ill. 111
Regjeringskvartalet / The Government Quarter. Foto: Teigens fotoatelier, ca. 1969. Nasjonalmuseet NAMF.00602.005

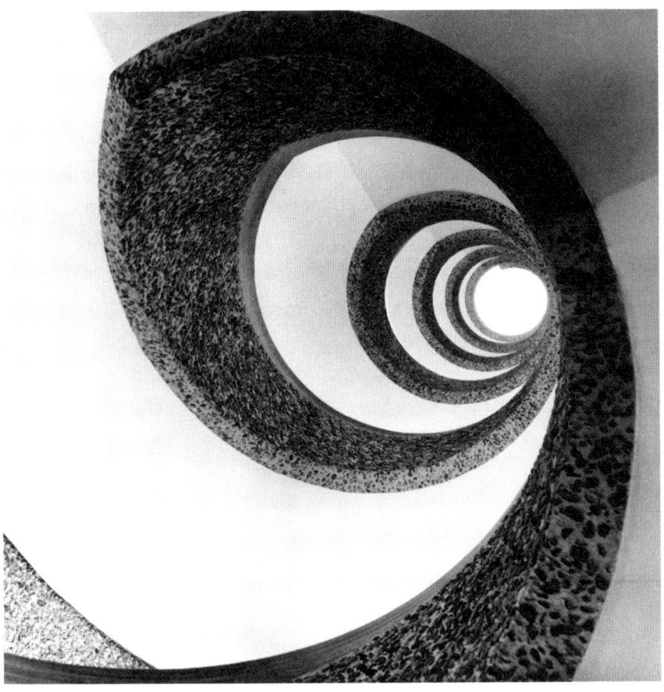

Ill. 112
Trapp i *Y-blokka* / Staircase in *Y-blokka*. Arkitekt: Erling Viksjø. Foto: Bjørn Winsnes, ca. 1969. Nasjonalmuseet NAMF.00602.021

og samlet flere av hans bilder i arkivet sitt. Det var likevel Teigens fotoatelier han hadde det tetteste og mest langvarige samarbeidet med i 1950- og 60-årene. De var da absolutt de mest brukte arkitekturfotografene i Norge. Denne posisjonen hadde de oppnådd gjennom en genuin nysgjerrighet og forståelse for arkitektur. De arbeidet dedikert for å formidle arkitektenes intensjoner, heller enn å søke å uttrykke sine subjektive fortolkninger av arkitekturen.

For Viksjø var Teigen en viktig samarbeidspartner for å kunne markere seg innen ny, skulpturell monumentalarkitektur og samtidig kunne kommunisere kunstens betydning i denne. Dialogen med tidsskriftredaktører om valg av fotografier til publisering må heller ikke undervurderes. I *Y-blokka*-presentasjonen i *Byggekunst* understreker flere av Teigens fotografier hvor sterk virkning kunstverkene har for opplevelsen av arkitekturen. På første side løftes Picassos *Fiskerne*, på Y-*blokka*s kortfasade mot Akersgaten, fram som et blikkfang i bybildet [ILL. 88]. Av totalt syv fotografier i presentasjonen, ble to viet *Måken* i foajeen. Mens motivet fra første etasje viser verket slik den besøkende som ankommer bygget først opplever det, forsterker motivet fra galleriet hvordan måkens vinger går igjen i galleriets buede form [ILL. 90]. Sammen demonstrerer de to fotografiene betydningen Viksjø tilla Picassos verk i erfaringen av interiøret.[26]

En romlig komposisjon i norsk stein

Viksjø ga også kunstnerne stor plass da han presenterte *Administrasjonsbygning for Norsk Hydro* i *Byggekunst* i 1963.[27] I et eget avsnitt om kunsten,

tograph to open his 1970 presentation of *Y-blokka* in *Byggekunst*.[25] The plastic qualities of Viksjø's work are also emphasized in an interior photograph taken by Bjørn Winsnes, who portrays the staircase in the centre of the building as a spiral sculptural form [ILL. 112]. Winsnes had been committed to promoting photography as an artistic medium ever since the 1950s, and his approach to architectural photography was far freer than Teigen's.[26] Viksjø clearly valued Winsnes' less conventional view of his architecture and kept several photographs by Winsnes in his archive. Nevertheless, it was with Teigens fotoatelier that he had the closest and most long-lasting collaboration in the 1950s and 60s. They were absolutely the most widely used architectural photographers in Norway, a status they had achieved through a genuine curiosity about, and understanding for, architecture. They endeavoured specifically to convey the architects' intentions rather than expressing their own subjective interpretations of the architecture.

For Viksjø, Teigen was an important collaborator for making his mark within this new, monumental type of architecture, and for simultaneously communicating the importance of art in it. We should also not underestimate the importance of conversations with journal editors regarding the choice of photographs used in their publications. In the presentation of *Y-blokka* in *Byggekunst*, several of Teigen's photographs emphasize how strongly the artworks influence one's perception of the architecture. On the first page, Picasso's *Fiskerne* (The Fishermen), on the façade of the *Y-blokka* facing onto Akersgata, is presented as an eye-catching feature of the urban landscape [ILL. 88]. Of a total of seven photographs in the presentation, two are devoted to *Måken* (The Seagull) in the entrance lobby. While the photograph taken from the ground floor shows the work as it would be experienced by visitors arriving at the building, the photograph taken from the gallery shows how the gull's wings are echoed by the curved shape of the gallery [ILL. 90]. Together the two photographs demonstrate the importance Viksjø attributed to Picasso's work in the experience of the building's interior.[27]

A spatial composition in Norwegian stone

Viksjø also allocated a large amount of space to his collaborating artists when he presented his *Administrasjonsbygning for Norsk Hydro* (Admin-

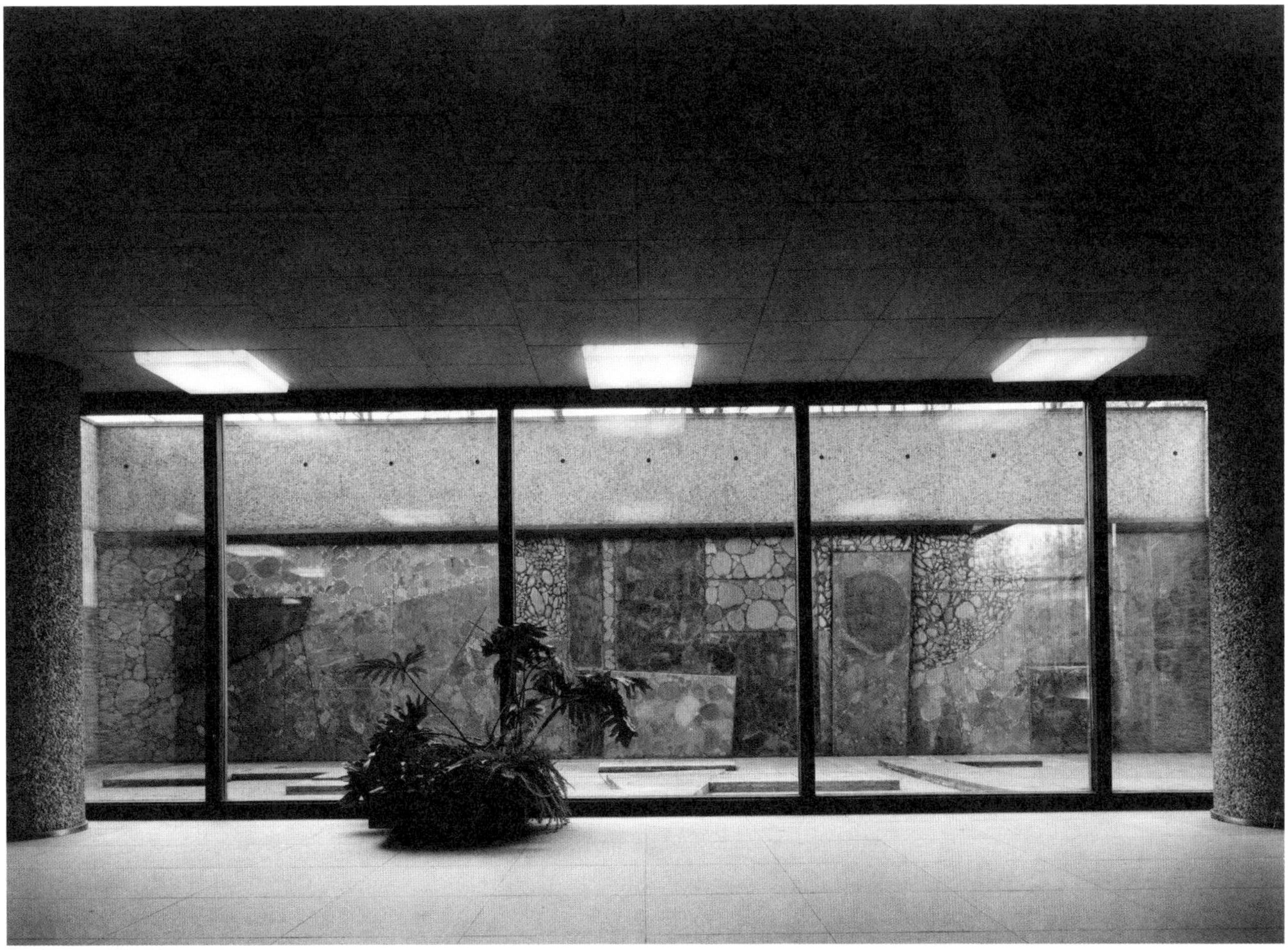

Ill. 113
Blikk inn i lysgården i *Administrasjonsbygning for Norsk Hydro* / A glimpse into the atrium of the Administrative Building for Norsk Hydro. Foto: Teigens fotoatelier, ca. 1963. Nasjonal-museet NAMF.00011.008

framhevet han Nesjars rolle som kunstnerisk rådgiver og Jakob Weidemanns utsmykninger av naturbetongveggene i inngangspartiet. Mest plass fikk likevel lysgården innenfor vestibylen, der gulv og vegger var kledd med Tandbergs arbeider i conglobetong: «Gulvet utgjør et basseng med 'øyer' av steinplater som ligger i relieff. Endeveggen er overrislet slik at fargen i steinmaterialet trer godt fram.»[28] Et av Teigens fotografier gir et blikk inn i rommet, mellom to naturbetongsøyler i vestibylen [ILL. 113]. Den grove naturbetongen rammer inn de polerte overflatene i conglobetong. Mens fotografiet som ble kommentert innledningsvis, som Viksjø tok av Tandberg da han bar den store rullesteinen på stranden, forteller om deres felles tro på å gi naturen en ny relevans i kunsten og arkitekturen, presenterer dette fotografiet høydepunktet i samarbeidet om conglobetongen. Det presenterer lysgården akkurat slik Viksjø ønsket den skulle oppfattes – som en romlig «komposisjon i norsk stein».[29]

Noter

1 Bente Solbakken har vist hvordan Viksjø utviklet naturbetongen til et taktilt ornamentert materiale gjennom en periode på ti år, Bente Solbakken, «Tekstur som ornament. Erling Viksjøs eksperimenter med sandblåst betong på 1950-tallet», i Espen Johnsen (red.), *Brytninger. Norsk arkitektur 1945–65*, Oslo: Nasjonalmuseet for kunst, arkitektur og design, 2010, 260–271.

2 Adrian Forty, *Concrete and Culture. A material history*, London: Reaktion books Ltd, 2012, 253.

3 Boken vier et helt kapittel til dette temaet, under tittelen «Concrete and photography». Se særlig 269–271. Forty, *Concrete and Culture*, 253–277.

4 Robert Gargiani & Anna Rosellini, *Le Corbusier: Béton brut and Ineffable Space, 1940–1965. Surface Materials and Psychophysiology of Vision*, Lausanne, EPFL Press, 2011, 54–61.

5 Tim Benton, «Le Corbusier's secret photographs», i Nathalie Herschdorfer and Lada Umstätter (red), *Le Corbusier and the Power of Photography*, London: Thames & Hudson, 2012, 31–53; Tim Benton, *LC Foto: Le Corbusier Secret Photographer*, Zürich, Lars Müller Publishers, 2013.

6 Erling Viksjø, «Regjeringsbygningen. Det nye regjeringsbygget», *Byggekunst*, nr. 1, 1959, 3–5.

7 Forty, *Concrete and culture*, 102.

8 På baksiden av et foto står en kommentar til billedredaktøren av tidsskriftet: «bør evt. kopieres litt lysere og bløtere». Fotografiet er tatt av Nesjar og viser et utsnitt fra et udekorert veggfelt med mange ulike steinsorter. Kommentaren viser at Viksjø og Nesjar var bevisste på hvordan de fotografiske representasjonene kunne få fram en rikest mulig virkning av nyansene i tilslagsmaterialene i veggen. NAMF.02288.012.

9 Omtales i Espen Johnsens bok *Erling Viksjø. Eksperimenter i form og betong*, Oslo: Pax Forlag, 2020, 275–277.

10 Susan Sontag, *Om fotografi*, Oslo: Pax Forlag, 2004, 108.

11 Se blant annet oppsummeringen av et debattmøte om

istrative Building for Norsk Hydro) in *Byggekunst* in 1963.[28] In a separate section about the art in the building, he highlighted Nesjar's role as artistic consultant and Jakob Weidemann's paintings on the *naturbetong* walls of the entrance. He devoted the most space, however, to the atrium within the entrance lobby, where the floor and walls were cladded with Tandberg's works in *conglobetong*: "The floor comprises a pool with relief 'islands' of stone panels. The end wall has water flowing down it so that the colours of the stones are clearly visible."[29] One of Teigen's photographs gives us a glimpse into the space, framed by two *naturbetong* columns in the entrance lobby [ILL. 113]. The rough *naturbetong* frames the polished surfaces of the *conglobetong*. While Viksjø's photograph of Tandberg lifting a boulder on the beach, discussed in the introduction to this article, tells us about their shared belief in giving nature a new relevance in art and architecture, this photograph presents the high point of their *conglobetong* collaborations. It presents the atrium exactly as Viksjø wanted it to be experienced – as a spatial "composition in Norwegian stone".[30]

Notes

1 Translator's note: *Svaberg* are glacial rock formations typical of the coast of southern Norway. There is no direct translation into English, but they are sometimes referred to as *roches moutonnées*.

2 Bente Solbakken has shown how Viksjø developed *naturbetong* over a 10-year period to become a tactile, decorative material. Bente Solbakken, "Tekstur som ornament. Erling Viksjøs eksperimenter med sandblåst betong på 1950-tallet", in Espen Johnsen (ed.), *Brytninger. Norsk arkitektur 1945–65*, Oslo: National Museum for Art, Architecture and Design, 2010, 260–271.

3 Adrian Forty, *Concrete and Culture. A Material History*, London: Reaktion Books Ltd, 2012, 253.

4 A whole chapter of this book is devoted to this topic, under the title "Concrete and photography". See in particular 269–271. Forty, *Concrete and Culture*, 253–277.

5 Robert Gargiani & Anna Rosellini, *Le Corbusier: Béton Brut and Ineffable Space, 1940–1965. Surface Materials and Psychophysiology of Vision*, Lausanne, EPFL Press, 2011, 54–61.

6 Tim Benton, "Le Corbusier's secret photographs", in Nathalie Herschdorfer and Lada Umstätter (eds.), *Le Corbusier and the Power of Photography*, London: Thames & Hudson, 2012, 31–53; Tim Benton, *LC Foto: Le Corbusier Secret Photographer*, Zürich, Lars Müller Publishers, 2013.

7 Erling Viksjø, "Regjeringsbygningen. Det nye regjeringsbygget", *Byggekunst*, no. 1, 1959, 3–5.

8 Forty, *Concrete and Culture*, 102.

9 On the back of one photograph, a comment to the picture editor of the journal reads: "perhaps should be reproduced a little paler and softer". The photograph was taken by Nesjar and shows a detail of an undecorated section of wall featuring many different types of stone. The comment shows that Viksjø and Nesjar were aware of how photographic representations could convey the richest possible impression of the nuances of the aggregates in the wall. NAMF.02288.012.

temaet, arrangert av Unge kunstneres samfunn og Oslo arkitektforening: «Arkitektur og bildende kunst», *Byggekunst* 1947, nr. 3–4, tillegget 10–11.

12 Espen Johnsen betegner Viksjøs rolle i utsmykningsarbeidet som sjefskurator, med en klar koordinerende funksjon. Espen Johnsen, *Erling Viksjø. Eksperimenter i form og betong*, Oslo: Pax Forlag, 2020, 240.

13 Intervju med Carl Nesjar, gjennomført av Eva Madshus og Hallvard Trohaug i forbindelse med utstillingen «Arkitekt Erling Viksjø» i Norsk Arkitekturmuseum i 1999.

14 «Ikon: Carl Nesjar. Portrettserie om norske kunstnere som har satt spor.» Del 1. NRK, 2015.

15 Sally Fairweather, *Picasso's concrete sculptures*, New York: Hudson Hills Press, 1982; Bo Wingren, *Picasso i det offentliga rummet*, Stockholm: Carlssons Bokförlag, 2003; Sylvia Antoniou og Mim Anne Houk (red.), *Et samarbeid i betong*, Oslo: Icefount Publishing, 2009; Sylvia Antoniou, *Samtaler med Carl Nesjar: Betongdekorasjonene i Regjeringsbygningene i Oslo*, Oslo: Icefount Publishing, 2012.

16 Bo Wingren, *Picasso i det offentliga rummet*, Stockholm: Carlssons Bokförlag, 2003, 7, 38.

17 Isern underviste i arkitektur på Norges Tekniske Høgskole i Trondheim.

18 Svein Aamold, «Ramon Iserns skulpturer», Doktorgradsavhandling ved Universitetet i Oslo. Oslo: Universitetsforlaget, 1998, 420.

19 Se blant andre NAMF.02284.023 og NAMF.02284.024.

20 Allerede året før hadde Viksjø tegnet inn en skulptur med trekantet grunnform foran inngangspartiet til bygget i en av sine situasjonsplaner. NAMT.evi082, «Midlertidig arronderingsplan», datert 10.11.1966, korrigert 27.12.1966.

21 Se omtale av prosjektet i Espen Johnsens artikkel om Viksjø og Picasso i denne publikasjonen.

22 Øistein Parmann, *Norsk skulptur i femti år*, Oslo: Dreyer, 1969, 227.

23 Erling Viksjø og Inge A. Dahl, «Oslo helseråd», *Byggekunst*, 1959, 232–233.

24 Erling Viksjø og Per Viksjø, «Y-blokken, Regjeringskvartalet», *Byggekunst*, 1970.

25 Bjørn Winsnes, «Landskap i søkeren», *Kamera* 1958, nr.3, 96–103; «Fem unge», *Kamera* 1958, nr. 7, 250–255; Willy R. Kastborg, «Fire fotografer», *Kamera* 1959, nr. 2, 5–29.

26 Viksjø tok selv mange fotografier av *Måken*-arbeidet. Disse inngår i hans private fotoarkiv.

27 Forsideomslaget av dette *Byggekunst*-nummeret viste et helsides detaljfotografi av en av congloveggene i Norsk Hydro-bygningen. Erling Viksjø, «Norsk Hydro, Administrasjonsbygning i Oslo», *Byggekunst*, 1963, nr. 7, 182–188.

28 Erling Viksjø, «Norsk Hydro, Administrasjonsbygning i Oslo», *Byggekunst*, 1963, nr. 7, 183.

29 Erling Viksjø, Norsk Hydro, «Administrasjonsbygning i Oslo», *Byggekunst*, 1963, nr. 7, 183.

10 Discussed in Espen Johnsen's book *Erling Viksjø. Eksperimenter i form og betong*, Oslo: Pax Forlag 2020, 275–277.

11 Susan Sontag, *Om fotografi*, Oslo: Pax Forlag, 2004, 108.

12 See, among other things, the summary of a debate on this topic arranged by the UKS (Unge Kunstneres Samfund / Young Artists' Society) and the Oslo Architectural Association: "Arkitektur og bildende kunst", *Byggekunst* 1947, no. 3–4, supplement 10–11.

13 Espen Johnsen describe's Viksjø's role in the creation of the integrated artworks as that of a head curator, with a clear coordinating function. Johnsen, *Erling Viksjø. Eksperimenter i form og betong*. Oslo: Pax Forlag 2020, 240.

14 Interview with Carl Nesjar, conducted by Eva Madshus and Hallvard Trohaug in connection with the exhibition "Arkitekt Erling Viksjø" at the Norwegian Architecture Museum in 1999.

15 "Ikon: Carl Nesjar. Portrettserie om norske kunstnere som har satt spor." Part 1. NRK, 2015.

16 Sally Fairweather, *Picasso's Concrete Sculptures*, New York: Hudson Hills Press, 1982; Bo Wingren, *Picasso i det offentliga rummet*, Stockholm: Carlssons Bokförlag, 2003; Sylvia Antoniou and Mim Anne Houk (ed.), *Et samarbeid i betong*, Oslo: Icefount Publishing, 2009; Sylvia Antoniou, *Samtaler med Carl Nesjar: Betongdekorasjonene i Regjeringsbygningene i Oslo*, Oslo: Icefount Publishing, 2012.

17 Bo Wingren, *Picasso i det offentliga rummet*, Stockholm: Carlssons Bokförlag, 2003, 7, 38.

18 Isern taught architecture at the Norwegian Institute of Technology (NTH) in Trondheim.

19 Svein Aamold, "Ramon Iserns skulpturer", University of Oslo PhD thesis. Oslo: Universitetsforlaget, 1998, 420.

20 See among other photographs NAMF.02284.023 and NAMF.02284.024.

21 As early as the year before Viksjø had sketched in a sculpture based on a triangular design in front of the entrance to the building in one of his site plans. NAMT.evi082, "Midlertidig arronderingsplan", dated November 10, 1966, corrected December 27, 1966.

22 See the discussion of the project in Espen Johnsen's article on Viksjø and Picasso in this publication.

23 Øistein Parmann, *Norsk skulptur i femti år*, Oslo: Dreyer, 1969, 227.

24 Erling Viksjø and Inge A. Dahl, "Oslo helseråd", *Byggekunst*, 1959, 232–233.

25 Erling Viksjø and Per Viksjø, "Y-blokken, Regjeringskvartalet", *Byggekunst*, 1970.

26 Bjørn Winsnes, "Landskap i søkeren", *Kamera* 1958, no. 3, 96–103; "Fem unge", *Kamera* 1958, no. 7, 250–255; Willy R. Kastborg, "Fire fotografer", *Kamera* 1959, no. 2, 5–29.

27 Viksjø himself took many photographs as work progressed on *The Seagull*. These form part of his personal photographic archive.

28 The front cover of this issue of *Byggekunst* showed a full-page photograph of a detail of one of the congo-concrete walls in the Norsk Hydro building. Erling Viksjø, "Norsk Hydro. Administrasjonsbygning i Oslo", *Byggekunst*, 1963, no. 7, 182–188.

29 Erling Viksjø, "Norsk Hydro. Administrasjonsbygning i Oslo", *Byggekunst*, 1963, no. 7, 183.

30 Erling Viksjø, "Norsk Hydro. Administrasjonsbygning i Oslo", *Byggekunst*, 1963, no. 7, 183.

Tidslinje

Timeline

Hybelhus for Stortingsmenn

1950–54

Med *Hybelhus for Stortingsmenn* fikk Viksjø for første gang prøvd ut naturbetong i stor skala. Fasaden hadde et dekorativt mønster som er sandblåst gjennom en gummibelagt sjablong. I muren under vinduene var det benyttet rullestein. Ved inngangspartiet var det et felt utsmykket av Viksjø selv. Hybelhuset sto ferdig oppført i St. Olavs gate, Oslo, i 1954, men ble revet i 1972.

Block of bedsits for members of the Storting

Hybelhus for Stortingsmenn, a block of bedsits for members of the Storting (the Norwegian parliament), was Viksjø's first opportunity to test *naturbetong* on a large scale. The decorative pattern on the façade was sand-blasted using a rubber-coated stencil. Large pebbles were embedded into the wall under the windows at street level. A panel next to the entrance was sand-blasted with one of Viksjø's own designs. The block was built in St. Olavs gate, Oslo, in 1954 but was demolished in 1972.

Bakkehaugen kirke

1939–46
1955–59

Utsmykning: Kai Fjell, Carl Nesjar
Viksjø tok over arbeidet med *Bakkehaugen kirke* da Ove Bang døde i 1942. Meningen var at bygningen skulle utsmykkes av Kai Fjell, Hannah Ryggen og Stinius Fredriksen. Etter krigens slutt, i 1946, ble prosjektet lagt på is på grunn av manglende finansiering. Planene ble tatt opp igjen i 1955. Den naustformede kirken er i sandblåst naturbetong. Den har en inngangsfasade dekorert med korsmotiver tegnet av Kai Fjell og sandblåst av Carl Nesjar. Utsmykningen ble utført mens byggingen pågikk. Veggdekorasjonene er rundt tolv meter høye. De er også basert på tegninger av Fjell og viser jomfru Maria ved krybben og de fire evangelistene. I gloriene er det benyttet gjennomskinnelig glassmosaikk.

Bakkehaugen Church

Site-specific artworks: Kai Fjell, Carl Nesjar
Viksjø took over as architect for *Bakkehaugen kirke* after Ove Bang died in 1942. Originally, the building was to be decorated by Kai Fjell, Hannah Ryggen and Stinius Fredriksen. After the war, in 1946, the project was put on hold, due to a lack of funding. The work was resumed in 1955. The church, whose shape resembles an upturned boat, was built of sand-blasted *naturbetong*. The cross-based pattern on the entrance façade was designed by Kai Fjell and sand-blasted by Carl Nesjar. The artworks were executed while the church was being built. The designs on the walls are around 12 metres in height. These designs are also based on drawings by Fjell and show the Virgin Mary standing by Jesus' crib and the four Evangelists. Mosaics of translucent glass illuminate the haloes.

Sommerhus i Larvik

1956–57

Summer house in Larvik

Viksjø brukte sitt eget sommerhus i Larvik som et laboratorium for å eksperimentere med ulike overflatevirkninger i naturbetong. Den ene veggen mot hagen er utsmykket av Viksjø selv etter en skisse som viser inspirasjon fra Picasso. I hagen oppførte også Carl Nesjar en Picasso-skulptur.

Viksjø used his own summer house in Larvik as a laboratory to experiment with different surface effects in *naturbetong*. Viksjø himself created the designs on one of the walls facing the garden after a sketch that shows the influence of Picasso. In addition, Carl Nesjar fabricated a Picasso sculpture for the garden.

Høyblokka i Regjeringskvartalet

1946–59

The Highrise in the Government Quarter

Utsmykning: Tore Haaland, Carl Nesjar, Inger Sitter, Odd Tandberg, Pablo Picasso, Kai Fjell, Hannah Ryggen
Viksjø fikk oppdraget som utførende arkitekt etter å ha vunnet delt førsteplass i konkurransen om et nytt regjeringsbygg i 1939. Den frittstående *Høyblokka* bæres av betongsøyler med mønster tegnet av Viksjø selv. Viksjø tegnet også piktogrammene i fasaden. Tore Haaland, Carl Nesjar, Inger Sitter og Odd Tandberg ble sammen med Pablo Picasso og Kai Fjell invitert til å dekorere inngangspartiet og etasjene i trappeløpene. De fleste sandblåste veggdekorasjonene er holdt i et abstrakt formspråk. Hannah Ryggens billedvev, *Vi lever på en stjerne*, ble også laget til *Høyblokka*.

Site-specific artworks: Tore Haaland, Carl Nesjar, Inger Sitter, Odd Tandberg, Pablo Picasso, Kai Fjell, Hannah Ryggen
Viksjø was appointed as architect after winning joint first prize in a competition held in 1939 to design a new government building. The free-standing *Høyblokka* is supported by concrete pillars decorated with patterns designed by Viksjø himself. Viksjø also designed the pictograms for the façade. Tore Haaland, Carl Nesjar, Inger Sitter and Odd Tandberg, along with Pablo Picasso and Kai Fjell, were invited to design artworks for the entrance and the staircase landings. Most of the sand-blasted wall decorations conformed to an abstract style of expression. Hannah Ryggen's tapestry *Vi lever på en stjerne* (We Live upon a Star), was also designed for *Høyblokka*.

Norsk Hydro

1955–63

Norsk Hydro

Utsmykning: Odd Tandberg, Jakob Weidemann
Viksjø vant konkurransen om nytt administrasjonsbygg for Norsk Hydro i 1955 og engasjerte Carl Nesjar som kunstnerisk rådgiver for utsmykningen av bygget. Opprinnelig var planen å ha utsmykninger av Joan Miró, men dette ble det ikke noe av. Jakob Weidemann fikk i oppdrag å dekorere vestibylen og veggen ved hovedinngangen og utførte fire malerier direkte på naturbetong. I parken utenfor og lysgården inne i bygningen er det congloverk skapt av Odd Tandberg. Parken ble tegnet av landskapsarkitektene Grindaker & Gabrielsen.

Site-specific artworks: Odd Tandberg, Jakob Weidemann
Viksjø won the competition to design a new headquarters building for Norsk Hydro in 1955 and engaged Carl Nesjar as artistic consultant for the project. The original plan was to install artworks by Joan Miró, but this was never realized. Jacob Weidemann, who was commissioned to decorate the entrance lobby and the wall next to the main entrance, executed four paintings directly onto the *naturbetong*. The park outside and the atrium within the building both feature works in *conglobetong* by Odd Tandberg. The park was designed by the landscape architects Grindaker & Gabrielsen.

Kino og kunstsamling i Lillehammer

1953, 1960–63

Utsmykning: Odd Tandberg
Viksjø vant 1. premie for sitt utkast til kino og kunstsamling i Lillehammer i 1953, men arbeidet kom i gang først i 1960, og bygningen sto ferdig i 1963. Et stort congloarbeid av Odd Tandberg dominerer inngangspartiet til kinosalen. Bygningen er senere omdisponert og utvidet med nye enheter, deriblant et nybygg til Lillehammer Kunstmuseum skapt av arkitektkontoret Snøhetta i 1994.

Cinema and art museum in Lillehammer

Site-specific artworks: Odd Tandberg
Although Viksjø's entry to the competition for a new cinema and art collection in Lillehammer won first prize in 1953, construction did not start until 1960, with the building being completed in 1963. A large *conglo* work by Odd Tandberg dominated the entrance to the cinema auditorium. Subsequently, the building has been remodelled and expanded, including through the completion of an extension to the *Lillehammer Kunstmuseum* (Lillehammer Art Museum) by the architecture practice Snøhetta in 1994.

Nordseter fjellkirke

1949, 1958–64

Utsmykning: Odd Tandberg
Nordseter fjellkirke utenfor Lillehammer er tuftet på en tømmerkonstruksjon inspirert av de gamle stavkirkene i Norge. Formen kan minne om *Bakkehaugen kirke* med saltak som føres ned i bakken. Den utstrakte bruken av tre- og steinmateriale gir imidlertid kirken et helt annet uttrykk. Mot fondveggen skapte Odd Tandberg et dekorativt arbeid i metallbetong som fungerer som en moderne kontrast til det tradisjonsbundne form- og materialvalget ellers i kirken.

Nordseter Mountain Church

Site-specific artworks: Odd Tandberg
Nordseter fjellkirke (Nordseter Mountain Church) outside Lillehammer is based on a timber structure inspired by Norway's ancient stave churches. The shape may remind one of *Bakkehaugen kirke*, with a gable roof extending down into the ground. The extensive use of wood and stone makes the style of this church completely different, however. For the wall behind the altar, Odd Tandberg created a decorative work in *metallbetong* (concrete with silicon metal aggregate) that provides a modern contrast to the traditional designs and materials used elsewhere in the church.

Elkemhuset

1959–65

Utsmykning: Odd Tandberg
Viksjø vant konkurransen om administrasjonsbygg for Elektrokjemisk AS i 1959 og samarbeidet med Odd Tandberg om bygningens utsmykninger. Etter ønske fra byggherren, benyttet Viksjø og Tandberg aluminium i fasade og interiør. Tandberg lagde flere dekorasjoner i metallbetong, deriblant til dører og heisfronter. I tillegg bidro han med congloverk innvendig i vestibylen og en mur som strekker seg langs fasaden og vender inn mot atriumshagen utenfor felleskantinen. NHO holder til i bygningen i dag.

The Elkem Building

Site-specific artworks: Odd Tandberg
Viksjø won the competition to design a new headquarters building for Elektrokjemisk AS in 1959 and collaborated with Odd Tandberg on site-specific art for the building. At the client's request, Viksjø and Tandberg used aluminium both on the façade and in the interior. Tandberg used *metallbetong* to create various decorative elements, including for doors and elevator landing doors. In addition, he created *conglo* works for the interior of the entrance lobby and a *conglo* wall that extends along the façade and then turns towards the atrium garden outside the staff canteen. Today the building is home to the Confederation of Norwegian Enterprise (NHO).

Oslo helseråd

1956–69

Utsmykning: Ramon Isern, Synnøve Anker Aurdal
Etter at Oslo bystyre fattet vedtak om nybygg for Oslo helseråd i 1956, ble Viksjø engasjert som utførende arkitekt. Det trekantformede bygget er oppført i armert betong på tomten mellom Pilestredet, St. Olavs gate og Universitetsgaten. Fasaden er et raster i naturbetong med en utkraget baldakin som markerer hovedinngangen. Foran helserådets bygning står Ramon Iserns tolv meter høye *Tetraeder*, som er hans første såkalte arkitekturskulptur. Betongskulpturen ble utført på oppdrag av Viksjø og skulle være som en arkitektonisk del av hele anlegget.

Oslo Board of Public Health

Site-specific artworks: Ramon Isern, Synnøve Anker Aurdal
After Oslo City Council approved the construction of a new building for Oslo helseråd (the Oslo Board of Public Health), Viksjø was appointed as architect. The three-sided building was constructed in reinforced concrete on the plot bounded by Pilestredet, St. Olavs gate and Universitetsgaten. The grid façade is constructed in *naturbetong*, with an overhanging canopy to mark the main entrance. Ramon Isern's 12-metre-high *Tetraeder*, the first of his "architectural sculptures", stands in front of the building. The tetrahedral concrete sculpture was commissioned by Viksjø and envisaged as an integral part of the overall architectonic concept.

Standard Telefon og Kabelfabrik

1966–67

Utsmykning: Odd Tandberg
Administrasjonsbygget til Standard Telefon og Kabelfabrik ble oppført i et fabrikkområde på Økern i 1967. Bygget er i naturbetong med utsmykninger av Odd Tandberg på innsiden og utsiden. Ved inngangen er det en omtrent tre meter høy ledevegg i conglo utført av Tandberg. Betongrelieffene i fasaden og vestibylen er også utført Tandberg. Bygningen brukes i dag som hotell.

Standard Telefon og Kabelfabrik

Site-specific artworks: Odd Tandberg
The headquarters building for Standard Telefon og Kabelfabrik was constructed in an industrial area at Økern in 1967. Built in *naturbetong*, both the interior and exterior of the building have site-specific artworks by Odd Tandberg. By the entrance, Tandberg created a long, horizontal *conglo* wall approximately three metres in height. Tandberg was also responsible for the concrete reliefs on the facade and in the entrance lobby. Today the building serves as a hotel.

Y-blokka

1952–69

Utsmykning: Pablo Picasso, Carl Nesjar
Y-blokka ble planlagt som en del av regjeringskvartalet allerede i 1950-årene, men sto først ferdig ti år etter *Høyblokka*. Den Y-formede bygningen er utført i naturbetong med utsmykninger sandblåst av Carl Nesjar etter Pablo Picassos tegninger. Gavlveggen mot Akersgaten er dekorert med *Fiskerne*. Vestibylen er dekorert med *Måken*. Rivingen av *Y-blokka* ble iverksatt høsten 2020, til tross for omfattende protester.

Y-blokka

Site-specific artworks: Pablo Picasso, Carl Nesjar
Plans existed as early as the 1950s to construct *Y-blokka* as part of the Government Quarter, but it was only completed 10 years after *Høyblokka*. The Y-shaped building was constructed in *naturbetong* with site-specific artworks sand-blasted by Carl Nesjar after drawings by Pablo Picasso. The end-wall facing Akersgaten featured *Fiskerne* (The Fishermen). *Måken* (The Seagull) was sandblasted into the wall of the entrance lobby. The demolition of *Y-blokka* provoked widespread protests.

Utarbeidet av *Karianne Ommundsen*

By *Karianne Ommundsen*

Bevegelser i betong
Arkitekten Erling Viksjø og kunstnerne

Concrete in transition
The architect Erling Viksjø and his artist collaborators

Utstilling / Exhibition Nasjonalmuseet
20.11.2020–04.04.2021

Redaksjon: Øystein Ustvedt, Talette Rørvik Simonsen,
Marianne Yvenes, Beate M. Bang (bilder)

Oversettelse norsk til engelsk /
Translation Norwegian to English: Fidotext

Design: Modest [Rune Døli]
Repro: JK Morris Production AB, Sverige
Trykk / Print: Nilz & Otto Grafisk AS / RKGrafisk AS
Papir / Paper: 120 gr. Munken Pure Rough / 150 gr. Arctic
Volume Ivory / cover 260 gr. Invercote G

Postboks 7014 St. Olavs plass, 0130 Oslo
Tel. (+ 47) 21 98 20 00
www.nasjonalmuseet.no

ISBN 978-82-8154-135-1

Omslagsbilde / Cover photo:
Erling Viksjø og Odd Tandbergs conglomur utenfor *Elkemhuset* i Oslo (1959–65) / Erling Viksjø and Odd Tandberg's conglo wall outside *Elkemhuset* in Oslo (1959–65)
Foto: Annar Bjørgli, Nasjonalmuseet, 2020